SAÚDE & VIDA

UMA ABORDAGEM **ESPIRITUAL** SOBRE EMOÇÕES E **DOENÇAS**

DAVID MONDUCCI

SAÚDE & VIDA

UMA ABORDAGEM **ESPIRITUAL** SOBRE EMOÇÕES E **DOENÇAS**

CorreioFraterno

© 2016 David Vieira Monducci

Editora Espírita Correio Fraterno
Av. Humberto de Alencar Castelo Branco, 2955
CEP 09851-000 – São Bernardo do Campo – SP
Telefone: 11 4109-2939
correiofraterno@correiofraterno.com.br
www.correiofraterno.com.br

Vinculada ao  www.laremmanuel.org.br

1ª edição – Outubro de 2016
Do 1º ao 3.000º exemplar

A reprodução parcial ou total desta obra, por qualquer meio, somente será permitida com a autorização por escrito da editora.
(Lei nº 9.610 de 19.02.1998)

Impresso no Brasil
Presita en Brazilo – Printed in Brazil

COORDENAÇÃO EDITORIAL
Cristian Fernandes

PREPARAÇÃO DE TEXTO
Eliana Haddad e Izabel Vitusso

CAPA E PROJETO GRÁFICO DE MIOLO
André Stenico

CATALOGAÇÃO ELABORADA NA EDITORA

Monducci, David Vieira
    Saúde e vida : uma abordagem espiritual sobre emoções e doenças / David Monducci. – 1ª ed. – São Bernardo do Campo, SP : Correio Fraterno, 2016.
    384 p. ; 14x21cm

    ISBN 978-85-98563-92-3

1. Medicina. 2. Medicina psicossomática. 3. Espiritualidade. 4. Saúde. 5. Cérebro. I. Facure, Nubor Orlando. II. Título.

CDD 133.9

SUMÁRIO

Prefácio 9
Mensagem 13
Introdução 15

Os níveis de consciência 25
    Diferentes graus ou níveis de consciência 31

Modelos médicos 53
    Medicina tradicional chinesa 54
    Medicina ayurvédica 59
    Homeopatia 64
    Medicina ocidental 69
    Outras perspectivas 73

O corpo biológico 91
    O sistema nervoso 96
    Teorias das emoções 101
    O sistema endócrino 114
    O sistema imunológico 121
    Fisiologia 128

Somos apenas o corpo biológico? 139
    O espírito 141
    O problema mente-corpo 160
    Perispírito 185
    Propriedades 195
    Funções 198

Um pouco de religiosidade não
faz mal a ninguém 211

Doença ou doentes? 231
    O carvalho e o trigo 237
    Como se adoece 260
    A mãe de Júnior 267
    O pai de Júnior 274
    Júnior 280
    Conversando com a doença 292

Cérebro *x* espírito 305

Conclusão – Antevendo o futuro:
    uma medicina espiritual 329
Apêndice 345

Glossário 365

Bibliografia 373

PREFÁCIO

Nossos cientistas passaram pela *década do cérebro* produzindo um excelente material esmiuçando a intimidade dos neurônios, detalhando a importância das suas conexões e das suas redes, comprovando que todo estímulo físico no cérebro produz um efeito psíquico e que para todo fenômeno psíquico que vivenciamos há um correspondente efeito físico no cérebro.

A partir desse momento podemos afirmar que as descobertas em todas as disciplinas das neurociências acumularam conhecimento com potencial para enriquecer e transformar inúmeras áreas do saber e da práxis humana:

Confirmamos isso observando os métodos de aprendizado baseados em como o cérebro aprende. Eles estão a desenvolver uma nova e rica pedagogia. A estimulação precoce de funções neurológicas promovem resgates antes inesperados em quadros de deficientes graves, a radiofrequência, os estímulos elétricos e os pulsos magnéticos modificam hoje transtornos motores e psíquicos antes de difícil solução.

Nossa compreensão sobre memórias, julgamentos, tomada de decisões e o livre-arbítrio oferece material de estudo para a jurisprudência e a compreensão do cérebro do criminoso, do preguiçoso e do mentiroso. Uma psicologia biológica nos esclareceu muito sobre a natureza de conflitos íntimos, dependência por drogas, alimentos e oscilações de humor.

Mas, agora, há um novo desafio: ao romper o terceiro milênio a medicina, em particular, abre a cortina da espiritualidade e mal suspeitamos aonde isso vai nos levar – terá o mesmo poder de produzir mudanças e novos valores como fez até agora as ciências cognitivas?

Esse livro *Saúde e vida* do dr. David Monducci nos traz o brilho das estrelas para a compreensão desse 'novo' paradigma.

É claramente um excelente *tratado* com o qual o dr. Monducci nos presenteia com uma revisão extensa sobre o saber médico em diversas épocas, em diversas filosofias, técnicas, procedimentos, da anatomia à fisiologia, da consciência ao Espírito.

Não é mais novidade para o médico de hoje a aceitação da fé, do poder da oração ou da aprovação de diversos *sistemas de crenças* entre nossos pacientes. Escolas médicas já introduziram há mais de uma década a disciplina "medicina e espiritualidade" em seus currículos, estudando e quantificando a importância do imaterial no sistema de apoio aos procedimentos médicos tradicionais.

Daqui para frente, o livro do dr. Monducci será uma referência respeitável pelo texto abrangente que oferece, pela profundidade dos conceitos que destaca e, principalmente, por ter feito uma obra que prima pelo conteúdo espírita com respeito a todos seus fundamentos doutrinários, com Kardec e André Luiz merecendo especial destaque.

Quero repetir aqui uma observação que venho defendendo há anos: é preciso abordar a espiritualidade com a coragem de admitir a existência do Espírito. E isso, dr. Monducci o fez sem qualquer reserva ou preconceito. As escolas e associações que abrem o discurso da espiritualidade, com frequência, fecham a entrada para o Espírito com medo do ranço religioso que isso pode parecer agregar.

Dr. Monducci brilhou nessa grandeza, não se furta a ensinar que procede do Espírito nossa escolha entre saúde e doença.

Nubor Orlando Facure

Formado em medicina, com especialização em neurologia e neurocirurgia, trabalhou durante 30 anos na UNICAMP, onde se tornou professor titular de neurocirurgia. Em 1990, criou no Departamento de Neurologia da universidade o primeiro curso de pós-graduação sobre "Cérebro e Mente", com enfoque espiritualista.

Desenvolveu estudos pioneiros em neurociência aplicada à mediunidade. Hoje é diretor do Instituto do Cérebro, de Campinas, SP, que fundou em 1987.

MENSAGEM

Fui ao hospital do Senhor para fazer um *check-up* de rotina e constatei que estava doente.

Quando Jesus mediu a minha pressão, verificou que ela estava baixa de ternura. Ao medir a temperatura, o termômetro registrou 40 graus de egoísmo.

Fiz um eletrocardiograma e foi diagnosticado que eu necessitava de uma ponte de amor, pois minhas veias estavam bloqueadas por não abastecer meu coração vazio.

Ortopedicamente, tinha dificuldade de andar lado a lado e, não conseguia abraçar os irmãos por ter fraturado o braço, ao tropeçar na minha vaidade.

Tinha miopia, constatada por não enxergar além das aparências.

Queixei-me de não poder ouvi-lo. Diagnosticou bloqueio em decorrência das palavras vazias do dia a dia.

Obrigado, Senhor, por não ter custado nada a consulta, pela sua grande misericórdia, mas prometo, após ser medicado e receber alta do hospital, somente ingerir comidas leves e naturais que me indicou e estão no receituário do Evangelho de Jesus Cristo.

Vou tomar, ao levantar, chá de Obrigado Senhor.

Ao entrar no trabalho, uma colher de sopa de Bom Dia Irmãos! E, de hora em hora, um comprimido de paciência, com meio copo de humanidade.

Ah, Senhor, ao chegar em casa vou tomar uma injeção de amor e, ao deitar, duas cápsulas de Consciência Tranquila.

Assim, tenho certeza, não ficarei mais doente. Prometo prolongar este tratamento preventivo por toda a minha vida, para que, quando me chamar, seja por morte natural.

Obrigado, Senhor, e perdoe-me por ter tomado seu tempo. De seu eterno cliente...

ANÔNIMO

INTRODUÇÃO

O BINÔMIO SAÚDE-DOENÇA, se não é o principal em nossas vidas, é um dos mais importantes, ocupando boa parte do nosso tempo e das nossas preocupações. Mas o que é saúde? E o que é a doença? Mais importante ainda é perguntar: Por que nós adoecemos?

De uma forma simplória somos levados a crer que saúde é a ausência de doenças, contudo esta é uma ideia pelo menos incompleta, se não errada. A Organização Mundial da Saúde (OMS) define saúde como sendo "um estado de completo bem-estar biopsicossocial". Portanto, quando pensamos em saúde como sendo a ausência de doenças, estamos observando, de forma restrita, apenas o aspecto biológico da definição proposta pela OMS. Quando estamos tristes e depressivos por uma desilusão amorosa, ou quando estamos ansiosos e irritados por causa de dívidas, também estamos doentes.

A primeira consequência da definição proposta pela OMS é a necessidade de adquirirmos uma nova maneira de ver e de compreendermos o que seja a doença. Nesta nova perspectiva, a doença passa a ser um estado de mal-estar biopsicossocial. Outra consequência, mais difícil de ser assimilada, é que a ideia de saúde ou de doença deve ser acompanhada do verbo 'ser', em orações que expressem o aspecto ou em que circunstâncias o sujeito se apresenta.

Embora a definição de saúde acima proposta pareça ser completa, ela ainda não consegue explicar a totalidade dos dramas humanos em que a doença ocupa lugar central, como nos casos das chamadas doenças genéticas, das doenças ocasionadas por acidentes e de muitos quadros psiquiátricos. Uma compreensão completa da doença só é possível, se levarmos em consideração a dimensão espiritual do homem.

Todavia, quando falamos de alma ou espírito animando e vivificando os corpos físicos, biólogos e médicos de formação ortodoxa se arrepiam, se contorcem e se revoltam pela (suposta) heresia que estamos cometendo. Começam, então, discussões estéreis e inúteis sobre misticismo e superstição. Advogam os céticos e materialistas que essas são ideias primitivas e que não merecem maior atenção por parte de homens iluminados pela razão e pela ciência.

Entretanto, se excluirmos a dimensão espiritual, o homem perde justamente a essência que o caracteriza como um ser, como um ente. Sem a dimensão espiritual, deixamos de ser alguém e somos reduzidos a alguma coisa – o corpo físico.

Na atualidade, uma grande parte da humanidade esqueceu-se da sua dimensão espiritual. Vivendo numa sociedade frívola, somos induzidos desde a infância a buscar a satisfação e o prazer dos nossos sentidos físicos, em detrimento de uma causa maior e perpétua: a vida espiritual.

A ideia de uma vida espiritual é imanente no homem, ou seja, ela está contida na natureza do homem de forma inata; enquanto a ideia de uma existência exclusivamente materialista é recente na história do pensamento humano. As ideias e os sentimentos espirituais acompanham o homem desde o alvorecer da humanidade.

Há algumas dezenas de milhares de anos, o homem vivia integrado à natureza, concentrando todas as suas experiências ao redor dos fenômenos naturais. Assim, a necessidade de garantir a próxima refeição, de proteger o corpo do frio ou do sol escaldante, de gerar e proteger a prole, de estabelecer relações sociais que poderiam trazer benefícios para os integrantes da comunidade, constituíam-se no porquê da existência.

Todavia, enquanto acima de suas cabeças pairava um céu estrelado, aparentemente perene e imutável, à sua volta a vida renovava-se a cada dia. Na sucessão dos dias e das noites, na fartura ou na carência de recursos, no nascimento e na morte, a vida apontava para uma direção desconhecida. Inevitável era, e ainda é para alguns de nós, que o ser humano se questionasse sobre quem somos, de onde viemos e para onde vamos.

Ao buscar as respostas para essas magnas questões, o homem começou a construir o edifício do saber humano. À medida que o trabalho foi crescendo, teve de passar por reformas, restaurações e reconstruções. Como toda grande obra, ela começou a partir de uma estrutura simples que foi progressivamente se tornando cada vez mais complexa. Após alguns milênios, a obra já está tão grande que alguns dos operários que permanecem exclusivamente dentro de um determinado setor acabam perdendo a noção do todo.

Para vislumbrarmos toda a grandeza de uma construção de porte faraônico, tal como o conhecimento humano, é necessário que circulemos por vários setores do edifício. É preciso descer ao porão, passear pelo hall de entrada, conhecer o mezanino, visitar diversos andares e darmos uma olhada, ainda que rápida, aos quatro cantos da construção.

Mas é absolutamente imprescindível que saiamos do prédio e busquemos vê-lo pelo lado de fora, se pretendemos ter uma visão global; caso contrário, corremos o risco de ficar com uma visão restrita. É o que acontece, por exemplo, com o alpinista que preso à rocha que está escalando, possui uma percepção reduzida da montanha, em contraste com a visão do vigia da equipe de apoio e segurança, que da planície pode visualizar a montanha em toda a sua plenitude.

O edifício do saber humano está sendo construído para tentar responder àquelas três questões magnas: quem somos, de onde viemos e para onde vamos. Portanto, as diferentes facetas do conhecimento humano representam parcelas, etapas, frações da obra como um todo. Se excluirmos um segmento da obra, o conjunto fica insuficiente, incompleto e imperfeito.

Se realmente desejarmos responder às perguntas que abrem este trabalho – o que é saúde?, o que é a doença?, por que adoecemos? – teremos que visitar os departamentos da biologia, da psicologia e da filosofia a fim de visualizarmos de maneira segura a coluna vertebral que sustenta toda a obra do conhecimento humano: a espiritualidade.

No departamento de biologia teremos que conhecer as diferentes formas existentes de se pensar em medicina; no departamento de psicologia será preciso dar uma olhadela nos sistemas que tentam descrever como a mente humana funciona. O departamento de filosofia exigirá que nos detenhamos mais longamente, para bem podermos compreender como o homem e a sociedade evoluíram ao longo dos séculos. Depois disso, teremos as condições necessárias para adentrarmos o grande átrio central da espiritualidade, inundado pela luz que provém do Alto. Neste ponto da nossa jornada interessa-nos tão somente aquele aspecto da espiritualidade que envolve uma posição filosófica, ética e metafísica em relação ao ser-em-si-mesmo, ou seja, o ser espiritual.

Assim sendo, a nossa ótica ao longo do texto será sempre uma perspectiva espiritual. O espiritualismo, por sua vez, comporta várias facções, que divergem entre si quanto à forma, mas que possuem um ponto comum, a existência de uma substância espiritual. Entre as várias correntes espiritualistas que existem tomaremos especificamente a doutrina espírita, ou seja, o espiritismo codificado por Allan Kardec e estruturado no *O livro dos espíritos* como o modelo ideológico que norteará este livro.

Para a doutrina espírita, nós, os chamados viventes, somos almas encarnadas. Quando o corpo biológico fenecer, seja por que razão for, a alma retornará ao mundo espiritual, a sua verdadeira realidade, dando continuidade à sua vida até que possa encarnar-se novamente. Uma das ideias que conferem especificidade ao espiritismo, como sistema espiritualista, é a particularidade de ele considerar a alma humana como sendo o *eu* pensante e sensciente, que preexiste e sobrevive à vida corpórea. Para referir-se a essa entidade espiritual em particular, a doutrina espírita utiliza o vocábulo Espírito (com o 'E' maiúsculo) definindo-o como "os seres inteligentes da criação").

Considerando que a língua portuguesa oferece para a palavra espírito o valor de uma idéia ou intenção dominante como, por exemplo, em "o espírito da lei", ao longo deste trabalho foi adotada a grafia "Espírito" todas as vezes que nos reportamos à parte imaterial do ser humano, o ser extracorpóreo que pré-existe e sobrevive à destruição do corpo físico, a alma.

Por conta desse fundamento, o espiritismo entende que todas as funções classificadas como mentais – pensamentos, ideias, emoções, vontade, comportamento, consciência e outras – são atributos do Espírito. Por isso, ao longo deste livro os vocábulos Espírito, alma e mente serão empregados como sinônimos e indicam o ser espiritual preexistente que anima o corpo físico e que subsiste após a morte biológica.

Nosso objetivo é o de propor uma teoria para o entendimento das doenças sob a perspectiva da doutrina espírita, com vistas a alcançar futuramente uma medicina espiritual. Este livro, portanto, terá como ponto de partida duas premissas que serão consideradas absolutas. A primeira será uma visão dualista/interacionista do ser humano, na qual consideraremos que o homem é uma alma encarnada, portanto um homem é o somatório de uma alma e de um corpo biológico. Em segundo lugar, que o corpo é apenas o veículo utilizado pelo

Espírito para se conduzir ao longo de uma existência. O corpo é passivo e está subordinado ao Espírito.

Muitos companheiros entenderão como sendo um grande erro escolhermos um caminho muito diferente daquele percorrido pela maioria. Considerarão uma escolha mística de nossa parte, de forma antecipada, classificarão os nossos argumentos como frutos da superstição, da ignorância e pseudocientíficos, portanto não merecedores de maior atenção.

Mas desprezar ou rejeitar a espiritualidade na construção do conhecimento humano é edificar uma casa na encosta do morro. Mais cedo ou mais tarde a tempestade fará a terra deslizar levando a casa e pondo a construção abaixo.

Ainda assim, há quem insista em rejeitar os conhecimentos religiosos, alegando que não passam de superstição. Entretanto, o edifício do conhecimento humano começou a ser edificado por meio da espiritualidade. Renegá-la é o mesmo que desprezar a pedra angular que sustenta a obra.

A sociedade moderna está multifacetada, fragmentada em muitas correntes e ideologias. Se não estivermos atentos e de olhos bem abertos, corremos o risco de passarmos uma existência inteira dentro de um casulo sem nem ao menos chegar a saber que existem mais coisas 'lá fora'.

Infelizmente muitas pessoas optam por se encastelarem nos casulos das suas próprias ideias e opiniões, rejeitando e renegando o que não proceda do meio ao qual pertencem. Tais indivíduos, corporações ou categorias profissionais agem como se fossem os donos da verdade e não titubeiam em usar o 'leito de Procusto' como meio de preservar suas opiniões e os seus 'artigos de fé'.

Segundo a mitologia, Procusto era um bandido que se escondia na estrada que levava a Atenas. Ele possuía duas camas de ferro, sendo uma demasiadamente grande e outra muito pequena, que ficavam escondidas em uma caverna. A pretexto de oferecer hospitalidade aos viajantes, Procusto os levava até sua caverna, rendia-os e, após saquear os pertences, amarrava suas vítimas nos leitos de ferro. Aqueles que possuíam pequena estatura eram esticados até atingirem o tamanho da cama grande e os indivíduos altos eram cortados para ficarem do tamanho da cama pequena. Mais tarde, o próprio Procusto foi preso a uma das suas camas e teve a sua cabeça cortada por um herói grego chamado Teseu.

Para uma pessoa verdadeiramente materialista, que não considera a ideia de Deus e não admite a existência da vida espiritual, a alma é pura abstração, quando não, uma fantasia. Por sua vez, para um religioso convicto e professo tudo à sua volta é a expressão da vontade de Deus, e a sua vida é marcada por ideias e concepções de salvação da sua alma. Ambos são fundamentalistas.

E a ideia de fundamentalismo aqui expressa é a de uma obediência rigorosa e literal a um conjunto de princípios básicos, portanto indiscutíveis. São fundamentalistas porque pretendem ver a realidade à sua volta usando um leito de Procusto com as medidas que se ajustem às suas ideias, aos seus interesses e às suas conveniências.

Todavia, entre a ciência pura e absoluta, de um lado, e a religiosidade dogmática e secular, do outro lado, navega sem rumo a imensa maioria dos "indiferentes que, sem convicção nem paixão, amam com tibieza e gozam com parcimônia"[1], deixando-se levar pelas águas do rio da vida sem conseguirem decidir para qual das margens devem remar. Está mais do que na hora de construirmos uma ponte que possa unir os dois lados de forma harmoniosa.

A doutrina espírita, que é a um só tempo uma ciência prática e uma filosofia racional com consequências religiosas, busca colaborar na construção dessa ponte, fornecendo os materiais e as ferramentas que estão ao seu alcance, na tentativa de explicar como entendemos a doença, deixando a cada um a liberdade de agir conforme o seu livre-arbítrio.

Começaremos estudando os diferentes níveis de consciência que existem, ajustados a cada indivíduo e a cada grupamento humano em função do saber acumulado. Depois veremos os grandes sistemas médicos que coexistem na atualidade para podermos identificar suas potencialidades e suas deficiências.

Na etapa seguinte, vamos conhecer alguns aspectos bastante peculiares do corpo humano e de alguns dos seus sistemas funcionais mais importantes. Mais além, veremos o que é o Espírito e como ele interage com o corpo físico.

Usando a interação corpo-mente como trampolim, estaremos aptos a estudar por que a religiosidade não faz mal a ninguém, antes é desejável que a cultivemos para podermos alcançar um estado mais elevado de saúde. Veremos que a espiritualidade tem cidadania científica e quem a renega está, pelo menos, mal informado.

---

1   *O evangelho segundo o espiritismo*, capítulo 17, item 11.

Chegados a este ponto, estaremos em condições de compreender como cada indivíduo se transforma no artífice das próprias doenças. Então veremos que não existe acaso ou má sorte na instalação das doenças. Antes, perceberemos que elas são eventos naturais e consequentes da nossa maneira de ser e de vivermos.

Próximo do topo, apresentaremos um esboço das maiores doutrinas dogmáticas e das consequências sociais das suas ideologias procustianas, comparando-as com o espiritismo. Finalmente, para concluir este trabalho, tentaremos visualizar um modelo médico futuro que concilie, de forma harmoniosa, os recursos e as técnicas científicas disponíveis com uma terapêutica espiritual à luz dos ensinamentos de Jesus de Nazaré, o grande médico das almas humanas.

É importante dizer que não existe aqui a pretensão de transformar o leitor em adepto dos conceitos aqui expressos, tampouco comprometê-lo com a doutrina espírita[2]. O que se deseja é apaziguar o coração dos que se acham aflitos e cansados por causa das doenças, e apresentar um novo horizonte de conhecimentos, para que o leitor possa ver o mundo à sua volta e sua própria vida com outros olhos.

Desde já, desejo uma excelente leitura.

---

2   Ver nota 1 do Apêndice.

OS NÍVEIS DE CONSCIÊNCIA

O BOM SENSO nos ensina que antes de mergulharmos de cabeça em uma piscina devemos conhecer a sua profundidade. Assim, antes de discutirmos o que venham a ser níveis de consciência e o que eles têm a ver com este livro, é imperativo definirmos o que significa a palavra consciência, cuja tarefa encontra certo grau de dificuldade, pelos diferentes ângulos ou perspectivas em que ela é utilizada por médicos, psicólogos, filósofos e teólogos.

No livro A *neurologia que todo médico deve saber*, organizado por Ricardo Nitrini e Luiz A. Bacheschi[3], podemos ler que "não existe conceituação satisfatória de consciência. [...] Consciência representa um estado de perfeito conhecimento de si próprio e do ambiente".

Neste caso em particular, primeiro o autor demonstra a dificuldade para definir o que seja a consciência. Em seguida, usa uma definição mais psicológica e filosófica

---

[3] Capítulo 6, intitulado 'Comas', assinado por Getúlio Daré Rabello.

do que propriamente neurológica. Para tentar simplificar um pouco o nosso trabalho, iremos aos dicionários para identificarmos o valor etimológico dessa palavra.

Segundo o *Dicionário eletrônico Houaiss da língua portuguesa*, consciência é uma palavra de origem latina *conscientìa,ae* que significa "intuição dos fenômenos psíquicos, senso íntimo, ter conhecimento de alguma coisa comum a muitas pessoas, conhecimento, convicção íntima, noção de bem e de mal", do verbo *conscíre*, "ter conhecimento de", e formado por *con-* e *cien(c/t)*. Por sua vez, *cient(c/t)* significa "saber, conhecer, notar, reparar, compreender, reconhecer, ciência, arte, habilidade"; o que nos leva até as palavras latinas *scientìa,ae* "conhecimento, saber, ciência, arte, habilidade" e *sapientìa,ae* "aptidão, habilidade, capacidade, instrução, razão, bom senso, sabedoria, prudência, siso, tino, moderação, indulgência, benignidade".

Dessa forma, um médico, via de regra, utiliza a palavra consciência para indicar "o estado fisiológico normal do sistema nervoso central que permite ao paciente a sua identificação exata no tempo e no espaço, o pensamento claro, o comportamento adequado frente ao meio ambiente e a posse de suas faculdades (ver, ouvir, falar, cheirar, degustar, pensar)". Nessas condições, estar consciente é o estado oposto de estar dormindo, desmaiado ou em coma, condições descritas como inconscientes. Todavia, esta interpretação do que seja consciência não é a mesma coisa que "um estado de perfeito conhecimento de si próprio e do ambiente".

Usualmente, tanto o médico quanto o leigo acabam utilizando a palavra consciência com esse valor.

Utilizam-na para designar o estado físico no qual me encontro ao escrever estas páginas e você, querido leitor, ao lê-las. Ser consciente nestas condições implica estar desperto, orientado no tempo e no espaço, sendo capaz de informar dados da sua autobiografia (nome, idade, estado civil, profissão, endereço etc.) e de perceber eventos físicos que estimulem os sentidos – claro ou escuro, quente ou frio, barulhento ou silencioso, perfumado ou fedorento, gostoso ou de sabor ruim.

Para um psicólogo essa mesma palavra pode ser empregada para designar: "um sentimento ou o conhecimento que permite ao ser humano vivenciar, experimentar ou compreender alguns aspectos ou a totalidade de seu mundo interior", ainda segundo o *Dicionário Houaiss da língua portuguesa*.

Piotr D. Ouspensky (1878-1947), na sua obra *Psicologia da evolução possível ao homem*, explica que a palavra consciência é:

> [...] é quase sempre empregada como equivalente da palavra *inteligência*, no sentido de *atividade mental*.
>
> Na realidade, a consciência no homem é uma espécie muito particular de "tomada de conhecimento interior" independente de sua atividade mental – é, antes de tudo, uma tomada de conhecimento de si mesmo, conhecimento de quem ele é, de onde está e, a seguir, conhecimento do que sabe, do que não sabe, e assim por diante.

Ainda podemos entender consciência como sendo a faculdade intuitiva de apreensão direta, imediata, não reflexiva, clara, distinta e de alcance parcial da dimensão passional do ser humano que resiste a qualquer tentativa de controle.

Nessas condições, a consciência indicaria o quanto um indivíduo tem real conhecimento das suas emoções, sabe reconhecê-las com precisão, no exato momento em que elas ocorrem, quais os fatores ou circunstâncias que as desencadearam e sabe dominar as suas emoções reagindo da maneira mais eficiente possível.

Um bom exemplo deste nível de consciência é ilustrado por uma passagem de *Odisseia*, de Homero, quando Ulisses consegue finalmente chegar a Ítaca, sua terra natal, e encontra com seu filho Telêmaco, que traz o coração cheio de ódio e ressentimento, querendo vingança imediata contra os inimigos do pai. Ulisses, então, lhe dá uma lição de vida ao ensinar-lhe que sentir raiva é muito fácil, mas a sabedoria está em sentir raiva pelo motivo correto, com a pessoa certa, na hora devida e na medida justa.

O oposto da lição de Ulisses, ou seja, a inconsciência, é representada pela situação corriqueira de sentirmos raiva do patrão por alguma atitude crítica dele em relação ao nosso trabalho, que consideramos injusta, e descontarmos a nossa ira sobre a esposa ou sobre os filhos, quando chegamos em casa.

Em termos filosóficos, consciência pode designar:

- sentido ou percepção que o ser humano possui do que é moralmente certo ou errado em atos e motivos individuais;
- sistema de valores morais que funciona, mais ou

menos integradamente, na aprovação ou desaprovação das condutas, atos e intenções próprias ou de outrem;
- conjunto de ideias, atitudes, crenças de um grupo de indivíduos, relativamente ao que têm em comum ou ao mundo que os cerca[4].

Assim sendo, a consciência pode ser compreendida como sendo a percepção que o homem possui do que é moralmente certo ou errado nos atos e motivos de outra pessoa ou dela mesma, funcionando como um juízo do que é certo – o Bem – e do que é errado – o Mal. É este sentido de consciência que orienta o indivíduo nas suas ações futuras, por haver traduzido em emoções de alegria, satisfação e paz interior ou de tristeza, culpa e remorso, as suas ações pregressas.

A consciência passa a designar o nível de conhecimento, a convicção, o discernimento e a compreensão que o ser humano desenvolve das suas intenções e desejos. O indivíduo inconsciente, portanto, passa a ser aquele que se deixa levar por suas paixões, incapaz de controlar os próprios desejos, entregando-se a eles ou com prazer ou com sentimentos de culpa.

Na teologia antiga a consciência era uma faculdade, um princípio ou uma propriedade que seria implantada em nós por Deus no ato da criação. Mais tarde, outros teólogos cristãos propuseram que a consciência seria uma faculdade inata da alma. Para o espiritismo é uma faculdade inata ao Espírito, mas que precisa ser desen-

---

4 *Dicionário Houaiss da língua portuguesa.*

volvida pelo estudo e pelo aprimoramento moral individual, pois é na consciência que estão gravadas as leis de Deus, para que o homem saiba distinguir o bem do mal, o certo do errado.

O entendimento teológico do que seja a consciência transparece plenamente em René Descartes, para quem ela seria uma evidência irrefutável da sua própria existência como um ser pensante, consequentemente espiritual, "passível de conhecer a si mesma de modo imediato e integral [...] e, por extensão, da realidade do mundo exterior"[5]. No cartesianismo a coisa extensa, ou seja, a matéria em si, não tem consciência, e o que não tem consciência não tem vontade própria.

Na nossa argumentação estaremos utilizando a palavra consciência com a ideia essencial da definição psicológica e filosófica. Assim sendo, a partir deste momento, consciência indica o conhecimento que permite ao homem compreender, sentir e vislumbrar a totalidade do seu mundo interior. Além disso, é necessário que a consciência se vista com valores morais no que tange às noções de bem e mal.

> **CONSCIÊNCIA:** capacidade que o homem possui de compreender, sentir e vislumbrar a totalidade do seu mundo interior revestida de valores morais no que tange às noções de bem e mal.

---

5 *Dicionário Houaiss da língua portuguesa.*

DIFERENTES GRAUS OU NÍVEIS DE CONSCIÊNCIA[6]

Ouspensky alertava em 1945 que a ideia geralmente aceita no pensamento moderno era que "a consciência não possui graus" (p. 13) porque se confunde consciência com atividade mental. Todavia, uma vez que cada homem ou mulher é uma individualidade, fica patente que devem existir tantos níveis de consciência quantos os indivíduos.

Parece óbvio e lógico considerar que em uma discussão referente a níveis de consciência devamos considerar, em primeiro lugar, a situação onde ela não seja manifesta ou percebida, o nível inconsciente. O prefixo latino *in* transmite a ideia de privação, negação ou de ausência. Assim sendo, inconsciência é a privação, ou a negação ou a ausência de um estado de consciência.

É muito provável que estejamos acostumados a pensar na palavra inconsciente apenas dentro do contexto médico. Já vimos que em medicina a palavra inconsciente pode ser aplicada para designar uma pessoa que esteja dormindo, que esteja desmaiada ou que esteja em estado de coma.

Todavia, neste exato momento em que estamos despertos e vigilantes, concentrados na leitura destas páginas, uma parcela significativa de fenômenos estão ocorrendo em nosso corpo sem que tenhamos a mínima percepção deles. Estamos inconscientes da nossa frequência cardíaca, da taxa de oxigenação do nosso sangue ou da velocidade de filtração renal.

---

6   Para uma visão geral ver Apêndice, lâmina 1.

Identicamente, também somos inconscientes de um grande número de ações e comportamentos no nosso dia a dia. A grande maioria de nós age de forma totalmente inconsciente na hora das refeições, comendo o que queremos e satisfazendo os nossos desejos e caprichos e não o que é verdadeiramente necessário e saudável para o nosso corpo. Tais comportamentos inconscientes pioram ainda mais, ao se acender um cigarro ou ingerir mais uma dose de bebida alcoólica.

Contudo, em termos filosóficos ou teológicos, esta mesma palavra (inconsciente) pode ser empregada para indicar uma pessoa com sérias dificuldades em reconhecer as próprias emoções, em distinguir o certo do errado, o bem do mal, carente de senso moral ou de justiça. Nessas condições, quando chamamos alguém de inconsciente, estamos fazendo um julgamento ético sobre aquela pessoa. Será que já somos suficientemente conscientes de nós mesmos para julgarmos o outro? No evangelho de Mateus (7:1a3) lemos a recomendação de Jesus:

> Não julgueis para não serdes julgados. Pois com o julgamento com que julgais sereis julgados, e com a medida com que medis sereis medidos. Por que reparas no cisco que está no olho do teu irmão, quando não percebes a trave que está no teu?

Todavia, é na psicologia que o vocábulo inconsciente cresce de abrangência, de significado e de importância. Nesta, o inconsciente é a maior parcela daquilo que se denomina de *self*, a totalidade do psiquismo do indivíduo. O inconsciente retém tanto as informações oriundas do corpo como os processos físicos que não podem ser percebidos pelo indivíduo que os vivencia, tal como a secreção de um hormônio, que não atinge a nossa consciência, como os pensamentos, emoções, atitudes e posturas que não queremos ou que não temos interesse em conscientizá-los, mas que podem influenciar o nosso comportamento.

Para Sigmund Freud (1856-1939), o inconsciente seria uma parcela organizada e ativa da personalidade, dispondo de normas e de funcionamento energético específico. É no inconsciente que ficam retidas emoções primitivas que foram reprimidas e censuradas da consciência, ou outros conteúdos emocionais que tiveram os seus acessos à consciência bloqueados. Esse material psíquico não é perdido, apenas não tem permissão para se mostrar na tela da consciência. Em contrapartida, o conteúdo inconsciente não se altera com o tempo, podendo manifestar-se a qualquer momento da nossa vida.

Para Carl Gustav Jung (1875-1961), a personalidade total de um indivíduo, o *self*, possuiria duas qualidades de inconsciente: um pessoal e outro coletivo. O inconsciente pessoal é formado pelas percepções e sentimentos subconscientes, eventos do passado que foram perdidos pela memória consciente, e por todo material psíquico que por não possuir energia suficiente ou por não ter sido devidamente discriminado não atingiu a consciência.

O inconsciente coletivo, por sua vez, reúne um material psíquico mais profundo e comum a todos os indivíduos. Este inconsciente coletivo não é uma imagem ou uma ideia inata. Ele é uma possibilidade herdada, um modelo de estruturação herdada da personalidade. É a nossa herança psicológica que não provém da nossa experiência pessoal atual. Jung propôs que, como nascemos com uma herança biológica – o nosso genoma –, também deveríamos possuir uma herança psicológica, que constitui o inconsciente coletivo com o conjunto dos seus arquétipos.

No livro *O homem e seus símbolos*, Jung argumentou que:

> Assim como o nosso corpo é um verdadeiro museu de órgãos, cada um com a sua longa evolução histórica, devemos esperar encontrar também na mente uma organização análoga. Nossa mente não poderia jamais ser um produto sem história, em situação oposta ao corpo em que existe. (p. 67)

Os arquétipos que existem no inconsciente coletivo podem ser compreendidos como os modelos ou formas originárias ideais, de natureza transcendente, e que são reproduzidas nos objetos imperfeitos do mundo sensível. Para Jung o conteúdo imaginário e simbólico do inconsciente coletivo era posto em evidência nos mitos e lendas – o herói, a princesa, o velho sábio, a mãe primordial e outros – e compartilhado pela sociedade.

Podemos, neste ponto, fazer uma analogia entre consciência e inconsciência com a maneira pela qual um computador funciona. Na tela do monitor podemos observar a exposição de um conteúdo operacional bastante restrito e que é denominado pelos especialistas de *memória* RAM (Random Access Memory ou memória de acesso casual) que é volátil, ou seja, quando o computador é desligado, esse conteúdo pode se perder, como em um quadro-negro, caso ele não tenha sido devidamente registrado. Mas, dentro do hardware CPU existe o que é chamado *disco rígido* e que possui uma memória denominada de *ROM* (Read Only Memory ou memória somente de leitura) que já vem gravada da fábrica, contendo instruções que podem ser lidas e executadas.

De uma forma muito rústica e imperfeita, podemos dizer que a memória RAM do computador representa aquilo que foi denominado de consciência e que a memória ROM representa o inconsciente. O somatório da nossa consciência atual e do nosso inconsciente forma o todo que chamamos de EU, e que como veremos mais adiante é o Espírito, a coisa pensante cartesiana.

Mas, uma vez ultrapassado o nível da inconsciência, que outros níveis de consciência poderemos encontrar?

No estudo da ciência da alma, ou se preferirmos da psicologia, é comum encontrarmos descrições de níveis de consciência trinários, tais como:

Subconsciente – Consciente – Superconsciente;
Inconsciente – Consciente – Supraconsciente;
Id – Ego – Superego.

Sem nos perdermos em divagações infrutíferas, é interessante observar que no estudo da embriologia aprendemos que o embrião humano se desenvolve a partir de três folhetos embrionários: o endoderma ou folheto interior, o mesoderma ou folheto intermediário e o ectoderma ou folheto exterior. Poucos dias mais tarde o ectoderma abre-se em três vesículas que darão origem ao sistema nervoso.

Posteriormente, no estudo da anatomia e da fisiologia do sistema nervoso poderemos ver que Paul MacLean, importante neurocirurgião do século 20, quando descreve a sua teoria das emoções dividiu o encéfalo humano em três níveis: o nível mais inferior foi denominado de cérebro primitivo ou visceral, o segundo de cérebro límbico ou emocional e o terceiro e mais elevado de cérebro cognitivo.

No livro *Manual de observação psicomotora*[7], o autor, Vitor da Fonseca, servindo-se de outros pesquisadores, descreve que numa perspectiva filogenética o comportamento humano poderia ser dividido em três tipos. O primeiro tipo seria formado pelo conjunto de ações não aprendidas e que compartilhamos com os mamíferos inferiores. O segundo, o das nossas ações que são aprendidas, mas que são compartilhadas com os primatas. O último tipo de comportamento reuniria as ações aprendidas, mas que são exclusivamente humanas.

Podemos extrair da discussão aberta por Vitor da Fonseca três níveis de ação comportamental com os respectivos níveis de consciência: em primeiro lugar, os comportamentos automáticos e instintivos; em segundo, os comportamentos copiados – todo mundo faz então eu também faço –; e em terceiro lugar, os comportamentos individualizados adquiridos pela experiência e observação, em um processo de aprendizagem no qual substituímos condutas negativas por outras mais positivas.

---

7   Página 22.

Jean Piaget (1896-1980), influente psicólogo e pedagogo suíço, desenvolveu um modelo no qual o desenvolvimento psicológico da criança passa por algumas etapas bem definidas. As etapas do desenvolvimento piagetiano são suficientemente precisas para caracterizar cada fase pela qual a criança tem que passar para atingir a consciência adulta, e bastante abrangente para conter os diferentes níveis conscienciais em que os indivíduos adultos se movem pela vida afora. Essencialmente, Piaget descreve uma fase sensório-motora à qual se segue uma fase de operações concretas para, finalmente, o indivíduo atingir uma fase de operações formais.

A fase sensório-motora é caracterizada pela construção de esquemas progressivamente organizados que se referem ao próprio corpo. Partindo de si mesmo, o indivíduo começa a se preocupar com o objeto do seu desejo que está fora 'da sua vista'. Desenvolve, então, um pensamento racional com o nítido objetivo de alcançar o objeto desejado, com o que o movimento se torna intencional. Nessa fase, a imitação dos movimentos será o meio através do qual a inteligência do indivíduo passará de sensório-motora para a representativa.

A segunda fase do desenvolvimento piagetiano ou a fase de operações concretas pode ser subdividida em três períodos: um período pré-conceptual, um período intuitivo e um período de operações concretas propriamente ditas.

No período pré-conceptual, a linguagem ajudará no desenvolvimento de representações simbólicas; todavia, o indivíduo não consegue copiar um modelo, pois a capacidade de manter a atenção fixada em uma tarefa é curta e é facilmente desviada por qualquer outro estímulo.

Na sequência da fase de operações concretas, o indivíduo evolui para o período intuitivo no qual o pensamento ainda é egocêntrico, gerando dificuldades para perceber relações causais de interdependência e persevera com explicações artificiais para fenômenos naturais, por exemplo: foi castigo de Deus. Entretanto, apesar desses erros no pensamento lógico, o indivíduo neste período começa a desenvolver um senso de ordem e de seriação, embora ele ainda se deixe enganar facilmente por mudanças de forma.

No período das operações concretas propriamente ditas, o indivíduo adquire a capacidade de abstração do pensamento, diferenciando e classificando os objetos pelas suas propriedades intrínsecas, estabelecendo ordens qualitativas e tornando-se maleável para o que possa mudar de categoria. Nesta fase, aprendemos a separar as boas companhias das más e nos tornamos mais indulgentes e tolerantes com aqueles que reconhecem erros pretéritos e buscam corrigi-los.

A terceira e última fase do desenvolvimento mental, segundo Piaget, é a fase das operações formais, na qual o indivíduo aprimora a capacidade de diferenciar o possível do real, raciocina com hipóteses e é capaz de combinar de forma crítica, ideias diferentes. Nesse momento, o sujeito conquista autonomia, podendo investigar diferentes situações e julgá-las de modo a gerar ideias sobre justiça social, a sua posição e as consequências da sua ação no mundo.

Já Piotr Ouspensky argumenta que a consciência

apresenta diferentes níveis que são bem evidentes e observáveis. Ele diz que podemos observar a consciência sob os critérios da duração – quanto tempo –, da frequência – quantas vezes –, e da amplitude e da penetração – do que se estava consciente –, pois variam com o crescimento interior do indivíduo.

Além disso, Ouspensky descreve quatro estados de consciência possíveis para o ser humano. O mais inferior dos estados de consciência é o sono, estado subjetivo e passivo no qual as funções psíquicas trabalham sem nenhuma direção. O que caracteriza este nível de consciência é a sua falta de encadeamento lógico, a inexistência de um *continuum* causa-efeito. Este nível de consciência serve para identificar os indivíduos que ficam a ver navios passarem e perdem a sua existência na mais completa passividade. Não fazem e não acontecem; estão dormindo enquanto o tempo passa.

O próximo estado de consciência seria o de vigília, ou do homem desperto. Ouspensky prefere designar este nível de consciência como *sono desperto* ou *consciência relativa*. Este nível é menos subjetivo do que o anterior, pois o indivíduo já é capaz de reconhecer uma verdade relativa o que lhe permite a adoção de uma atitude mais crítica perante a vida, com pensamentos melhor coordenados e ações mais disciplinadas. Mas, no nível de consciência relativa os sonhos não deixam de existir. Eles apenas estão escondidos, ofuscados pela luz do dia, assim como a luz do sol esconde as estrelas do céu. Os sonhos ainda exercem poderosa influência sobre os indivíduos, o que explica as numerosas contradições e os absurdos das atitudes humanas nesse nível.

Um terceiro nível de consciência proposto por Ouspensky é o que ele denominou de *consciência de si*, caracterizado pela capacidade de o homem tornar-se objetivo em relação a ele mesmo. Neste ponto, Ouspensky afirma que o homem vive nos dois níveis anteriormente descritos e que só em momentos excepcionais atinge este terceiro nível de consciência. Isso ocorre em momentos de perigo, de intensa emoção, em situações novas e inesperadas e, algumas vezes, em circunstâncias sem nada de particular. São aqueles momentos em que dizemos que 'a ficha caiu'.

Ele argumenta que a maioria dos homens se atribui indevidamente esse nível de consciência quando, na verdade, só usufrui pequenos e fugazes lampejos sobre os quais não têm nenhum poder, pois dependem da ação de condições exteriores, de associações acidentais ou de lembranças de emoções.

Neste ponto da sua teoria, Ouspensky faz uma rápida divagação sobre o profundo significado dos ensinamentos religiosos, que conclamam o homem para o despertamento de si mesmo. Sócrates ensinava aos que o ouviam que era necessário "conhecer a si mesmo"; Jesus pedia aos que o ouviam para que tivessem "olhos de ver e ouvidos para ouvir"; e a doutrina espírita prega a reforma de nós mesmos, para que possamos crescer e evoluir espiritualmente.

Ouspensky fala ainda de um quarto nível de consciência sobre o qual nada sabemos e que é o estado de *consciência objetiva*. Segundo ele, neste nível de consciência o homem teria condições de conhecer a verdade sobre todas as coisas e poderia conhecer "o mundo tal como é".

Embora qualquer um destes modelos possa ser aplicado na nossa discussão, estaremos fazendo uso de outro esquema. Utilizaremos o modelo apresentado no livro *No mundo maior*, ditado por André Luiz, por intermédio de Francisco Cândido Xavier. Nesta obra, no capítulo 3, intitulado 'A casa mental', o instrutor Calderaro apresenta os níveis de consciência como se fossem um castelo ou uma casa de três andares.

O nível mais inferior é o que abriga os impulsos automáticos representados pelos instintos. Neste nível de consciência a atenção do indivíduo está centrada em satisfazer os seus instintos de preservação e de reprodução. É o andar onde o Id, o princípio do prazer, encontra abrigo.

O indivíduo que reside neste nível de consciência passa quase toda a sua vida apegado única e exclusivamente às suas próprias sensações e emoções; o seu horizonte quase não vai além do próprio umbigo. No seu dia a dia as preocupações giram em torno da busca incessante do prazer sensual, havendo um interesse contínuo em buscar e experimentar sensações novas.

Os comportamentos aqui registrados não são avaliados quanto às suas causas e muito menos quanto às suas consequências sendo, não raras vezes, nocivos ao indivíduo ou à coletividade na qual está inserido. O que importa é não se privar daquilo que dá prazer imediato, mesmo quando faz mal, engorda ou é proibido.

Sendo esse o andar dos instintos, as pessoas que caminham pela vida com esse nível de consciência podem ser identificadas pela sua impulsividade no agir e no falar. Tradicionalmente, não pensam antes de falar e de fazer as coisas. Podem usar o rótulo de pessoas autênticas, verdadeiras, mas esqueceram que a verdade é una e benéfica para todos.

Tais indivíduos são frequentemente identificados pelas outras pessoas como sendo egoístas e narcisistas. Na gíria, este indivíduo é chamado de 'folgado' e, como Narciso, só tem olhos para si mesmo. Esperam e desejam que tudo e todos à sua volta estejam prontos a satisfazê-los em seus caprichos e vontades. Quando não são atendidos, explodem em reações de raiva ou de birra infantis, pois não toleram as frustrações. Decepcionam-se facilmente e guardam grandes quantidades de mágoas e ressentimentos. Autocentrado, quem vive nesse primeiro nível de consciência é perito em exigir os seus próprios direitos e em cobrar que os outros cumpram com os seus deveres.

Nesse nível residem Paris, o filho mais novo de Príamo, rei de Troia, que arrastou todo o reino paterno numa guerra estúpida para satisfazer uma paixão irresponsável, e Sancho Pança, o ordenança glutão e preguiçoso de dom Quixote, carente do mínimo senso de justiça e de moral. É o andar dos moradores de Sodoma e Gomorra que viviam em abominação, esquecidos da lei de Deus.

O segundo andar desta casa, ainda segundo Calderaro, é onde reside o esforço e a vontade do hoje, aqui e agora. É o andar onde se abriga o ego, o *eu* preocupado tão somente em ser, em fazer e em acontecer no momento atual. Não olha para trás, isto quando não faz de tudo para apagá-lo e esquecê-lo, e quando pensa no futuro, este, quase sempre, é imediato e de curto prazo.

O seu horizonte é um pouco maior do que o do vizinho do andar abaixo, contudo só lhe permite enxergar os seus próprios interesses e os daqueles que estão ao seu lado. O seu comportamento, como num jogo de xadrez, é calculado objetivando um ganho rápido. Os sacrifícios que ele parece realizar são ilusórios e servem para distrair e desviar a atenção do antagonista, quanto aos seus verdadeiros objetivos.

O seu comportamento é dirigido de forma mais ou menos específica para fins concretos e materiais. Os residentes deste andar ainda não participam de metas idealistas e fraternais. Seguem pela vida como verdadeiros mercadores que almejam lucro rápido e fácil. Sem pudores, não hesitam em se desfazerem de mercadorias que tiveram algum valor no passado para adquirir outras com mais valor na atualidade, segundo as conveniências do momento.

Aprenderam que "uma andorinha sozinha não faz verão", por isso, vivem em grupos. Quem não faz parte do grupo é inimigo e deve ser conquistado para servir aos interesses do grupo, embora exista sempre algum grau de desentendimento entre os próprios membros do grupo. A sua política é a velha conhecida "para os amigos tudo, para os inimigos a lei". Acabam se tornando pessoas vingativas, que esperam a oportunidade certa para devolver uma ofensa com juros e correção.

Nesse andar encontramos o vaidoso Aquiles, preocupado unicamente com a sua fama, e o ambicioso Agamemnon, rei de Miscenas, cuja sede de poder selou o seu destino com uma infelicidade e uma glória exemplares. Fazem-lhes companhia Judas, o de Kerioth (Iscariotes) e Pôncio Pilatos, aquele que não quis se envolver com os problemas dos outros e lavou as mãos.

No terceiro andar, ou no terceiro nível de consciência, residem o ideal e as noções superiores a serem alcançadas. É onde vamos encontrar o senso do dever a ser cumprido. É o andar onde o superego sente-se mais à vontade, onde reside a preocupação ativa com o futuro e a compreensão da necessidade do próximo e da coletividade.

Os residentes do terceiro andar olham para o dia do amanhã e, portanto, trabalham para edificar obras perenes. São os idealistas (não sonhadores) que laboram para construir uma sociedade melhor, mais fraterna e solidária. Como precisam subir degrau a degrau a escada que os leva para o mais alto, aprenderam que não devem carregar coisas inúteis que dificultem a marcha e que os impeçam de evoluir.

Para chegar a este nível de consciência tiveram de se desfazer das mesquinharias que os mantinham presos nos níveis inferiores. Libertaram-se do egoísmo e do orgulho, despiram-se de qualquer vaidade e aprenderam que pelo trabalho construtivo no bem e na caridade conseguem avançar a passos largos rumo ao 'reino dos Céus'.

No terceiro andar, poderemos encontrar o velho sábio e respeitado Nestor, sempre agindo de modo a preservar a concórdia entre os gregos, e o resignado e devotado Heitor, que sacrificou a felicidade pessoal para cumprir o seu papel de defensor dos troianos. Neste andar, encontramos Paulo de Tarso, renovado após o encontro com o Nazareno na estrada de Damasco, e Francisco de Assis, regressado da guerra.

Uma pesquisa mais profunda na literatura técnica

disponível, na área de neuropsicologia, poderia trazer à tona outros modelos e divisões. Todavia, muito pouco ou quase nada seria acrescentado ao que já foi exposto até aqui. Por isso, apresentamos no final deste capítulo um quadro com outros modelos representativos de níveis de consciência, relacionados com os que estão expostos acima.

Definimos que a palavra consciência seria utilizada com o sentido de ter-se o conhecimento que permite ao homem compreender, sentir e vislumbrar a totalidade do seu mundo interior e que ela se revestiria de valores morais quanto ao bem e ao mal. Para que isso se cumpra, é necessário sermos capazes de identificar as nossas emoções, quando estas se manifestarem.

Pode parecer que o que acabamos de dizer foi uma completa tolice, afinal nós sempre sabemos como estamos nos sentindo. Ou não? Conhecer a totalidade do mundo interior implica termos condições de identificar quais são as verdadeiras razões por trás do nosso agir. O que verdadeiramente dirige nosso comportamento?

Ser consciente implica sabermos por que estamos fazendo tal coisa em dado momento. Quantas vezes ao longo do dia nós nos perguntamos por que estamos fazendo determinada coisa? Ou por que estamos indo nesta direção e não naquela? Ou por que estamos aqui e não acolá? Quantas vezes já reclamamos que gostaríamos que a nossa vida fosse diferente do que ela é?

Estamos fazendo na nossa vida o que escolhemos fazer, conscientes ou não; da mesma forma que estamos indo na direção que escolhemos. Onde estamos hoje é a consequência das escolhas que fizemos e do caminho que percorremos ontem. E amanhã estaremos nessa mesma direção e nesse mesmo lugar; se repetirmos hoje os mesmos movimentos, as mesmas ações, de ontem.

Em termos de representação, podemos ilustrar a consciência como sendo a ponta do *iceberg*, visível acima do nível do mar, e o inconsciente como sendo todo o restante que permanece submerso. Contudo, é a parte submersa que determina o destino do *iceberg*. Nosso cérebro só consegue representar uma pequena parte da atividade mental, a parcela consciente. O restante permanece oculto ou pode manifestar-se de forma inconsciente, pela nossa fala, nos atos falhos, ou pelo nosso corpo físico, na postura e nas doenças.

Posso estar desperto observando o que se passa à minha volta sem, contudo, agir de forma consciente. Se me encontro na fase sensório-motora do desenvolvimento, segundo Piaget, ao observar um evento à minha volta vou agir de forma mais ou menos automática e instintiva, sem pensar nas consequências da minha ação. Daí, se os outros membros do grupo ao qual pertenço bebem, fumam, ou se alimentam de forma inadequada, eu imito tal comportamento, faço igual a todo mundo, para não ser diferente.

Mas, se eu já tiver alcançado a fase de operações concretas, no modelo piagetiano, ou se eu estiver no segundo andar da casa, segundo Calderaro, vou adotar perante a turma um comportamento alinhado aos meus interesses imediatos. Se no grupo houver uma pessoa do sexo oposto que me interesse, agirei de forma semelhante ao grupo para me aproximar, tentando levar vantagem.

Todavia, se eu já tiver chegado à fase de operações formais ou no terceiro andar da casa mental de Calderaro, ao observar um determinado movimento à minha volta, tentarei compreender o como e o porquê da situação. Compreendendo-a, terei condições para ajuizar quanto ao seu verdadeiro valor e farei a escolha que melhor se ajustar ao que é bom, útil e verdadeiro, mesmo que minha escolha signifique uma aparente perda para mim.

Só somos verdadeiramente conscientes quando compreendemos o porquê dos eventos à nossa volta, as causas reais e profundas das nossas emoções e as consequências de todas as nossas ações, quando, então, passaremos a reagir com conhecimento de causa e responsabilidade.

O nível de consciência de cada indivíduo pode ser identificado pela maneira como ele lida com os seus problemas, as suas dores, as suas doenças e com a morte. Os indivíduos do nível de consciência mais inferior se relacionam com a doença da mesma forma que uma criança pequena: choram e protestam, exigindo que alguém faça alguma coisa para remover a causa do seu sofrimento.

Da mesma forma que foram irresponsáveis para gozarem os prazeres da vida, também o serão para assumir as consequências dos passos mal dados. Culpam a tudo e a todos por sua infelicidade. Não conseguem (e não querem) carregar o próprio fardo das suas vidas insensatas. Julgam-se vítimas indefesas que devem ser cobertas com todos os cuidados e mimos pelos outros. Quando, finalmente, percebem que a morte se aproxima, entregam-se ao desespero.

Os indivíduos do segundo nível de consciência tentam se relacionar com a doença e com a dor da mesma forma como se relacionaram com a vida, ou seja, tentam negociar tudo. Se possuírem recursos amoedados tentarão comprar a saúde de qualquer maneira. Porque estão pagando pensam que podem obter o que querem, sem saber se o que desejam é factível ou não.

Quando não possuem recursos monetários, tentam negociar a saúde por meio de promessas e juras intermináveis. Da mesma forma que mercadejaram com os recursos da vida, agora tentam mercadejar com a doença e com a morte. Como não desenvolveram ideais nobres e elevados, prometem trocar a doença por uma privação material concreta em sinal de compensação. Quando a hora da morte se aproxima, entregam-se ao desânimo e à lamentação infrutífera.

Os sujeitos que habitam o terceiro nível de consciência compreendem que a dor e a doença fazem parte da vida. Recebem-nas com naturalidade buscando compreender o que elas significam e que novo ensinamento devem tirar desta experiência que a vida lhes oferece.

Como já se despojaram de coisas inúteis, como orgulho, egoísmo e vaidade, continuam cumprindo com os seus deveres e responsabilidades perante o futuro. Esquecidos de si mesmos, encontram no trabalho o lenitivo para as próprias dores. Com calma e serenidade, esperam a morte chegar, pois aprenderam pelos próprios esforços que ela é simplesmente o início de uma nova e promissora jornada.

Porém, da mesma maneira que nós, os seres humanos, somos formados por células, tecidos e órgãos diferentes que possuem funções específicas, mas funcionam de forma integrada constituindo o nosso corpo, a sociedade e a nação são formadas pela reunião, em vários níveis, de elementos diferentes.

Os indivíduos agregam-se em grupos familiares. As famílias congregam-se por diversos motivos – religiosos, culturais, econômicos – formando os distritos e os bairros. A reunião de alguns bairros com características semelhantes forma as grandes zonas setoriais da cidade – o centro 'velho', a zona industrial, o centro financeiro e comercial, a zona rural. Cidades dentro de uma área geográfica específica dão origem aos estados, cada qual com a sua especificidade na maneira de falar, de se vestir, de se comportar. Por sua vez, a reunião de diferentes estados que compartilham o mesmo idioma, uma única moeda e um modelo político-social, acaba configurando uma identidade que chamamos de nação.

Segundo Auguste Comte (1798-1857), a família é a célula básica da sociedade, a partir da qual o conhecimento e a própria sociedade evoluíram. Nesse processo evolutivo podem ser identificados três estágios. O primeiro, segundo o autor, foi denominado de teológico, porque todos os fenômenos da vida eram explicados com base na vontade dos deuses. O segundo foi denominado de metafísico, e fazia uso de conceitos abstratos e universais como a natureza para explicar a vida. No terceiro estágio a sociedade busca explicar os fenômenos mediante leis objetivas que os expliquem de forma racional e compreensiva e, por isso, foi chamado de positivo.

Seguindo esse modelo, poderemos descrever níveis de consciência diferentes para cada estágio evolutivo das sociedades. Cada povo, cada nação em um determinado espaço de tempo ocupa um nível de consciência coletiva, que traduz o somatório das consciências individuais. Esta consciência coletiva determina as leis e os sistemas daquela sociedade.

A grande maioria dos indivíduos vive suas vidas dentro de um grupo social que compartilha, de forma quase homogênea, os mesmos costumes, os mesmos hábitos e os mesmos pensamentos coletivos. Esse conjunto de ideias forma um sistema social, econômico e filosófico no qual o grupo e o indivíduo se manifestam. Por sistema, queremos dizer[8]:

> o conjunto de elementos, concretos ou abstratos, intelectualmente organizado; o conjunto de regras ou leis que fundamentam determinada ciência, fornecendo explicação para uma grande quantidade de fatos; teoria.

O sistema social, econômico e filosófico no qual vivemos é o que constitui a nossa sociedade. Contudo, estamos tão profundamente mergulhados nela que passamos a tê-la como a nossa atmosfera cultural. E permanecemos tão saturados dos seus elementos, que dificilmente concebemos que possa existir seres que vivam e se manifestem em outras atmosferas. A nossa atmosfera cultural representa o nível de consciência da sociedade na qual vivemos.

Em escala reduzida, vemos os jovens da atualidade reunindo-se em tribos e cada qual com sua linguagem, sua maneira própria de se vestir, sua música, o seu es-

---
8 *Dicionário Houaiss da língua portuguesa.*

paço territorial. Os valores que caracterizam uma determinada tribo traduzem o seu nível de consciência. Quando tribos diferentes se encontram é muito comum, e infelizmente provável, que surjam conflitos, pois estão em níveis de consciência diferentes.

Os membros de uma determinada tribo ou sociedade tendem a rejeitar a outra, considerando-a inferior, atrasada, primitiva ou errada. O fato de outra sociedade viver com um conjunto de leis, costumes e crenças diferentes daqueles compartilhados pela nossa sociedade não nos dá o direito de considerá-la errada e de renegar a sua cultura e as suas ideias. A diferença não nos faz melhor nem pior do que o outro, simplesmente cada um ocupa o nível de consciência que lhe é acessível.

É a ignorância e o preconceito que fazem com que rejeitemos o desconhecido. Ignorância, aqui, significa apenas falta de conhecimento, o estado daquele que ignora alguma coisa ou que não está a par da existência de algo. Por sua vez, preconceito qualifica qualquer opinião ou sentimento, favorável ou desfavorável, formado *a priori*, sem maior conhecimento, sem exame crítico, sem ponderação, sem razão, que um indivíduo ou um grupo assume de forma apressada, baseados apenas na experiência pessoal.

A maioria dos homens caminha pela vida abraçando e defendendo ideias, crenças e valores estabelecidos pela atmosfera social na qual vivem, sem se questionarem sobre o porquê dessas ideias e crenças, se são realmente verdadeiras ou se são boas. Simplesmente aceitamos os valores e conceitos da sociedade em que vivemos como pressupostos de caráter indiscutível e absoluto, em função de ser uma verdade supostamente aceita por todos os membros da comunidade. Quando somos confrontados com ideias e crenças diferentes daquelas que compõem o conjunto da nossa tradição cultural, tendemos a rejeitá-los de forma preconceituosa, apoiados no pedestal da nossa ignorância sobre aquilo que é diferente e desconhecido. Mas, a nossa sociedade vive e se movimenta no nível mais elevado de consciência?

Precisamos trabalhar no sentido de adquirirmos níveis de consciência cada vez mais elevados. E, para isso, é necessário que tenhamos humildade para reconhecermos que, individualmente e coletivamente, não somos donos da verdade tampouco atingimos os píncaros da verdade absoluta.

MODELOS MÉDICOS

NASCEMOS E VIVEMOS na sociedade ocidental contemporânea e, como ocidentais, temos os nossos dogmas culturais, os nossos artigos de fé que conhecemos e adotamos desde o berço. Por isso, somos induzidos, quase iludidos, a pensar que eles são absolutos, inquestionáveis, indiscutíveis. Quando somos confrontados com outras sociedades e com outras realidades culturais, tendemos a compará-las com o nosso modelo sociocultural. Ao fazê-lo, rotulamos como errado, primitivo e fruto da ignorância daquele povo estranho tudo o que não compreendemos e que não se ajusta às nossas medidas.

Um dos dogmas culturais da nossa sociedade é o da chamada medicina ocidental. Tal ideia está entranhada em nós com tanta força que tudo aquilo que não se ajusta ao modelo dominante é denominado *medicina alternativa*. Poucas expressões, manifestamente, são assim tão preconceituosas e eivadas de ignorância. O nosso modelo médico atende ao atual nível de consciência da nossa sociedade. Mas nem por isso ele é único ou o mais perfeito que existe.

Quando a ONU, por intermédio do seu braço dirigido à saúde, começou a discutir políticas internacionais de promoção à saúde visando ao controle e à erradicação das doenças infectocontagiosas ela se deparou com um problema inesperado: os modelos médicos. Subitamente, os ocidentais descobriram que outros povos possuíam e praticavam oficialmente modelos médicos que não se enquadravam na concepção europeia e americana de medicina.

Foi da necessidade de ter um ponto de partida que fosse comum a todas as nações signatárias que a Organização Mundial da Saúde (OMS) buscou definir os conceitos de saúde e doença. Tomando-se como premissa que medicina é uma palavra de origem latina que significa a arte de curar, compreendendo o conjunto dos conhecimentos relativos à manutenção da saúde, à prevenção e ao tratamento das doenças, chegou-se, como vimos na Introdução, à definição de saúde e doença como estados de bem ou de mal-estar o que ultrapassa, em muito, a concepção da medicina ocidental.

Neste ponto, é oportuno darmos uma olhada rápida nos princípios filosóficos que dão embasamento e sustentação a outros modelos médicos diferentes do modelo médico ocidental moderno.

MEDICINA TRADICIONAL CHINESA

É difícil determinar quando surgiu a medicina tradicional chinesa (MTC), mas alguns documentos atribuem os primeiros registros a três imperadores lendários, mais ou menos, entre 2900 e 2600 a.C.

A MTC é fruto de uma concepção de vida baseada no equilíbrio, na moderação e na equanimidade. Nesse sistema, o princípio imutável e eterno do Universo era o *tao* (a forma) que determina as proporções adequadas dos fundamentos que constituem a dualidade básica da natureza: o Yang e o Yin.

Todas as coisas, animadas e inanimadas, e todos os acontecimentos, são o resultado da combinação ideal desses dois aspectos opostos, mas complementares, assim como os dois lados de uma moeda, resultando em uma combinação de *forças* restritivas e interativas. A interação entre o Yang e o Yin é ainda mais complexa quando consideramos que no interior de cada um desses elementos subsiste uma parcela do outro, em níveis menores de representação. Assim, o dia (Yang) é subdividido em manhã (Yang) e tarde (Yin) e a noite (Yin) é subdividida em antes (Yin) e após (Yang) a zero hora.

Figura 1: o Tao – Yin e Yang.

Tudo o que altera a relação natural entre o Yang e o Yin é considerado como mau, nocivo, prejudicial. Por outro lado, tudo que preserva o correto equilíbrio entre os fundamentos é bom, útil e benéfico. Nesse contexto, a saúde é um estado de harmonioso equilíbrio entre o Yang e o Yin[9]. A doença é uma consequência da perda do equilíbrio. O dever do homem é o de seguir pela vida de forma equilibrada, ponderada e responsável, vivendo com moderação e com equanimidade.

Quando o homem se afasta das leis da natureza, quer seja por invigilância, quer seja por vontade própria, age contra as leis imutáveis e eternas da natureza (o tao). Surge, então, a doença, não como um castigo, mas sim, como uma consequência inevitável do desequilíbrio.

O homem, por sua vez, é formado por cinco elementos primordiais, que devem combinar entre si de forma precisa, para uma perfeita estruturação biológica. Os cinco elementos primordiais são: a madeira, o fogo, a terra, o metal e a água. Esses elementos combinam-se em uma relação de geração, e outra de subjugação mútua.

Aos cinco elementos primordiais agrega-se uma força vital ativa denominada de *ch'i* (pronuncia-se 'qui' ou 'tchi'). O *ch'i* é uma essência dinâmica que compreende tanto a substância como a função, uma substância fundamental do organismo que sustenta as funções fisiológicas normais dos sistemas e dos tecidos. Quando o Yang e o Yin estão em equilíbrio o *ch'i* é preservado e a saúde é fortalecida. A dissociação entre o Yang e o Yin conduz a um estado de exaustão do *ch'i*, criando-se as condições propícias para o desenvolvimento do desequilíbrio entre os cinco elementos. O ponto mais frágil,

---

9 Ver em Apêndice, lâmina 2, as características distintivas do Yang e do Yin.

na cadeia dos elementos, permitirá que os sintomas se manifestem na superficialidade do ser, configurando o que entendemos por doença.

O diagnóstico envolve a coleta de informações muito amplas sobre o paciente (pois cada indivíduo é o reflexo das circunstâncias ambientais em que vive), com o objetivo de se identificar a forma como ele violou o tao. Além do relato do mal-estar físico em si mesmo, são consideradas as mudanças emocionais que o paciente vem vivenciando, suas situações familiares, sociais e econômicas, as condições de moradia, o clima, o apetite, o dormir e o sonhar, entre outros aspectos da vida. À história clínica segue-se um minucioso exame do pulso, a observação do corpo, o estudo da voz e, às vezes, a palpação da área afetada.

As opções de tratamento são tão complexas e abrangentes quanto as causas dos distúrbios. Há, basicamente, cinco formas de tratamento: curar a alma, nutrir o corpo, administrar medicamentos, tratar o organismo globalmente e a acupuntura e a moxibustão[10].

Considerando que as emoções provocam mudanças fisiológicas em determinados órgãos, a MTC busca relacionar comportamentos e fatores constitucionais com as enfermidades e, mediante aconselhamento, procura fazer com que os pacientes modifiquem o seu comportamento, graças à aquisição de valores morais mais elevados. Essa é a cura da alma.

Na dieta alimentar do paciente, a MTC busca combinações ideais de alimentos, segundo as suas proporções

---

10 Ver o verbete "moxa" no Glossário, pg. 369.

potenciais de Yang e Yin, que possam ajudar o paciente a restabelecer o seu equilíbrio energético (*ch'i*). Dessa forma, prescreve-se uma dieta levando em conta o efeito benéfico que cada sabor exerce sobre um determinado elemento do organismo: o ácido para os ossos, o picante para os tendões, o salgado para o sangue, o amargo para a respiração e o doce para os músculos. Na prescrição dietética, os alimentos serão ofertados ou abolidos em função de qual elemento está desequilibrado e da direção do desequilíbrio (excesso ou deficiência).

A administração de medicamentos na MTC chega a fazer uso de mais de dois mil produtos, que podem ser preparados em mais de 16 mil fórmulas. Os medicamentos são extraídos de ervas, árvores, grãos, insetos e pedras. Embora a farmacopeia da MTC seja vista com muita estranheza por nós, devemos considerar que eles já utilizavam o sulfeto de sódio como purgante, o ferro nas anemias, as algas marinhas (que contêm iodo) no tratamento do bócio, a casca do salgueiro (contém o ácido acetilsalicílico – AAS) nos casos de reumatismos, o suco do lúpulo para as cólicas menstruais, as flores da amoreira como agente anti-hipertensivo, as flores de artemísia como vermífugo, o caulino para diarreia, a efedra para a asma e o ópio como narcótico e analgésico, muitos séculos antes que a moderna farmacologia ocidental se desenvolvesse.

Os exercícios físicos eram prescritos e realizados com a finalidade de proteger o organismo, como um todo, da enfermidade e para a manutenção da saúde. Ainda hoje, constitui uma das medidas preventivas de maior alcance na massa populacional, sendo largamente utilizada na China, dos nossos dias, e vem ganhando adeptos e defensores no mundo inteiro. A MTC também faz uso de técnicas de terapêutica física com a reprodução de movimentos semelhantes aos dos animais e da massagem – com amassamento, golpes, pressão e fricção – do corpo e dos grupos musculares.

A acupuntura e a moxibustão vêm sendo utilizadas pela MTC há mais de quatro mil anos. São técnicas terapêuticas que objetivam a correção dos excessos do Yang e do Yin, restabelecendo o equilíbrio do *ch'i*.

MEDICINA AYURVÉDICA

A medicina ayurvédica é o sistema médico clássico da Índia Antiga. Este sistema não apresenta uma trajetória histórica tão precisa quanto a homeopatia ou a MTC, consequência de uma história política e militar marcada por muitas invasões. A medicina ayurvédica apresenta-se como um sistema médico complexo, com forte tendência a uma atuação preventiva e dona de uma sofisticada técnica cirúrgica.

Embora existam registros históricos que demonstrem um exercício médico refinado e racional em épocas tão distantes como três mil anos a.C, os principais tratados médicos que chegaram aos dias atuais são datados, aproximadamente, entre os séculos 2 a.C e 2 d.C São eles o *charaka samhita* e o *sushruta samhita*. Entretanto, devemos ter em mente que esses escritos são precedidos por uma literatura muito mais vasta, que inclui os Vedas (*Rig-Veda*, *Yajur-Veda* e o *Sama-Veda*) e seus comentários posteriores.

Assim como aconteceu com todos os sistemas clássicos, o sistema médico da Índia Antiga foi construído em cima de uma filosofia religiosa, com a sua própria metafísica.

A noção de equilíbrio é fundamental para o ayurveda (tal como o é para a MTC e para a homeopatia). Nesse sistema, tudo é derivado de *púrusha*, uma substância primordial da qual se formam o corpo humano e o Universo. Assim sendo, a estrutura interna dos nossos corpos (microcosmo) mantém uma relação com a estrutura do Universo (macrocosmo).

> A partir de *púrusha*, o homem é formado pela combinação de cinco elementos – fogo, terra, água, ar e o espaço – que se combinam dando origem a três humores físicos – espírito, bílis e fleuma. Mas, entendendo que o hinduísmo é uma religião reencarnacionista, temos de considerar que também existem humores morais, cuja perturbação pode causar doenças físicas. Daí Farrington[11] (p. 69), citando o Garuda Purana, dizer que "um homem é o criador de seu próprio destino e, mesmo em sua vida fetal, é afetado pela dinâmica das ações de sua existência anterior..."

Nesse sistema, cada pessoa, cada indivíduo é formado por uma combinação única e particular de diferentes proporções dos humores físicos e dos humores morais. A combinação natural dos humores configura o *Prakriti*. Todavia, fatores outros como a alimentação, a profissão

---

11 *História ilustrada da religião*, ed. Manole, 1999, p. 69.

e o ritmo de vida de cada ser acabam por gerar uma combinação imediata de humores que é denominada de *Vikriti*. Quando o *Prakriti* e o *Vikriti* são coincidentes há um estado de equilíbrio e isto é a saúde. O desequilíbrio entre eles é a doença.

Além da combinação dos humores físicos e morais, a manifestação dos elementos primordiais no homem determina o principal conceito médico do ayurveda: o *dosha*.

Dosha[12] é uma palavra de origem sânscrita que significa culpa ou transgressão. Contudo, quando esta palavra é aplicada no contexto médico, ela indica as forças energéticas fundamentais que representam todos os princípios psicofisiológicos do corpo: seriam as forças que podem desequilibrar o corpo. São descritos três *doshas*: Vatta, Pitta e Kapha.

O *dosha Vatta* significa a força que gera e possui as qualidades do ar e do espaço que, quando em excesso, produz gás. Fisicamente, o *Vatta* se caracteriza por a pessoa apresentar uma compleição muito alta ou baixa, magra, ossuda, a pele é escura, seca, áspera, com veias proeminentes e circulação pobre, o cabelo é escasso, seco e ondulado, a testa pequena com sobrancelhas irregulares e pouco espessas, olhos pequenos, secos e instáveis, nariz pequeno, fino e torto, com lábios espessos e escuros, ombros pequenos e lisos, tórax pequeno, estreito e pouco desenvolvido, braços magros, panturrilhas pequenas e duras, mãos e pés finos, secos, ásperos, com fissuras e unhas irregulares, juntas pequenas magras, secas e com rachaduras na pele.

---

12 Ver em Apêndice, lâmina 3.

Por sua vez, o *dosha Pitta* é aquela força que gera e possui as qualidades do fogo e que em excesso produz a bile e o ácido. Pode ser, o indivíduo, identificado por sua estatura mediana, com bons músculos e peso médio, pele ruborizada, quente, úmida, sardenta e com boa circulação, cabelo moderado, fino, que embranquece prematuramente, testa com dobras e sobrancelhas moderadas e finas, olhos médios, vermelhos e penetrantes, nariz mediano e os lábios são macios e avermelhados, os ombros, o tórax e os braços são medianos com mãos e pés quentes, rosados e macios, com unhas fortes polidas e rosadas, panturrilha macia e solta, articulações medianas, soltas e macias, urina profusa, amarelada ou avermelhada e que queima.

Finalmente, o *dosha Kapha* é a força que gera e possui as qualidades da água e da terra e o seu excesso produz o muco. Este *dosha* é caracterizado por corpulento, quer seja alto ou baixo, obeso, pesado e com ossos bem desenvolvidos, a pele é pálida, macia, fria, oleosa e com boa circulação, cabelo espesso e oleoso, a testa é grande com sobrancelha espessa e cerrada, olhos grandes e atraentes, nariz espesso e oleoso com lábios grandes, macios, rosados e úmidos, o ombro, o tórax e os braços são grandes, espessos e bem desenvolvidos, a panturrilha é arredondada e firme, as mãos e os pés são grandes, oleosos e firmes, com unhas descoloridas espessas e oleosas, as juntas são grandes e bem feitas e a urina é esbranquiçada e leitosa.

Entretanto, as *doshas* não se resumem apenas aos traços físicos. Cada uma delas possui, também, traços mentais e comportamentais que se manifestam na nossa maneira de ser, no como dormimos, sonhamos, pensamos, como reagimos a situações externas e às nossas forças e fragilidades emocionais. Também marcam os nossos aspectos intelectuais a maneira como interagimos com o meio ambiente, o clima, a alimentação e a quais doenças estamos mais predispostos. Ainda segundo a medicina ayurvédica, é a natureza que decide a época da concepção, qual será a combinação de *doshas* dentro de cada um de nós, tornando-nos seres únicos.

Os métodos de diagnóstico na medicina ayurvédica tentam definir qual é o padrão natural do paciente, para, então, ajustar o seu padrão imediato. Tais métodos são complexos, envolvendo uma avaliação física minuciosa, com exame físico e palpação do doente e auscultação do coração e dos pulmões; avaliação das condições da pele e da língua; avaliação das excrescências (escarro, urina, fezes e os vômitos); um questionário para descobrir o perfil psicológico do paciente e o exame do pulso.

Assim, quando *Vatta* está desequilibrada, o paciente poderá referir quadros de insônia, constipação crônica, ansiedade, depressão, espasmos musculares, cólicas, intestino irritável, dor crônica e pressão alta. Os desequilíbrios de *Pitta* apresentam erupções, acne, azia, úlceras pépticas, ataques do coração relacionados ao estresse, inflamações e irritabilidade. Quando os desequilíbrios tendem para o lado de *Kapha*, são mais comuns a obesidade, a sinusite, artralgias, asma e alergias, diabetes, colesterol alto e lerdeza crônica pela manhã.

Os recursos terapêuticos são bastante diversificados, incluindo atividades físicas, dietas específicas para cada paciente, purgativos, eméticos, banhos de vapor, inalações, ioga, massagem, meditação e um riquíssimo arsenal de ervas. A *Sushruta* possui uma lista com mais de setecentos plantas medicinais, algumas das quais foram incorporadas à terapêutica da medicina ocidental no século passado (*Atropa belladona* – atropina, e a *Rauwolfia serpentina* – reserpina).

HOMEOPATIA

Mais do que um simples recurso de tratamento farmacológico, a homeopatia constitui-se em um modelo médico autônomo, na medida em que possui um corpo filosófico próprio, no que tange à compreensão do binômio saúde-doença.

A teoria que sustenta a homeopatia é encontrada nos aforismos de Hipócrates (460-375 a.C.), que compartilhava as ideias da sua época, segundo as quais tudo na natureza era formado a partir da combinação de quatro elementos: água, ar, fogo e terra, de igual força e regidos pelos princípios de atração dos semelhantes e repulsão dos opostos.

Hipócrates relacionava os quatros elementos da natureza com os quatros fluidos ou humores orgânicos[13] – sangue (quente e úmido), fleuma (fria e úmida), bile amarela (quente e seca) e bile negra (fria e seca). Do estado de equilíbrio resultava a saúde e do desequilíbrio, a doença.

---

13 Ver em Apêndice, lâmina 5.

Com essas premissas, Hipócrates entendia que o trabalho do médico era o de deixar a natureza reencontrar o seu equilíbrio – *Vis medicatrix naturae* – a via natural de cura, inerente ao organismo e que o mantém saudável, ou o recupera da doença. Eventualmente, interferia-se nesse procedimento usando uma medicação que provocasse um efeito semelhante aos sintomas manifestados pelo paciente ou, dependendo de uma situação em particular, provocando um efeito contrário.

Séculos mais tarde, Galeno (129-199 d.C.), influenciado pelas ideias protocristãs, concebeu a doença como uma impureza (*materia pecans*) que deveria ser expurgada do corpo, dando grande ênfase a preparações que apresentavam efeitos contrários àqueles manifestados pelos doentes.

Foi somente na primeira metade do século 14, graças à obra de Paracelso (Theophrastus Phillippus A. B. Von Hohenheim, 1493-1541), que a ideia do princípio da cura pelo semelhante começou a ser resgatada.

Durante o ano de 1789, Hahnemann (Christian Friedrich Samuel Hahnemann, 1755-1843) estava envolvido com a tradução do livro *Matéria médica*, de Cullen, professor da Universidade de Londres. Nessa obra, ele entrou em contato, pela primeira vez, com a lei da semelhança (*Similia similibus curantur*), no capítulo que indicava o uso da casca do quinina no tratamento da malária. Percebendo a semelhança de sintomas entre os trabalhadores do quinino com quadros de intoxicação e aqueles dos pacientes com febre intermitente, resolveu experimentar nele mesmo a droga em questão, observando o surgimento progressivo dos sintomas da malária.

Nos próximos seis anos, de 1790 a 1796, ele estudou e anotou os sintomas provocados pelas drogas tóxicas em si mesmo e em colaboradores sadios. Dessa forma, Hahnemann definiu alguns dos princípios básicos da homeopatia, ou seja, o princípio da semelhança e a experimentação no homem sadio. Contudo, observando que os efeitos eram muito fortes, ele começou a reduzir as doses, diluindo-as e agitando-as várias vezes para que ficassem bem misturadas. Após esses procedimentos, constatou que apenas alguns indivíduos apresentavam os sintomas.

As diluições progressivas e as agitações (sucussões) estabeleceram a forma técnica segundo a qual os medicamentos deveriam ser preparados. Além disso, as doses diluídas tinham a propriedade de desencadear sintomas peculiares a cada paciente, revelando a presença de uma sensibilidade individual, o que caracteriza a idiossincrasia de cada um.

Com estas pesquisas, foram definidos mais dois princípios básicos da homeopatia: a medicação ultradiluída, ou dinamizada, e a individualização do paciente.

O último elemento que compõe a filosofia da homeopatia é o vitalismo. O vitalismo é uma doutrina da Escola de Montpellier (século 18) formulada por cientistas europeus, dentre os quais se destaca Henri Bergson (1859-1941), que defendia a ideia de que os fenômenos relativos aos seres vivos, como a evolução, a reprodução e o desenvolvimento, seriam controlados por um impulso vital de natureza imaterial, diferente das forças físicas ou das interações físico-químicas conhecidas. Tal impulso vital, ou força vital, que vem atualizar antigas concepções gregas e medievais em torno da alma ou do psiquismo, caracteriza-se por definir a especificidade do fenômeno biológico em oposição ao pensamento materialista mecanicista-reducionista.

Embora recentemente alguns profissionais tenham colocado de lado o vitalismo, é preciso considerar que sem este fundamento algumas virtudes inerentes a uma visão vitalista deixam de sustentar a base filosófica da homeopatia. É o vitalismo que confere à homeopatia uma visão holística do que seja a saúde, a doença e o paciente como integrante de um grupo familiar e da sociedade na qual ele vive. Na homeopatia importa saber como cada paciente sofre, como ele é, como ele vive e como ele sente.

Na seção 9 do *Organon da arte de curar*, Hahnemann declara explicitamente a sua opção vitalista, escrevendo:

> No estado de saúde do indivíduo reina, de modo absoluto, a força vital de tipo não material (*Autocratie*) que anima o corpo material (organismo) como *Dynamis*, mantendo todas as suas partes em processo vital admiravelmente harmônico nas suas sensações e funções, de maneira que nosso espírito racional que nele habita, possa servir-se livremente deste instrumento vivo e sadio para o mais elevado objetivo de nossa existência.

Assim sendo, o homem na concepção homeopática é formado por três substâncias: o corpo material, animado e mantido de forma organizada pela força vital, e o Espírito racional ou psiquismo. Dessa forma, o adoecer é fruto de um desequilíbrio na força vital, como se lê na seção 11:

> Quando o homem adoece é somente porque, originalmente, esta força de tipo não material presente em todo organismo, esta força vital de atividade própria (princípio vital) foi afetada através da influência dinâmica* de um agente morbífero, hostil à vida; somente o princípio vital afetado em tal anormalidade pode conferir ao organismo as sensações adversas, levando-o, assim, a funções irregulares a que damos o nome de *doença*, pois este ser dinâmico, invisível por si mesmo e somente reconhecível nos seus efeitos no organismo, fornece sua distonia mórbida somente através da manifestação da doença nas sensações e funções (o único lado do organismo voltado aos sentidos dos observadores e artistas da cura), isto é, através do reconhecimento dos *sintomas da doença*, não havendo outra forma de torná-lo conhecido.

O asterisco na palavra dinâmica da seção 11 remete o leitor a uma nota explicativa, com pouco mais de duas páginas, na qual o autor discorre sobre o que seja a influência dinâmica do princípio vital. Nessa nota ele explica como uma força não material nem mecânica pode contagiar o princípio vital favorecendo a doença. Ainda na mesma nota explicativa, e com os mesmos argumentos, o autor expõe como os medicamentos homeopáticos agem no indivíduo favorecendo a sua recuperação, ponto esse sistematicamente usado pela medicina ocidental para questionar a homeopatia.

Na sequência, Hahnemann descreve as diferenças de enfoque entre a medicina alopática do seu tempo e o novo modelo que ele propõe. Essa discussão conseguiu atravessar os séculos e ainda mantém a sua força originária na argumentação filosófica sobre como se encarar o doente, o adoecer e sobre como deve ser conduzida uma proposta de tratamento.

Na seção 270 e nas próximas, ele descreve em detalhes o processo de dinamização e potenciação no preparo dos medicamentos homeopáticos. E no final do livro, nas seções 289 e 290, ele volta a falar sobre a força vital, desta vez referindo-se ao magnetismo animal ou mesmerismo.

No corpo do *Organon da arte de curar* não existe propriamente uma conclusão, nem referências explícitas aos mecanismos de cura. Todavia, na introdução, Hahnemann expõe uma ideia que pode muito bem resumir a maneira pela qual a homeopatia cura os doentes, ele nos diz que:

> [...] a cura só pode ser esperada através da reserva do princípio vital ainda presente no doente, quando conduzido à sua atividade normal por um medicamento adequado, mas não por meio de um esgotamento artificial do corpo. (p. 59)

MEDICINA OCIDENTAL

O homem ocidental cresceu dentro de um sistema cultural, que foi elaborado ao longo dos últimos vinte séculos e que teve no catolicismo o seu núcleo. Séculos mais tarde, movimentos socioculturais dentro desse sistema social abriram espaço para novas aquisições de conhecimento: o Renascimento, o Iluminismo e a Revolução Industrial são, talvez, os mais importantes destes movimentos.

Dentro do sistema de vida ocidental erigiu-se um grande departamento cultural que é denominado de *ciência*. O modelo científico ocidental foi construído em cima de algumas premissas básicas, tais como a formulação de uma teoria científica que deveria ser submetida à experimentação sob condições controladas e reprodutíveis e à análise matemática dos resultados obtidos. Foi por meio desse processo de teorização e da experimentação controlada que vimos florescer nos últimos três séculos quase todo o conhecimento atual na química, na física, na biologia e na medicina.

O sistema médico alopático, que é o modelo oficial em nosso país e em vários outros países do mundo, é denominado, frequentemente, de medicina ocidental. Numa perspectiva filosófica, tal sistema é descrito como mecanicista-reducionista-monista. Por quê?

Até o século 16 o corpo humano era concebido de forma totalitária, integral, holística. Quando Vesálio (Andreas Vesalius – 1514-1564) publicou o livro *De humanis corporis fabrica*, em 1543, ele inaugurou uma nova forma de se ver e de pensar o corpo humano. Como transparece no título, Vesálio via o corpo humano como uma fábrica e, progressivamente, o corpo humano foi sendo dividido em partes: grandes sistemas que foram reduzidos a aparelhos; aparelhos que foram reduzidos a órgãos; órgãos que foram reduzidos a tecidos; tecidos que foram reduzidos a células; células que estão sendo reduzidas a organelas e a cromossomos; e cromossomos que estão sendo reduzidos a genes. A progressiva redução do nosso corpo na perspectiva anatômica foi acompanhada, muito de perto, pela redução dos nossos processos fisiológicos, o que culminou, na atualidade, em um número quase incalculável de reações bioquímicas. E é por isso que a medicina ocidental é mecanicista-reducionista.

Paralelamente a esses avanços, os cientistas não tiveram êxito em encontrar a alma humana, o Espírito, o sopro divino que, segundo o livro do *Gênesis* bíblico animou e deu vida ao homem. Encontrando apenas tecidos, células, proteínas e genes, o homem passou a ser visto como uma entidade exclusivamente biológica, destituída de alma, portanto constituído por uma única substância, por um único princípio, daí monista.

O sistema médico que conhecemos e que usamos rotineiramente enxerga o nosso corpo com os olhos da física, da química orgânica e da matemática. Na medicina ocidental o corpo é uma fábrica, onde as suas máquinas e ferramentas de trabalho são as nossas células e os seus subprodutos químicos (proteínas, enzimas, anticorpos etc.).

O sistema médico ocidental mantém, portanto, a sua atenção focalizada apenas no corpo biológico. Uma vez que ele, o corpo, passou a ser visto como uma fábrica, era natural que aqueles que se dedicavam a ele se sentissem atraídos para determinados segmentos em detrimento de outros. Assim, lentamente, foram surgindo as especialidades médicas que, na atualidade, totalizam aproximadamente meia centena.

A visão mecanicista do corpo humano, em primeiro lugar, e o desenvolvimento científico geraram as condições que culminaram em uma prática médica cada vez mais apoiada na tecnologia. Começando com Galileo Galilei (1564-1642) e Santorio Santorio (1561-1636), que inventaram o termômetro clínico, passando por René Laënnec (1781-1826), que em 1819 descreveu e introduziu o uso do estetoscópio, até os modernos microscópios cirúrgicos e as máquinas de hemodiálise, de respiração artificial e de circulação extracorpórea, a medicina ocidental tornou-se cada vez mais tecnicista. Os recursos tecnológicos complementares ao diagnóstico e auxiliares do tratamento tornaram-se tão onipresentes no exercício da medicina moderna que a maioria dos pacientes, e também dos médicos, não concebem que se possa exercer uma medicina menos tecnicista.

Nesse contexto, a saúde é compreendida como uma condição de bom funcionamento das máquinas e das suas ferramentas, e a doença é um mau funcionamento dessas engrenagens. E, como numa fábrica, uma máquina defeituosa causa prejuízos; portanto ela deve ser reparada ou substituída. Os recursos terapêuticos da medicina ocidental buscam consertar um defeito utilizando uma farmacoterapia (alopatia) estranha ao nosso organismo ou servindo-se de uma parafernália tecnológica que dispõe de peças de reposição como próteses e outros enxertos diversos.

O sistema médico ocidental tem, evidentemente, as suas vantagens: permitiu uma melhor compreensão da anatomia humana; lançou luzes sobre o funcionamento orgânico, consequentemente, iluminou os processos fisiopatológicos; aprimorou os recursos farmacológicos, abrindo espaço para o desenvolvimento de medicamentos específicos, como os antibióticos; permitiu a enorme sofisticação da cirurgia, no século 20; e viabilizou a criação de exames complementares diversos, que permitem avaliar o corpo humano mediante parâmetros quantitativos, funcionais e morfológicos.

A medicina ocidental está apoiada na matemática, na bioestatística, na física, na química orgânica, ou seja, o nosso sistema médico foi estruturado em cima das ciências exatas. Mas, o ser humano, o indivíduo, a criatura, em uma palavra, o Espírito, é objeto de estudo das ciências humanas.

OUTRAS PERSPECTIVAS

Em A república, livro III, Platão (427-347 a.C.) faz ver que podemos aquilatar o nível de desenvolvimento de uma sociedade pela quantidade de médicos e de advogados que ela possua. Mas, ao contrário do que tenderíamos a pensar, um número grande de médicos (e de advogados) é apontado por Platão como indício de que uma sociedade é imatura e ainda apresenta nível de consciência primário.

Podemos ficar com a falsa impressão de que Platão nutria algum sentimento de rancor para com os médicos e advogados. Essa é, com quase toda certeza, uma ideia muito pouco plausível. As duras críticas de Platão eram dirigidas ao sistema político, social e cultural em que a medicina grega estava inserida.

Se adotarmos a mesma perspectiva platônica, veremos que temos motivos de sobra para criticar o sistema médico que conhecemos e no qual vivemos. O que fazer, então? Vamos trocar de modelo médico pura e simplesmente? A emenda provavelmente será pior do que o soneto.

O objetivo de Platão era mobilizar os seus ouvintes a empregarem esforços na aquisição de um modelo que fosse melhor. Todavia, melhor não significa um modelo médico impessoal, mecanicista, reducionista e tecnicista, porque então já teríamos logrado atingir tal meta. Melhor significa uma nova maneira de ser que por sua qualidade, caráter, valor e importância, seja superior ao que lhe é comparado, e que possua o máximo de qualidades necessárias para satisfazer os critérios de apreciação que a aproximem da perfeição.

Evidentemente, todos os sistemas médicos conhecidos e experimentados até o momento são falíveis e estão aquém da perfeição. Contudo, os sistemas que vimos no capítulo anterior refletem o nível de consciência de sociedades culturalmente diferentes entre si. Em *O ponto de mutação*, Fritjof Capra nos diz que:

> As comparações entre sistemas médicos de diferentes culturas devem ser feitas com todo o cuidado. Qualquer sistema de assistência à saúde, incluindo a medicina ocidental moderna, é um produto de sua história e existe dentro de um certo contexto ambiental e cultural. [...] Através dos tempos, parece que as culturas têm oscilado entre o reducionismo e o holismo em suas práticas médicas, provavelmente em resposta às flutuações gerais dos sistemas de valores. (p. 299)

Cada sistema médico visitado por nós no capítulo anterior é falível e insuficiente e, portanto, não atende a todos os aspectos – biológicos, sociais, psicológicos e espirituais – do ser humano. Mas, apesar de suas deficiências, os sistemas vistos são utilizados por milhões e milhões de indivíduos no mundo atual, sem que seus usuários se conscientizem delas.

Cada um dos sistemas comentados é o resultado final do somatório das influências exercidas pela política, pela economia, pela cultura, pelo conjunto das crenças profanas e religiosas e pelo meio ambiente ao longo do tempo sobre a coletividade. A partir dessa perspectiva podemos, então, avaliar que cada sistema médico existente atende às necessidades de uma determinada sociedade em uma determinada época. Assim sendo, cada sistema reflete o nível de consciência característico da sociedade que o utiliza.

As sociedades, assim como os indivíduos que as formam, só podem ver até onde seus olhos alcançam e só podem ir até aonde suas pernas possam levá-los. Na infância, a baixa estatura não permite que vejamos o que se passa além dos muros de nossa casa e nossas pernas curtas não nos habilitam para grandes caminhadas. Na adolescência, conseguimos um maior alcance visual, todavia, deslumbrados pelo novo, ainda não conseguimos enxergar as consequências de nossos passos irresponsáveis em terrenos perigosos. Finalmente, ao atingirmos a maturidade, aprendemos a ver o que está ocultado no futuro e passamos a buscar novas metas com passos confiantes e comedidos, pois estão apoiados em terreno seguro.

As sociedades caminham através da história tal como os homens. Passam pela infância, pela adolescência, conquistam a maturidade e desaparecem, deixando para trás as lembranças que poderão servir de guia para as sociedades futuras. Cada etapa dessa caminhada reflete um determinado nível de consciência com os valores e os objetivos que o caracterizam.

Paulo de Tarso, o vaso escolhido por Jesus para levar o seu nome e a sua palavra aos gentios, ensinou na primeira epístola aos Coríntios (13:11) que quando ele "era menino, falava como menino, pensava como menino, raciocinava como menino"; mas que quando ele se tornou homem, acabou com as coisas de menino. Para que as sociedades amadureçam e se tornem homens adultos é necessário que elas abandonem as ideias e os costumes infantis e adotem novas posturas. É necessário reconhecer a hora em que devemos abandonar as ideias pueris de um nível de consciência imaturo, para conquistarmos os valores de um nível consciencial superior.

Para atingirmos um nível de consciência mais elevado é preciso esgotar todas as possibilidades do nível em que nos encontramos. Quando atingimos o ponto de saturação, começamos, então, a nos sentir incomodados com a situação. O incômodo e o desconforto farão nascer, em nosso íntimo, a necessidade de buscar algo melhor e mais elevado. Será que essa hora já não chegou para nós? Já não estamos saturados de passarmos a vida entupindo-nos com medicamentos, enquanto continuamos doentes?

B. era uma mulher que aos 39 anos de vida trabalhava em uma grande instituição, tinha um filho adolescente para educar, marido e casa para cuidar, pais que dependiam essencialmente do apoio emocional dela e, ainda, estava fazendo um segundo curso universitário. Em meio a todas essas pressões, B. desenvolveu um quadro com inapetência, náuseas, vômitos frequentes, intolerância alimentar e emagrecimento.

Ao buscar atendimento médico, foi submetida a uma endoscopia digestiva que confirmou o diagnóstico clínico de gastrite erosiva, e também identificou a presença de Helicobacter pylori[14] na mucosa gástrica. O clínico e o gastroenterologista que conduziam o caso prescreveram o respectivo tratamento farmacológico ao qual a paciente se sujeitou.

Após o tratamento, nova endoscopia mostrou que o quadro de gastrite erosiva fora resolvido e a bactéria eliminada. Contudo, a paciente ainda se queixava de azia, apresentava vômitos com alguma constância e não recuperava peso. Mais ou menos seis meses após o tratamento inicial, como a paciente não apresentava uma melhora clínica consistente, foi solicitado um exame de ultrassom total de abdome, que demonstrou um cálculo na vesícula biliar. O clínico que atendia a paciente encaminhou-a para um cirurgião, o que a paciente recusou.

Sendo B. portadora de um caráter calmo e sereno, e possuidora de uma espiritualidade inata e profunda, ela buscou conselho e amparo em seu núcleo religioso. Junto com as orientações para que resolvesse os conflitos

---

14 Bactéria identificada como a causadora das úlceras gástricas e que foi identificada por dois australianos, Warren e Marshall, em 1983, o que lhes rendeu o Prêmio Nobel de Medicina em 2005.

que a deixavam angustiada e intoxicavam sua mente, a paciente submeteu-se a um procedimento de cirurgia espiritual.

Após o tratamento espiritual, a paciente começou a se sentir mais forte, confiante e otimista. A primeira coisa que ela fez foi recuperar a harmonia e o equilíbrio com as suas emoções, identificando quais eram as condições em sua vida que a estavam corroendo, e que ela desejava poder vomitar para se ver livre delas. Identificou as causas no ambiente de trabalho e, como não estava ao seu alcance o poder para mudar as coisas à sua volta, optou por mudar sua vida. Começou pedindo demissão do seu emprego.

Uma conversa franca, com todas as cartas na mesa com os familiares permitiu que a família buscasse meios de se ajustar a uma nova condição econômica bem mais restritiva e modesta, enquanto a paciente iniciava nova carreira a partir do zero.

Em paz com a própria consciência, viu seus sintomas desaparecerem paulatinamente, enquanto ela se ajustava a uma nova condição de ser. Voltou a se alimentar melhor, recuperou o peso, fortaleceu a autoestima e, 14 meses mais tarde, quando ela se lembrou de fazer um controle daquele cálculo na vesícula biliar, ele já não mais existia. O cálculo havia desaparecido sem cirurgia.

Os médicos que a atenderam durante todo este período da sua vida não souberam e não puderam explicar seu quadro clínico e muito menos como um cálculo biliar 'sem pernas' desapareceu. Profissionais de formação materialista e mecanicista recusaram-se a aceitar a intervenção de uma medicina espiritual, preferindo postular teorias pouco verossímeis para tentar explicar como o cálculo sumiu. Entendendo que qualquer polêmica seria inútil, a paciente optou por permanecer em paz com suas crenças e com sua fé.

A paciente dona da história acima, bem como milhares de outros indivíduos, têm buscado auxílio terapêutico fora da seara oficial da medicina, porque sentem que parcela importantíssima de suas vidas está sendo deixada de lado pelos profissionais da saúde. Sem que possamos definir exatamente o como e o porquê, o fato é que estamos nos sentindo cada vez mais insatisfeitos com o que a medicina é capaz de nos oferecer. Entretanto, para buscarmos um sistema médico mais eficiente e que satisfaça a todas as nossas necessidades, precisamos identificar onde os diferentes sistemas médicos disponíveis estão acertando e, principalmente, onde eles estão falhando.

A medicina tradicional chinesa, a medicina ayurvédica e a homeopatia possuem o mérito de se ocuparem do paciente de forma holística. Nesses sistemas podemos observar uma ideia médica em sintonia e em harmonia com um pensamento filosófico e espiritual. Eles descrevem o homem como um ser composto por uma unidade biológica, que é o corpo físico, uma unidade psicológica, que é o Espírito ou a mente, e um terceiro elemento integrador a uni-los, a força vital – o *ch'i* na MTC, o prana na medicina ayurvédica ou o princípio vital na homeopatia.

Os três sistemas em foco também consideram relevante a maneira como o indivíduo vive na sociedade e interage com as outras pessoas e com o meio ambiente à sua volta. Por serem filosofias holísticas, o aspecto espiritual do ser humano é parte imprescindível do indivíduo e a noção de equilíbrio é o norte a orientar todos os raciocínios sobre a saúde e o adoecer. Percebemos, então, que saúde e doença são as duas faces de uma mesma moeda. O objeto de atenção dessas medicinas é o doente, não a doença.

A MTC e a medicina ayurvédica, se comparadas com a homeopatia, estão um tanto quanto longe da realidade cultural do ocidente como um todo; entretanto, é fácil observarmos as qualidades e as insuficiências delas. São sistemas médicos essencialmente preventivos e orientados para o ser, para o homem, e não para a doença. Mais do que simples sistemas médicos são filosofias de vida, métodos pedagógicos que se dedicam ao estudo dos problemas relacionados com o desenvolvimento do indivíduo como um todo, buscando o equilíbrio no pensar e no agir. A busca do equilíbrio é evidenciada no corpo, na forma de saúde.

Entretanto, algumas concepções teóricas permaneceram estagnadas e não se ajustam mais aos conhecimentos da anatomia e da fisiologia modernas, necessitando de revisão e de atualização. Por exemplo, a concepção dos elementos primordiais que constituem o homem não se sustenta mais perante os conhecimentos disponíveis da química e da física. Outros conceitos relativos ao vitalismo e à constituição dos indivíduos (como a teoria dos *doshas* na medicina ayurvédica e dos *temperamentos* na homeopatia) só fazem sentido se forem vistos sob uma ótica essencialmente psicológica. É o que será feito mais adiante, na parte 5.

As teorias sobre uma energia vital (*ch'i*, prana ou élan vital) que anima e vivifica o corpo, embora formalmente rejeitadas pela medicina ocidental, estão presentes naqueles outros sistemas médicos e é uma ideia muito presente no meio popular. As concepções vitalistas fazem parte daquilo que Lakatos e Marconi, apoiadas em Trujillo Ferrari, denominaram de conhecimento popular. Essas autoras nos dizem que:

> O conhecimento vulgar ou popular, às vezes denominado de senso comum, não se distingue do conhecimento científico nem pela veracidade nem pela natureza do objeto conhecido: o que os diferencia é a forma, o modo ou o método e os instrumentos do *conhecer*. (p. 76)

Assim sendo, algumas ideias e conceitos plenamente incorporados ao conjunto teórico que dá embasamento à medicina tradicional chinesa, à medicina ayurvédica e à homeopatia poderiam ser admitidos pela medicina ocidental, precisando, talvez, apenas de um ajuste na linguagem.

Os procedimentos de semiologia e propedêutica aplicados na MTC e na medicina ayurvédica poderiam ser preservados; todavia, isso não implica a impossibilidade de se adotar técnicas de exame físico procedentes dos estudos e das pesquisas realizadas pela medicina ocidental. Também não haveria incompatibilidade no uso dos recursos de investigação armada (os exames de laboratórios e os exames de diagnóstico por imagens) disponíveis na atualidade.

A medicina ocidental, com sua filosofia materialista mecanicista-reducionista, também possui sua cota de pecados. E estes não são tão pequenos como gostaríamos que fossem. Com uma frequência maior do que poderíamos supor, vemos inúmeras reportagens em todos os meios de comunicação denunciando as insuficiências do modelo médico ocidental. Dethlefsen e Dahlke[15] já nos alertaram que a:

> [...] medicina moderna não falha exatamente em suas possibilidades de ação, mas na visão de vida em que as fundamenta, de forma muitas vezes silenciosa e irrefletida. A medicina naufraga devido à sua filosofia – ou, em palavras mais exatas, à carência de uma filosofia. (p. 12)

Platão criticava os médicos porque dedicavam mais atenção à doença do que ao doente. Por mais ácida que a crítica platônica possa nos parecer, ela permanece verdadeira e bastante atual. Ora, ao cuidarem das doenças, os médicos acabavam educando-as e mantendo-as 'vivas' e presentes, enquanto os doentes iam definhando até morrerem por causa delas.

E o que faz a atual medicina ocidental? Não educa as doenças mantendo-as bem-comportadas (entenda-se controladas) durante anos a fio, à custa de dietas, medicamentos e proibições!? O paciente permanece doente e passa a gastar seu tempo e seus recursos cuidando da(s) sua(s) doença(s). A medicina ocidental, ainda se-

---

15 *A doença como caminho.* Ed. Cultrix, 1983, p. 12

gundo a perspectiva platônica, não logra curar o doente nem conduzi-lo a um estado de completo bem-estar biopsicossocial, porque "uma parte jamais poderá estar bem a menos que o todo esteja bem... Este é o grande erro dos nossos dias no tratamento do corpo humano" (H. & M. Lewis em *Fenômenos psicossomáticos*, p. 277).

Dethlefsen e Dahlke fazem a mesma crítica, quando dizem que os:

> [...] procedimentos médicos, até agora, orientaram-se unicamente pela funcionalidade e pela eficácia: a falta de "uma alma interior" é que por fim acarretou-lhe a crítica de desumana. [...] Muitos indícios demonstram que a medicina está doente. (p. 12)

O nosso modelo médico oficial mecanicista-reducionista-monista erra ao persistir em uma postura equivocada. Ao mergulharem cada vez mais profundamente na anatomia, fisiologia e patologia de um órgão ou de uma parte do corpo humano, os médicos se afastaram do todo que é o sujeito doente, ou seja, o paciente. O especialista fica tão centrado na parte, no segmento corporal que constitui o material dos seus estudos e da sua atenção, que acaba esquecendo que não está tratando um caso de pressão alta, mas, sim, de um pai de família que precisa sustentar a esposa e os filhos com os dois salários mínimos que recebe no final do mês.

Por isso é tão frequente os doentes relatarem uma interminável peregrinação pelas mais diversas especialidades médicas sem, contudo, encontrarem quem lhes diga o que eles têm e o que precisam fazer para alcançarem a cura tanto desejada. Passaram pelos médicos, mas continuam sentindo como se não tivessem sido atendidos.

A sensação de não ter sido atendido ocorre porque cada especialista concentra a atenção no segmento corporal que lhe diz respeito. O especialista tenta identificar entre os sinais e os sintomas relatados pelo doente quais os que podem indicar uma entidade clínica que seja da sua esfera de atuação. Como o sistema médico ocidental é mecanicista e tecnicista, solicita-se uma bateria de exames que deverão confirmar a existência de uma doença que agora será tratada de forma sistemática. Se porventura, os exames do paciente derem um resultado normal, segundo os parâmetros estabelecidos para cada método, considera-se que o paciente não tem nenhuma doença, sendo ele dispensado ou encaminhado a outro especialista, para continuar a sua peregrinação.

O sistema médico mecanicista-reducionista transformou a doença em alguma 'coisa'. Esse processo de coisificação da doença acabou transformando-a em algo estranho ao doente. É por isso que a maioria das pessoas se refere às suas doenças com o verbo 'ter'. Contudo, 'ter' implica possuir algo e quem possui alguma coisa pode deixar de possuí-la. Mas nós não deixamos de ter pressão alta, não deixamos de ter diabetes, não deixamos de ter tuberculose.

O sistema médico mecanicista-reducionista-monista despreza e ignora o aspecto espiritual do ser humano, considerando o homem como uma entidade exclusivamente biológica. Sem um Espírito a animá-lo, a ideia de uma força vital ou de uma energia vital não tem razão de ser. O homem é uma máquina complexa e a doença é um defeito em uma das suas peças que deverá ser reparada ou trocada. Para viabilizar esta linha de procedimento terapêutico a medicina ocidental tornou-se dependente da tecnologia.

Outro aspecto que merece atenção é a relação custo-benefício dos modelos envolvidos. Frente aos custos, cada vez mais estratosféricos para a manutenção da estrutura já instalada e para a aquisição de novos recursos – hospitais, ambulatórios, medicamentos, materiais e pessoal habilitado – da medicina ocidental, os outros três sistemas demonstram ser soluções viáveis para os problemas orçamentários relativos ao atendimento de enormes populações.

No sistema médico ocidental da atualidade o indivíduo, um homem com a sua história de vida e com seus conflitos emocionais, é posto de lado. O nosso sistema médico é carente de uma visão grande ocular, que lhe permita enxergar de forma sintética todos os complexos que assolam a mente, a alma, daquele que se pretende socorrer. Por isso entendemos que nosso sistema médico oficial precisa evoluir, precisa avançar para novo nível consciencial.

Um sistema médico que possa ser visto como um novo degrau evolutivo precisa considerar o homem como um *ser espiritual* revestido de corpo carnal. A medicina tradicional chinesa e a medicina ayurvédica falham ao insistirem em uma visão de mundo predominantemente metafísica, enquanto a medicina ocidental falha pela sua obstinação materialista. A homeopatia é o modelo médico que mais se aproxima do ponto de equilíbrio entre a filosofia, a espiritualidade e a biologia.

O ser espiritual é, essencialmente, um ente pensante. Portanto, o que o caracteriza é a sua dimensão psicológica – um homem é o resultado da sua vida mental. O corpo biológico passa a ser o revestimento para o psiquismo que o dirige. Neste contexto, o corpo carnal passa a desempenhar o papel de um veículo que torna visível aos nossos sentidos as peculiaridades daquele que o controla.

Quando estamos trafegando por uma grande avenida e vemos um carro em alta velocidade, costurando pelas pistas e fazendo manobras irregulares, imediatamente avaliamos que o motorista ao volante é irresponsável ou está com sérios problemas. Para o departamento de trânsito quem precisa de atenção e de orientação é o motorista e não o carro em si. Além disso, o código de trânsito brasileiro em vigor determina que é dever do proprietário/motorista zelar pela manutenção do veículo em boas condições e dirigir de forma cuidadosa e preventiva para evitar acidentes.

O paralelo aqui traçado entre o ser psíquico como motorista e o corpo biológico como um veículo serve como uma luva. Já vimos que a MTC e a medicina ayurvédica superestimam o motorista e relegam o carro para segundo plano. A medicina ocidental procede ao contrário, supervalorizando o veículo e esquecendo, quando não desprezando totalmente, o motorista.

Preocupada em cuidar apenas das engrenagens defeituosas do maquinismo biológico, a medicina ocidental encontra muita dificuldade em aceitar os tratamentos espirituais e os relatos de cura que não se submetam aos seus métodos oficiais: são as chamadas curas milagrosas. Eventualmente, num arroubo de gentileza, a medicina ocidental considera que tais curas simplesmente traduzem alguma falácia no diagnóstico ou se deu por simples efeito placebo. Um efeito placebo pode ser muita coisa, menos alguma coisa simples.

A palavra placebo deriva do verbo latino *placere* que indica a ideia de agradar, ser do agrado. Placebo é a primeira pessoa do futuro do presente do indicativo e significa 'eu agradarei'. Na farmacologia alopática a palavra placebo é usada para indicar uma preparação neutra quanto a efeitos farmacológicos, ministrada em substituição a um medicamento, com a finalidade de suscitar ou controlar as reações de natureza psicológica que acompanham tal procedimento terapêutico. A farmacologia alopática sabe que um placebo produz o efeito desejado em mais ou menos 30% dos indivíduos dentro de um determinado grupo.

Por efeito placebo entende-se os efeitos que um paciente relata ao usar, sem saber, um placebo, quando ele acredita na eficiência do produto ou do procedimento utilizado. Um exemplo simplificado da aplicação do placebo é o caso de se dar o copo de água com açúcar a alguém que acabou de receber notícia ruim e começou a passar mal "para acalmar os nervos". É óbvio que água com açúcar não tem nenhum efeito calmante. Todavia, se aquele que a bebe assim acredita e, além disso, confia na pessoa que lhe ofereceu o copo d'água, dizendo que aquilo lhe faria bem e o acalmaria, tal se observa. Do beijinho da mamãe no 'dodói do nenê' até a benzedeira do bairro, passando pela lista de chás de ervas da vovó, quase tudo pode gerar um efeito placebo.

Alguns profissionais menosprezam o efeito placebo

dizendo que ele é um recurso da medicina antiga baseada nas tradições, e não na pesquisa científica produzida em regime de experimentação laboratorial. Acusam o placebo e o efeito placebo de serem quase um engodo utilizado para satisfazer a necessidade psicológica do paciente, porque a sua eficiência depende da fé depositada pelo paciente no recurso utilizado. A medicina ocidental, embora tenha muitas reservas com relação ao efeito placebo, vê-se na desconfortável situação de ter que aceitá-lo à mesa do jantar, pois os fatos assim o exigem.

Todavia, o efeito placebo está presente em todos os sistemas médicos, com maior ou menor importância, em função da filosofia que lhe dá sustentação. Em sistemas médicos tribais e no xamanismo o efeito placebo é praticamente o único recurso disponível. A própria medicina ocidental teve o efeito placebo como seu recurso terapêutico dominante até o século 19.

A chave da eficiência do efeito placebo é, realmente, a fé do paciente de que um determinado recurso ou um produto irá realmente curá-lo do mal que o faz sofrer. Fé deriva do latim *fides* e significa crença, no sentido religioso do termo, um engajamento solene ou uma garantia que é dada ao indivíduo que crê.

Os aborígines acreditavam de forma irrestrita no poder dos seus deuses, no poder da natureza e do pajé ou do xamã. Simplesmente não duvidavam, sequer cogitavam, de que o ritual e a prescrição do feiticeiro não iriam curá-los das suas doenças. Como assim acreditavam, assim era e assim lhes sucedia.

No sistema médico-filosófico da medicina tradicional chinesa e da medicina ayurvédica o conjunto das crenças do paciente é relevante, tanto para o diagnóstico quanto para o tratamento. Nesses sistemas, o médico cumpre à risca o seu papel como terapeuta, encaminhando o doente até Deus. Ao agir em comunhão com o conjunto de crenças do paciente, estes modelos médicos ajudam o paciente a reencontrar seu centro, seu ponto de equilíbrio, e ao fazê-lo, o paciente permite que a doença se vá e que a saúde retorne.

Essa é uma das razões pelas quais os terapeutas holísticos dizem que a cura das nossas doenças não pode ser alguma coisa exógena que nós ingerimos e jogamos para dentro do corpo. A cura é um processo que vem de dentro para fora, à medida que o paciente expurga ou se liberta dos seus males. Para que o processo seja verdadeiramente eficiente o paciente precisa acreditar em si mesmo, nas suas potencialidades e deve atingir um nível mais elevado de consciência de si mesmo.

Uma medicina predominantemente metafísica, voltada mais para a alma do que para o corpo é inadequada, porque despreza a dimensão orgânica da nossa atual condição existencial. Uma medicina materialista e mecanicista violenta o homem ao reduzi-lo à condição de simples máquina. Ao negar a existência da alma, uma vez que ela não se deixa capturar em tubos de ensaio, não se deixa dissecar em laboratórios anatômicos ou de microscopia e não se ajusta às reações bioquímicas, as ciências positivistas que conferem estofo à medicina ocidental acabam determinando, ainda que involuntariamente, que o Espírito do homem não existe. Desprovido de alma, a medicina ocidental rouba do homem aquilo que ele possui de mais valioso: sua filiação divina.

A medicina do futuro deverá conciliar o corpo e a alma. Precisará ser capaz de salvar o Espírito das suas mazelas e das suas imperfeições para que o corpo físico preserve sua saúde. Mas também terá que cuidar do corpo, para que ele seja o instrumento vivo e sadio que sirva à alma na busca do mais elevado objetivo de uma vida. Tal perspectiva já foi muito bem definida por Samuel Hahnemann no seu *Organon da arte de curar*, seção 9, como já vimos anteriormente.

O CORPO BIOLÓGICO

O CORPO HUMANO é o organismo mais complexo existente no nosso ambiente. Foram necessários aproximadamente três bilhões e meio de anos de muito trabalho para que a vida que habitava uma célula única e primitiva se desenvolvesse e se transformasse, até chegar à configuração do corpo humano.

Entretanto, mesmo após milhões de anos de evolução, o corpo humano ainda preserva as mesmas propriedades básicas que permitiram que os primitivos seres unicelulares (chamados de procariontes e de eucariontes) se ajustassem ao meio ambiente para sobreviverem. Estas propriedades fundamentais são a irritabilidade, a condutibilidade e a contratilidade. Tais propriedades permitiam àquele ser situar-se no meio ambiente, alimentar-se, defender-se e reproduzir-se.

Irritabilidade era a capacidade daquele organismo primitivo em perceber a existência de um 'objeto' exterior a ele mesmo e que o estimulava. Assim, a irritabilidade é a capacidade de ser sensível a um estímulo. Isso permitia que o organismo unicelular pudesse detectar alterações no meio ambiente, que poderiam ser agradáveis ou nocivas.

Condutibilidade, por sua vez, é a propriedade de conduzir a informação, inerente ao estímulo irritativo, por todo o citoplasma celular. Dessa maneira, o ser em questão toma conhecimento do que está acontecendo à sua volta e pode, então, decidir-se por uma resposta adequada ao agente irritante. Essa resposta pode se manifestar por movimentos visando a incorporar o estímulo quando ele for agradável (por exemplo: alimento), ou por movimentos de encurtamento e alongamento que possibilite afastar-se do agente estimulante, quando este for desagradável. Todo o mecanismo de resposta constitui o que se denomina contratilidade.

Durante o processo evolutivo, essas propriedades foram progressivamente sendo transferidas para estruturas especializadas. Com o desenvolvimento onto e filogenético, as propriedades de irritabilidade e de condutibilidade foram concentrando-se no sistema nervoso, enquanto o aparelho muscular especializou-se na contratilidade. Todas essas propriedades primordiais ainda estão presentes nas nossas atividades diárias, muito embora se apresentem revestidas de amplo processo de aculturação. Neste contexto, continuamos percebendo e sentindo o meio à nossa volta da mesma maneira que o primitivo ser unicelular.

O corpo humano é um organismo multicelular, formado por muitas células. Nesse caso, além de muitas células, existem também células diferentes e com funções distintas. Células morfologicamente semelhantes e que desempenham uma mesma função acabam por se aglomerar, formando uma massa uniforme à qual será acrescida maior ou menor quantidade de material intercelular que é produzido pela própria célula, formando os tecidos orgânicos. Por isso, podemos falar na existência de um tecido epitelial, um tecido conjuntivo, um tecido muscular e um tecido nervoso.

O tecido epitelial é formado por células justapostas com pouca substância intercelular e tem como principais funções o revestimento das superfícies, a absorção, a secreção e a função sensorial. O revestimento exterior do nosso corpo constitui o órgão denominado pele, e o revestimento interno das superfícies do tubo digestivo, das vias respiratórias e das cavidades do corpo é denominado mucosa ou serosa. Este tecido epitelial será, também, o responsável pela formação das glândulas e das estruturas encarregadas da função sensitiva (pertencente às funções do sistema nervoso) do nosso corpo.

O tecido conjuntivo é o que tem as funções de dar sustentação, de preenchimento, defesa e de nutrição, estabelecendo relações entre outras estruturas. É caracterizado por apresentar diversos tipos de células separadas por abundante material intercelular. Para melhor cumprir a sua função, este tecido se desdobrará em outros, que serão o tecido ósseo, o tecido cartilaginoso, o tecido hematopoiético (ou reticular) e o tecido adiposo.

O tecido ósseo é especializado em suportar cargas e é o principal constituinte do esqueleto, sustentando as partes moles e protegendo órgãos vitais. O tecido cartilaginoso, ou simplesmente cartilagem, também tem uma função de suporte, além de revestir as superfícies articulares, facilitando os movimentos. O tecido hematopoiético ou reticular é aquele que dará origem aos órgãos formadores de células do sangue: a medula óssea hematógena (ou vermelha) e os órgãos linfáticos do sistema imunológico. O tecido adiposo é constituído por células especializadas em armazenar gorduras, sendo um reservatório de energia para o organismo além de cumprir funções de proteção e de isolamento térmico.

O tecido muscular sofrerá diferenciação celular de tal modo que acabará por originar três tipos de músculos no homem: 1) o músculo cardíaco; 2) o músculo liso, que faz parte da constituição das vísceras ocas como o intestino, e da parede dos vasos sanguíneos e que não está sujeito ao controle voluntário; 3) e o músculo estriado que é os músculos que usamos movidos pela nossa vontade (são os músculos que exercitamos nas academias de ginástica).

O tecido nervoso irá formar os órgãos do sistema nervoso. O sistema nervoso tem a função de coordenar os demais sistemas. Neste ofício, ele será auxiliado pelo sistema endócrino, com o qual está intimamente relacionado, sob o ponto de vista da anatomia e da embriologia, posto que ambos se desenvolveram dos epitélios.

Os tecidos, por sua vez, serão concentrados localmente de maneira a formarem os órgãos físicos. A reunião de órgãos que participam de uma determinada função forma um aparelho[16]. Poderemos, então, agrupar os ór-

---

16 As definições e os usos para os termos 'aparelho' e 'sistema' podem gerar discordância entre autores diferentes. O léxico oficial utilizado na nomenclatura anatômica atual aplica o termo sistema em primeira instância e depois faz uso do termo aparelho. Portanto, usou-se neste trabalho a ordem inversa por entendermos ser ela de compreensão mais fácil.

gãos que fazem parte do aparelho circulatório, do aparelho digestivo, do aparelho respiratório, do aparelho urinário, do aparelho reprodutor, do aparelho osteoarticular, do aparelho muscular, do aparelho endócrino, do aparelho nervoso.

Na sequência reúnem-se aparelhos diferentes, mas com funções complementares e interdependentes, para constituírem os sistemas. Assim, o somatório do aparelho muscular com o aparelho osteoarticular dará origem ao sistema musculoesquelético; a união dos aparelhos reprodutor e urinário formará o sistema gênito-urinário e a união do coração com o aparelho circulatório irá formar o sistema cardiocirculatório.

O conjunto dos órgãos linfáticos (timo, baço, amígdalas e linfonodos), do tecido linfático presente em outros órgãos, dos linfócitos no sangue, na linfa e no tecido conjuntivo, acaba constituindo o sistema imunológico. Alguns outros sistemas, como o respiratório e o nervoso serão formados pelo seu próprio aparelho, embora se reconheça que eles possuem uma dimensão funcional mais abrangente. Outros sistemas exigem a combinação de órgãos pertencentes a aparelhos distintos para a formação de um sistema funcional maior. Este é o caso da combinação funcional do aparelho digestivo com algumas glândulas do aparelho endócrino, o que permite a constituição do sistema digestivo ou digestório.

Ultrapassando os limites da anatomia, podemos reunir sistemas de modo a criar uma instância hierarquicamente superior de grandes sistemas funcionais. Assim, a interação funcional do sistema musculoesquelético com o sistema nervoso constitui o sistema locomotor; a interação do sistema nervoso com o sistema endócrino e o sistema imunológico forma um *super* sistema funcional denominado de neuroendócrino-imunológico.

A reunião de todos os tecidos, órgãos, aparelhos e sistemas constitui a unidade biológica que denominamos de corpo humano. Embora o corpo seja uma individualidade (derivado de indivíduo, do latim *individus*, significando um, uno, indivisível), reconhecemos atualmente que o sistema nervoso é a instância controladora mais alta e importante na hierarquia do nosso corpo. Esta posição proeminente permite, por exemplo, a conceituação de morte encefálica e que tem o mesmo status de morte biológica.

O SISTEMA NERVOSO

O sistema nervoso humano é o mais complexo, o mais estudado e o mais fascinante de todos os nossos sistemas viscerais. O sistema nervoso é um todo, estando as suas diversas partes intimamente relacionadas do ponto de vista morfológico e funcional, e sua divisão em partes só tem valor didático, tornando mais fácil compreendê-lo. Os critérios usualmente utilizados para a divisão do sistema nervoso são o embriológico, o anatômico e o funcional. Não se abordará aqui a divisão embriológica, por entender-se que ela é de pouco valor para o nosso objetivo.

Assim sendo, para efeito de apresentação, podemos dividir o sistema nervoso humano segundo a ótica anatômica ou a fisiológica. Sua divisão com base em critérios anatômicos é a mais conhecida e a mais utilizada, por sua simplicidade. Ela divide o sistema nervoso em: porção central e periférica.

O sistema nervoso central (SNC) é o conjunto formado pela união do cérebro, cerebelo, tronco encefálico e medula. O tronco encefálico ou tronco cerebral constitui um setor do sistema nervoso central de importância capital e é constituído pela reunião de três segmentos: o mesencéfalo, a ponte e o bulbo[17].

O sistema nervoso periférico (SNP) é formado pelo somatório dos nervos cranianos e espinhais, dos gânglios nervosos e das terminações nervosas.

S N Central	Encéfalo	Cérebro
		Cerebelo
		Tronco Encefálico → Mesencéfalo, Ponte, Bulbo
	Medula	
S N Periférico	Nervos	Raquianos, Cranianos
	Gânglios	
	Terminações nervosas	

Quadro 1: Divisão anatômica do sistema nervoso.

Desta maneira, o sistema nervoso central é a porção contida dentro do crânio e do canal vertebral, e o sistema nervoso periférico contém todas as estrutu-

---

17 Ver Apêndice, lâmina 6.

ras nervosas que se localizam fora do arcabouço ósseo, estendendo-se até a intimidade dos órgãos e da pele.

Entre as estruturas que constituem o sistema nervoso central, o cérebro é a porção mais desenvolvida e a mais importante, ocupando cerca de 80% da cavidade craniana. O cérebro pode ser subdividido, didaticamente, em duas partes distintas que, embora intimamente unidas, apresentam características próprias: o telencéfalo e o diencéfalo.

O telencéfalo é a porção mais anterior do cérebro primitivo. Com o desenvolvimento fetal ele irá crescer muito, primeiro para trás e depois para os lados, curvando-se sobre si mesmo para constituir os hemisférios cerebrais e, deste modo, irá encobrir quase totalmente o diencéfalo que permanecerá em uma posição central, profunda e mediana.

O telencéfalo é constituído por uma massa profunda de tecido nervoso denominado núcleos da base, e de uma cobertura de tecido nervoso cinzento, chamado córtex cerebral. Os núcleos da base (também chamados impropriamente de gânglios da base) ou corpo estriado, são massas bem definidas e organizadas de tecido nervoso que exercem influência moduladora sobre a contração muscular de tipo tônica, ou seja, uma contração lenta e contínua fundamental para a manutenção da postura. Para tanto, o corpo estriado mantém importantíssimas conexões com áreas do córtex cerebral e do sistema límbico.

O córtex cerebral é uma fina camada de tecido nervoso cinzento, o que significa dizer que é onde estão alojados os corpos celulares dos neurônios. O córtex cerebral é o ponto de chegada de todos os impulsos sensoriais e é também o ponto de partida dos impulsos nervosos que comandam os movimentos. Além disso, o córtex cerebral é a área do sistema nervoso relacionada aos fenômenos psíquicos ou mentais.

Se fizermos um corte pelo meio da cabeça e olharmos a face interna dos hemisférios cerebrais, visualizaremos uma estrutura de formato anelar que a anatomia moderna denomina lobo límbico (de *limbus,* significando margem), que é o sustentáculo anatômico do sistema funcional denominado sistema límbico. O lobo límbico é filogeneticamente muito antigo, existindo em todos os vertebrados, e durante muito tempo admitiu-se a ideia de que o lobo límbico teria funções olfatórias, fazendo parte do chamado rinencéfalo.

O inglês Thomas Willis (1621-1675) foi o primeiro a descrever o lobo límbico no livro *De anatome cerebri,* publicado em 1664. Em uma monografia datada de 1878, Pierre-Paul Broca (1824-1880) usou pela primeira vez a denominação *grande lobo límbico,* popularizando o termo entre os neurologistas e reavaliando o verdadeiro papel funcional desse sistema. No século 20 o neuroanatomista James W. Papez (1883-1958) estabeleceu o conceito atual de lobo límbico, propondo um circuito que envolve o hipotálamo e exerce um papel crítico na expressão das emoções.

As estruturas constituintes do lobo límbico variam em diversas publicações, contudo, de uma forma geral são incluídos: o giro do cíngulo, o istmo do giro do cíngulo, o giro para-hipocampal, o hipocampo, o úncus, as amígdalas, o fórnix, os corpos mamilares, alguns núcleos do tálamo, a área septal e novamente o giro do cíngulo. São incluídos, ainda, alguns núcleos mesencefálicos e parte do córtex pré-frontal.

O hipocampo e a amígdala eram peças fundamentais do rinencéfalo primitivo, e se destacam, tanto pelas suas conexões com outras estruturas cerebrais, bem como pelos papéis funcionais que representam. Com a evolução, essas estruturas ficaram responsáveis pela maior parte do aprendizado e da memória, sendo o hipocampo classicamente associado com a memória, e a amígdala a especialista em questões emocionais. Para compreendermos a importância do lobo límbico como o substrato anatômico das nossas emoções é necessário tecermos breves palavras sobre as teorias das emoções.

O diencéfalo pode ser visto apenas na face inferior do cérebro, e compreende estruturas importantíssimas, tais como o tálamo e o hipotálamo. O tálamo é uma importante estação intermediária, cuja função consiste em transmitir ao córtex cerebral todos os impulsos das vias visuais e auditivas, do hipotálamo, do cerebelo e do tronco cerebral. Pode-se deduzir que o tálamo é uma estação fundamental no controle e na coordenação do grau de ativação cortical, da sensibilidade, do comportamento emocional e dos movimentos, tanto os relacionados com as emoções, como também as ações automáticas. Em última análise, pode-se dizer que o tálamo funciona como um relé de processamento das informações que se dirigem para o córtex cerebral; é por isso que o tálamo já foi denominado de portão da consciência.

O hipotálamo exerce o seu controle sobre as atividades viscerais para a manutenção da constância do meio interno, da homeostase, da regulação do sono e da vigília, da sede, da fome e do sistema endócrino (regulando as funções hipofisárias). O conceito de meio interno foi proposto por Claude Bernard, fisiologista francês, para caracterizar a situação de equilíbrio e da constância na composição bioquímica dos constituintes orgânicos. Já homeostase é um conceito proposto por Walter Cannon (1881-1945), fisiologista norte-americano do início do século 20, que defende que o organismo possui uma tendência a manter constante o meio interno e o equilíbrio com o meio ambiente.

TEORIAS DAS EMOÇÕES

O desenvolvimento de uma teoria que explicasse a neurofisiologia das emoções tem ocupado o tempo e a mente de alguns dos maiores sábios da humanidade. Até o século 18, as teorias existentes eram, essencialmente, fruto da mais pura elucubração filosófica de homens como René Descartes, John Locke e David Hume. A dificuldade para se formular uma teoria única para as emoções decorre da nossa incapacidade em compreendê-las satisfatoriamente numa perspectiva fisiológica e filosófica a um só tempo.

Em geral, as teorias das emoções existentes foram desenvolvidas levando-se em conta apenas alguns de seus aspectos, em detrimento de outros. Depreende-se, portanto, que nenhuma delas aborda todos os aspectos das emoções, segundo Marino Jr., em seu livro *A religião do cérebro*:

> [...] Algumas dessas teorias concentravam-se no aspecto evolutivo, e no seu enquadramento em relação à sobrevivência dos organismos, como se pode apreciar dos escritos de Darwin, um dos primeiros a abordar extensamente o problema das emoções nos animais. Outras fazem especulações sobre o papel desempenhado pelo sistema nervoso. Outras ainda consideram apenas os estímulos e as causas geradoras dos processos emotivos. (p.50)

A partir do século 19, os estudos sobre a fisiologia humana e a introdução dos microscópios compostos no estudo das células propiciaram aos médicos ferramentas mais 'palpáveis' para a construção de uma teoria das emoções com embasamento científico.

Na segunda metade do século 19, o italiano Camillo Golgi (1843-1926) desenvolveu um método de coloração por prata que permitiu identificar a célula nervosa. Todavia, credita-se ao espanhol Santiago Ramón y Cajal (1852-1934) a elaboração de uma doutrina do neurônio com o respectivo modelo teórico da transmissão dos impulsos nervosos, amparado pelas pesquisas de Luigi Galvani (1737-1798) e Hermann von Helmholtz (1821-1894). As pesquisas envolvendo o uso de drogas psicoativas conduzidas por Claude Bernard (1813-1878), pelo alemão Paul Ehrlich (1854-1915) e pelo inglês John Langley completaram o cenário adequado para o nascimento das grandes teorias das emoções, tais como as conhecemos na atualidade.

Segundo o prêmio Nobel Eric Kandel, podemos agrupar as teorias das emoções em duas grandes propostas:

uma que focaliza o papel iniciador dos estímulos para a experiência emocional, que denominaremos de *teoria de James e Lange*; e outra que se concentra no papel mediador das estruturas subcorticais para as emoções, e que daremos o nome de *teoria de Cannon e Bard*.

A primeira grande teoria da emoção começou a ser formada em 1884, por William James e Carl Lange, que propuseram, independentemente, uma teoria que relacionava eventos fisiológicos com estados mentais. Nessa teoria, a emoção seria gerada pelo córtex cerebral após este receber informações sobre um estado fisiológico alterado no nosso corpo, após uma estimulação periférica. Segundo Kandel, James teria escrito que:

> Ficamos tristes porque choramos, zangados porque agredimos, e com medo porque trememos, e não choramos, agredimos ou trememos porque estamos tristes, agressivos ou com medo, conforme o caso. (p. 476)

Na década de 1960, Stanley Schachter ampliou tal teoria propondo que o córtex cerebral elabora a emoção a partir de sinais ambíguos recebidos da periferia do corpo. Mais tarde, na década de 1990, António Damásio foi um pouco mais adiante, propondo que as emoções sejam o resultado da interação de fatores centrais e periféricos, com a *teoria do marcador somático*. Damásio estabeleceu que as emoções são, essencialmente, uma história que o cérebro inventa para explicar as reações corporais ou, segundo as suas próprias palavras, as emoções são "um estado neurobiológico perpetuamente recriado" (p. 127) no seu livro *O erro de Descartes*.

Por outro lado, Sherrington (1906), Cannon (1927) e Bard (1928) se opuseram à teoria de James-Lange ao observarem que animais com lesões que os privavam das aferências sensitivas podiam manifestar comportamentos emocionais. Cannon e Bard postularam, então, uma teoria talâmica para as emoções, segundo a qual elas surgiriam no córtex cerebral, depois de coordenadas pelos núcleos talâmicos, ao mesmo tempo que o comportamento emocional era liberado ao nível do hipotálamo.

Em 1951, Lindsley acrescentou novos elementos à teoria de Cannon e Bard sem, contudo, alterar-lhe a essência. O professor Marino Jr. nos diz seu livro *Fisiologia das emoções* que:

> [...] Lindsley aceitou o hipotálamo como a sede primária na organização da expressão emocional, ressaltando, entretanto, o fato de que a substância reticular deve ser ativada para que qualquer expressão emocional se torne significativa. (p.12)

O grande adjunto qualitativo na teoria de Cannon e Bard foi dado por James Papez (1883-1958) em 1937 com a publicação de um importantíssimo estudo, no qual propunha um novo mecanismo para explicar as emoções. Segundo Papez, a expressão das emoções dependeria inteiramente da ação integrativa do hipotálamo. Papez demonstrou que os estímulos nervosos somáticos e viscerais são conduzidos ao hipotálamo e, a partir deste, percorreriam um circuito reverberante, que foi denominado de circuito de Papez.

Os impulsos originados na periferia seriam levados ao hipotálamo, ao tálamo e ao giro do cíngulo que transmitiria esses impulsos para as áreas corticais de associação. Os impulsos de origem cortical, e com qualificação emocional, seriam transmitidos à formação hipocampal e o processo emotivo seria transferido novamente ao tálamo, via fórnix e corpos mamilares, fechando o circuito. Com o retorno da informação emocional ao tálamo, mediante o trato mamilotalâmico já devidamente decodificada pelo córtex sensorial e acrescida de um significado emocional, teria início o estímulo motor que se constitui, tão somente, na resposta do sistema nervoso ao estímulo inicial. Cannon e Bard sugeriram a participação de estruturas subcorticais, tais como o hipotálamo e o tálamo, que forneceriam os comandos motores os quais regulariam as respostas periféricas das emoções e, também, alimentariam o córtex cerebral com as informações necessárias para a percepção cognitiva das emoções.

Entre 1949 e 1952, Paul MacLean reavaliou a teoria do circuito de Papez propondo grande número de revisões importantes que, contudo, não lhe alteraram a essência. Foi MacLean quem cunhou e introduziu o termo *sistema límbico* e incluiu outras regiões do hipotálamo além da área septal, das áreas corticais de associação e a amígdala às estruturas já relacionadas ao círculo de Papez. Com as revisões propostas por MacLean, as hipóteses de Papez adquiriram sólida base experimental, confirmando-se a ideia de que o hipotálamo é o agente motor da expressão emocional e que o córtex cerebral é o responsável por apreciar as qualidades afetivas da experiência e combiná-las em estados sensoriais.

Como já vimos, o hipotálamo é uma das mais importantes estações mediadoras das emoções, pelas conexões que mantém com as estruturas do sistema límbico. É imprescindível que as conexões aferentes e eferentes do hipotálamo envolvam todas as partes do sistema nervoso, para que ele possa atuar como o principal centro coordenador dos processos autônomos que ocorrem no interior do organismo.

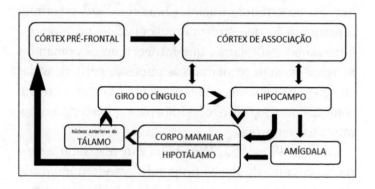

Quadro 2: O sistema límbico: As pontas de setas demonstram o circuito de Papez na descrição original, e as setas inteiras com as alterações propostas por MacLean.

Utilizando-se critérios funcionais é possível dividir o sistema nervoso em duas partes distintas: a primeira é chamada de sistema nervoso da vida de relação ou somático, e a segunda é o sistema nervoso da vida vegetativa ou visceral.

O sistema nervoso da vida de relação ou somático é a parcela responsável pela interação do indivíduo com o meio ambiente. Esta porção apresenta um componente aferente, ou seja, o que conduz as informações oriundas dos receptores periféricos aos centros nervosos, e um componente eferente que transmite as respostas dos centros nervosos aos músculos esqueléticos, causando os atos voluntários. Desta maneira, podemos ver o sistema nervoso somático como o veículo de expressão da vontade ou da consciência.

O sistema nervoso da vida vegetativa ou visceral se relaciona com a inervação e o controle dos diversos órgãos e sistemas viscerais. No mesmo modelo da porção somática, a porção visceral também possui um componente aferente que conduz as informações oriundas dos receptores viscerais para os centros nervosos, e um componente eferente que leva as respostas dos centros nervosos às vísceras. Analogamente, poderemos entender o sistema nervoso visceral como o veículo de exteriorização do inconsciente.

O segmento eferente do sistema nervoso visceral será subdividido em outros dois componentes, segundo a qualidade da resposta emitida e, assim, poderemos ter uma resposta dita simpática e outra parassimpática (ou vagal). Apenas o componente eferente do sistema nervoso visceral da divisão funcional do sistema nervoso é que foi denominado *sistema nervoso autônomo*.

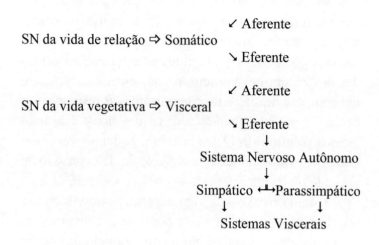

Quadro 3: Divisão funcional do sistema nervoso.

O sistema nervoso autônomo (SNA) é uma entidade funcional constituído por estruturas anatômicas que pertencem ao sistema nervoso central e ao sistema nervoso periférico. A estrutura anatômica de maior hierarquia no gerenciamento funcional do SNA é o hipotálamo.

Por meio das vias eferentes, o hipotálamo influenciaria a periferia pelo sistema nervoso autônomo. Neste prolongamento serão utilizados dois conjuntos distintos de fibras nervosas que constituem os componentes simpático e parassimpático do sistema nervoso autônomo. Aqui, é perfeitamente aceitável a comparação com uma balança de pratos, para que melhor se possa entender como isso se processa. Assim sendo, ao se observar uma balança de pratos, percebe-se que quando um dos pratos desce, submetido à ação do peso de um objeto nele depositado, o outro prato necessariamente tem que subir, desequilibrando a balança. Esta condição de desequilíbrio permanecerá até que o objeto colocado sobre o primeiro prato seja retirado, ou então se aplique um peso correspondente sobre o segundo prato.

No sistema nervoso autônomo, os pratos da balança são denominados de *simpático* e *parassimpático*. De modo geral, o simpático e o parassimpático têm funções antagônicas em um determinado órgão; entretanto, trabalham harmonicamente na coordenação da atividade visceral. A subdivisão do sistema nervoso autônomo em simpático e parassimpático obedece a razões de ordens anatômicas e bioquímicas, as quais serão determinantes no padrão de respostas obtidas.

Numa perspectiva anatomofisiológica[18], o simpático atua de forma mais genérica, atingindo com maior intensidade a economia corporal ao preparar o organismo para reações que envolvem a participação de múltiplos sistemas, configurando os padrões fisiológicos para a luta ou para a fuga. Do ponto de vista bioquímico, o simpático utiliza-se da adrenalina como seu principal mediador químico, daí resultando a denominação de adrenérgico. O simpático é eminentemente catabólico (significa que gasta energia), sendo o responsável pelas reações de alarme. Por isso, as reações simpáticas se revestem de um tônus hiperativo, com broncodilatação, taquicardia e o correspondente aumento da pressão arterial, dilatação pupilar, sudorese, diminuição do trânsito intestinal e fechamento dos esfíncteres, o que vai permitir um aumento do fluxo sanguíneo para os músculos esqueléticos.

---

18 Ver Apêndice, lâmina 8.

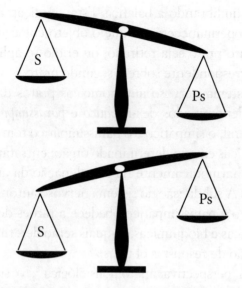

Figura 2: Sistema nervoso autônomo: S = Simpático, Ps = Parassimpático

O parassimpático exerce seus efeitos de uma forma mais localizada sobre um órgão ou setor do organismo. Essa diferença é justificada pela disposição anatômica e pelos mediadores químicos utilizados pelos neurônios que compõem estas vias. O parassimpático fará uso da acetilcolina como o seu principal neurotransmissor, o que resultará em um sistema que será denominado de colinérgico. A principal estrutura anatômica do parassimpático é um nervo craniano chamado de vago, por isso o parassimpático também pode ser denominado de vagal ou vagotônico. O parassimpático é anabólico (significa que poupa energia), estando vinculado aos mecanismos de proteção e restituição energética do organismo. O padrão tônico parassimpático é mais hipoativo, traduzindo-se por broncoconstricção, bradicardia com diminuição da pressão arterial, contração pupilar, um aumento do peristaltismo intestinal com relaxamento esfincteriano.

As sensações que experimentamos no nosso corpo quando andamos de montanha russa, quando estamos experimentando uma relação sexual ou quando estamos envolvidos numa discussão no trânsito, desencadeada por uma batida, pertencem ao conjunto dos efeitos simpáticos ou adrenérgicos. Quando nos entregamos a um estado de letargia após um almoço de domingo, quando relaxamos após atingir o ápice de uma relação sexual ou quando desfalecemos após uma situação crítica de ameaça à nossa integridade física estamos experimentando um conjunto de sensações parassimpáticas ou colinérgicas ou vagotônicas.

A associação entre o sistema límbico (emocional) e o sistema nervoso autônomo (visceral) é tão íntima que qualquer divisão com a intenção de melhor apresentá-los é insatisfatória. Esses dois sistemas funcionam de forma integrada e complementar que um nutre o outro de informações e cada qual reage sobre o outro em função dos novos estímulos. Este amplo conjunto de informações tem como destino final o córtex cerebral.

A partir do tálamo os estímulos sensoriais serão transmitidos, quase que simultaneamente, para as áreas de processamento sensorial do córtex cerebral, que irão identificar por significado estes sinais, e para o sistema límbico.

Kandel e Goleman informam que durante o processamento límbico, o hipocampo seria a principal estrutura responsável pela atribuição de um sentido aos padrões perceptivos, enquanto a amígdala seria a estrutura que conferiria uma qualidade emocional ao estímulo. Além disso, o hipotálamo e a amígdala estão intimamente envolvidos com os mecanismos de resposta ao estresse via hipófise→adrenal.

Neste mecanismo, a amígdala estimula o eixo hipotálamo-hipofisário a liberar o hormônio adrenocorticotrófico (acth) que excita a glândula adrenal a liberar adrenalina, desencadeando efeitos adrenérgicos. Do outro lado do sistema, ou, se preferirmos, no outro prato da balança, o hipocampo exerce um efeito modulador inibindo o eixo hipotálamo-hipofisário que, em última instância, promoverá repercussões do tipo parassimpáticas.

De uma forma esquemática, quando o córtex cerebral identifica a imagem de um homem com um revólver na mão e o hipocampo atribuir a esta informação um sentido, classificando-a como um assalto, por exemplo, a amígdala promoverá uma reação de medo com uma descarga adrenérgica. Todavia, se o hipocampo atribuir à mesma imagem um sentido diferente, como o de um soldado ou de um guarda de segurança a postos, a amígdala irá promover uma reação de segurança com efeitos parassimpáticos.

Paralelo a tudo o que foi dito até aqui, precisamos acrescentar que no decorrer do desenvolvimento filogenético o sistema nervoso foi construído como uma 'casa' à qual foram sendo acrescentados novos andares. Assim sendo, o dr. Paul MacLean propôs, em meados da década de 1950, que no homem subsistem três cérebros[19]: o primeiro seria um cérebro primitivo ou visceral, o segundo o cérebro límbico ou emocional, e o terceiro andar, o cérebro cognitivo.

A parte mais primitiva do nosso sistema nervoso é denominada de cérebro reptiliano ou visceral. Esta porção é formada pela maior porção do tronco encefálico, pelo mesencéfalo, pelos núcleos da base e mais algumas estruturas que compõem o sistema reticular. Este cérebro primitivo está relacionado com o controle das funções viscerais imprescindíveis à vida, tais como a frequência cardíaca, a respiração, o sexo e a motricidade. Sobre este nível, a natureza erigiu um segundo andar, que é o cérebro emocional.

O cérebro emocional ou límbico foi herdado dos mamíferos inferiores e é basicamente constituído pelas estruturas que formam o lobo límbico já descrito. O cérebro emocional permite ao animal uma maior aprendizagem apoiada na experiência imediata, desempenhando papel importantíssimo no comportamento emocional e nas perturbações psicossomáticas.

O último cérebro é o cognitivo, representado pelo córtex cerebral, ou seja, os hemisférios cerebrais. É uma aquisição dos mamíferos superiores que alcançou o seu desenvolvimento máximo no homem. O cérebro cognitivo permitiu o desenvolvimento da linguagem simbólica e do pensamento abstrato.

---

19 Correlacionar com as observações do capítulo sobre os níveis de consciência.

O SISTEMA ENDÓCRINO

O nosso ponto de partida para a presente discussão sobre o sistema endócrino é a introdução do capítulo 74 do livro de *Tratado de fisiologia médica* de autoria de Arthur Guyton e John Hall, em que os autores nos dizem que:

> As funções do corpo são reguladas por dois grandes sistemas de controle: (1) o sistema nervoso, que já foi discutido, e (2) o sistema hormonal ou endócrino. Alguns efeitos hormonais ocorrem em segundos, enquanto outros requerem vários dias simplesmente para começar, mas então continuam durante semanas ou mesmo meses.
>
> Existem muitas inter-relações entre os sistemas hormonal e o nervoso. Por exemplo, pelo menos duas glândulas secretam seus hormônios quase que inteiramente em resposta a estímulos neurais apropriados: as medulas suprarrenais e a glândula hipofisária. (p. 839)

O sistema endócrino é constituído pelo somatório de oito glândulas (do latim *glans*, *glandis*: significando pequena bolota), dispostas de cima para baixo, e com as denominações de: pineal ou epífise, hipófise ou pituitária, tireoide, paratireoides, timo, pâncreas, adrenais ou suprarrenais e as gônadas (testículos e ovários).

Cada glândula secreta uma substância química que é liberada na corrente sanguínea e vai exercer efeito fisiológico sobre outras células ou outros tecidos do corpo. A substância que cada glândula produz recebe o nome de hormônio, palavra de origem grega que significa 'pôr em movimento, excitar'. Alguns hormônios têm efeito apenas local, e outros apresentam efeitos gerais que afetam todas ou quase todas as células do corpo. Há, também, alguns hormônios que exercem efeitos apenas sobre algum tecido específico o qual, por isso, é denominado de *tecido-alvo*.

Pineal – ou epífise, é uma glândula localizada na extremidade posterior do diencéfalo e que ainda suscita muitas discussões acerca do seu verdadeiro papel na economia orgânica. Estudos recentes sugerem que a pineal não seria uma glândula no sentido clássico, mas uma estrutura que agiria convertendo impulsos neurais, predominantemente de origem simpática, em descargas hormonais.

Foram identificados e isolados na pineal a melatonina, a serotonina, a histamina e a noradrenalina. Em anfíbios a melatonina tem a propriedade de provocar a agregação de grânulos de melanina, alterando a cor da pele. Por outro lado, a melatonina e a serotonina sofrem variações com alterações rítmicas da iluminação, estando associadas aos mecanismos de controle dos relógios biológicos do corpo.

Supõe-se que a pineal exerça um papel modulador sobre a função gonadal, a partir da observação de pacientes infantis com tumores dessa glândula e que apresentam quadros de puberdade precoce e hipertrofia das gônadas.

Hipófise – ainda é considerada a glândula mestra do nosso organismo. O nome hipófise é de origem grega e significa o que nasce na parte de baixo, e deve-se ao fato dessa glândula estar localizada imediatamente abaixo do diencéfalo e estar intimamente associada com o hipotálamo, sendo este a estrutura que gerencia a secreção dos fatores de liberação ou de inibição dos principais hormônios hipofisários.

A hipófise é subdividida em porção anterior, chamada de adeno-hipófise, e uma porção posterior chamada neuro-hipófise. A adeno-hipófise é a responsável pela secreção e pela liberação dos:

- Hormônio do crescimento ou somatotrofina, que vai promover o crescimento do corpo mediante o metabolismo das proteínas e da multiplicação celular.
- Hormônio tireoestimulante ou tireotrofina, que irá controlar a secreção dos hormônios da glândula tireoide.
- Hormônio adrenocorticotrófico, que controla a secreção de alguns hormônios da glândula adrenal.
- Hormônio folículo-estimulante, que na mulher controla o crescimento dos folículos ovarianos e no homem a formação dos espermatozoides.
- Hormônio luteinizante, que na mulher estimula os ovários a secretarem progesterona e estrogênio, de modo a equilibrar o ciclo menstrual e a promover a ovulação, e no homem tem a função de estimular os testículos a secretarem a testosterona.
- Hormônio prolactina, que atua na produção de leite pelas glândulas mamárias e inibe a função gonadal.

Por sua vez, a neuro-hipófise secreta:

- Hormônio antidiurético ou vasopressina, que exerce efeito sobre a função renal controlando o volume de urina e a concentração das substâncias que estão sendo eliminadas por intermédio dela.
- Hormônio ocitocina, que promove a contração do útero gravídico durante o parto, e a ejeção de leite pelas mamas durante a amamentação.

Tireoide – Está localizada no pescoço à frente da traqueia e tem uma forma que lembra um 'H'. Ela secreta os hormônios tiroxina (T_4) e triiodotironina (T_3), que facilitam o metabolismo das demais células do corpo, excitando a atividade bioquímica, aumentando o consumo de oxigênio e facilitando o crescimento, a maturação e a diferenciação das células dos vários tecidos corporais.

A tireoide também secreta o hormônio calcitonina, que possui efeitos contrários aos do hormônio das glândulas paratireoides. A calcitonina tem a função de diminuir a concentração de cálcio no sangue, ajudando a regular o metabolismo do cálcio nos ossos.

Paratireoides – São quatro pequeníssimas glândulas localizadas atrás da tireoide e que secretam o hormônio paratireoideo, que também participa do metabolismo do cálcio. Este hormônio retira o cálcio dos ossos, fazendo aumentar a taxa de cálcio no sangue (calcemia), e facilita a eliminação urinária de fosfatos.

Timo – É tradicionalmente descrito como um órgão linfoide e, portanto, pertencente ao sistema imunológico. Está situado dentro do tórax, ao nível das grandes artérias que saem do coração.

O timo se caracteriza pelo fato de atingir o crescimento máximo logo após o nascimento, sustentando este desenvolvimento até a puberdade, quando, então, sofre um processo de involução acentuada. As principais substâncias isoladas no timo são a timosina e as timopoetinas, que estimulam a formação dos diferentes linfócitos do sangue e em especial dos linfócitos T.

Pâncreas – Localiza-se no abdômen, logo atrás do estômago. É uma glândula considerada mista por secretar algumas enzimas que são liberadas no interior do duodeno, com a função de facilitar a digestão das proteínas, dos carboidratos e das gorduras, e alguns hormônios que são liberados na corrente sanguínea.

A função endócrina do pâncreas é realizada pela secreção dos hormônios insulina e glucagon. A insulina é o hormônio que tem a propriedade de facilitar a captação de glicose pelas células do corpo e a sua deficiência é a causa da *diabetes mellitus*. O glucagon tem efeito contrário ao da insulina, facilitando a síntese e a liberação de glicose pelo fígado, aumentando a taxa de glicemia.

Adrenais – São duas pequenas glândulas localizadas pouco acima dos rins e que por isso foram denominadas durante muito tempo suprarrenais. Estas glândulas possuem uma estrutura interna muito típica, com uma região cortical e uma medular. A medula adrenal produz e libera a adrenalina na corrente sanguínea mediada por eferências neurais simpáticas.

A córtex adrenal produz uma gama de hormônios genericamente denominados de esteroides. Estes, segundo a sua função, são subdivididos em três classes de hormônios: os esteroides sexuais, os mineralocorticoides e os glicocorticoides.

Os esteroides sexuais são os precursores dos androgênios, dos estrogênios e dos progestágenos, todos hormônios gonadais. Os mineralocorticoides são representados pelo hormônio aldosterona, essencial para o metabolismo hidrossalino do nosso organismo, controlando as concentrações sanguíneas de sódio e de potássio, do volume urinário e da pressão arterial.

Os glicocorticoides constituem um grupo de hormônios fundamentais na fisiologia da síndrome de adaptação geral, descrita por Hans Selye em 1936, para que o indivíduo possa resistir aos efeitos nocivos do estresse. Os glicocorticoides são representados pelos hormônios cortisol e corticosterona. Estes hormônios aumentam o metabolismo dos carboidratos e das proteínas, favorecem a produção de glicose com o consequente aumento da glicemia, promovem a retenção de água e de sódio e facilitam a eliminação de potássio, potencializam os efeitos vasoativos da adrenalina e diminuem as reações inflamatórias e alérgicas.

Gônadas – São as glândulas sexuais propriamente ditas. No homem, são representadas pelos testículos, que têm a função de secretarem os androgênios, que são os hormônios sexuais masculinos, dos quais a testosterona é o mais comum. A testosterona é o hormônio encarregado de promover as características sexuais distintivas

do corpo masculino e a formação dos espermatozoides.
Na mulher, as gônadas são representadas pelos ovários, que irão secretar o estrogênio e a progesterona. De forma simplista, podemos considerar o estrogênio como sendo o hormônio da feminilidade, pois é ele que determina as características sexuais do corpo feminino. A progesterona seria o hormônio da maternidade, estando encarregado de preparar as condições uterinas necessárias para a fecundação e para a gravidez. Se não ocorrer a fecundação, sucede-se a menstruação, após a qual, novo ciclo será iniciado.

As funções hormonais estão intimamente entrelaçadas entre si de tal modo que a alteração em um ponto da cadeia pode alterar todo o conjunto. O sistema hormonal pode ser bem visualizado como um conjunto de móbiles sobre o berço de um bebê. Todo o sistema permanece em um estado de equilíbrio dinâmico, muito preciso e minucioso. A mínima interferência em um ponto pode desorganizar todo o conjunto de forma intensa, assim como a criança ao mexer em uma peça do móbile faz todo o conjunto balançar e se mover. Uma estrutura tão complexa exige um centro controlador hierarquicamente superior e autônomo em relação a este sistema. Este centro regulador é o hipotálamo.

Pelo hipotálamo passam estímulos procedentes de quase todas as partes do sistema nervoso, levando todo tipo de informação: desde um estímulo físico que cause dor a emoções com pensamentos depressivos ou excitantes, passando por informes meramente funcionais, tais como a concentração das substâncias dissolvidas no sangue, tudo é informado ao hipotálamo. Este, por sua vez, emite as suas respostas por intermédio do sistema nervoso autônomo, do sistema límbico e do sistema endócrino, regulando diretamente a função hipofisária. Vale a pena considerar que o hipotálamo faz uso de outros mecanismos à distância de controle de informações por retroalimentação.

O SISTEMA IMUNOLÓGICO

Compreende-se por sistema imunológico o conjunto de tecidos, células e moléculas que possuem a capacidade de proteger o nosso organismo de agentes estranhos. Tais estruturas possuem uma história evolutiva com aproximadamente 400 milhões de anos, e a configuração básica das moléculas proteicas envolvidas, bem como as características funcionais, foram mantidas com notável constância, apenas assimilando-se as diferenciações seletivas necessárias.

Como ciência, a imunologia é recente; todavia, as origens dos fenômenos imunológicos procedem de observações antigas em diversas sociedades relacionadas com medidas higiênicas preventivas. Na Bíblia, o livro do Levítico registra prescrições de saúde pública com o objetivo de controlar várias doenças infecciosas, como a lepra[20] e a gonorreia.

Na Antiguidade, as doenças infecciosas eram denominadas de pestes e, embora o homem soubesse que

---

20 Ver Apêndice, nota 2.

podia contrair uma doença de outra pessoa, as manifestações febris eram atribuídas aos deuses. Foi somente no século 16 que Girolamo Fracastoro (1483-1553), poeta, físico, astrônomo e patologista, defendeu claramente a teoria, moderna, de que as doenças infecciosas pudessem ser causadas por germes invisíveis, os quais ele denominou de *sementes de contágio*. Segundo ele, essas sementes invisíveis de contágio podiam ser transferidas de uma pessoa para outra por meio da respiração, do ar, por beber no mesmo copo, pelas roupas, moedas ou qualquer objeto infectado.

No final do século 17, o comerciante holandês Antony van Leeuwenhoek (1632-1723), que nas horas vagas confeccionava lentes de aumento, enviou uma carta a Royal Society of London – Sociedade Real de Londres – comunicando sobre a existência de minúsculas criaturas que ele pôde observar nas poças de água, no queijo, no vinagre e por toda parte que ele olhasse com a sua lente de aumento. Leeuwenhoek foi secundado pelo italiano Marcello Malpighi (1628-1694), outro gigante da microscopia, considerado o criador da microscopia biológica, que enviava os seus estudos na forma de breves informes para a Royal Society of London.

Mais tarde, em 1796, o dr. Edward Jenner (1749-1823) realizou a primeira tentativa de imunização intencional de uma doença infecciosa, a varíola, a partir da constatação de que os pastores que haviam tido a forma bovina da doença não adquiriam a forma humana.

Na sequência, após uma safra excepcionalmente horrível de vinho e de cerveja em 1864, Louis Pasteur (1822-1895) demonstrou de forma inequívoca a presença dos micróbios nas soluções e como eles podiam ser eliminados mediante altas temperaturas, e deu, então, um novo impulso à teoria pela qual as doenças eram causadas por germes.

Em 1876, Robert Koch (1843-1910) estabeleceu pela primeira vez a associação entre um micro-organismo e uma doença específica, o carbúnculo. Entre 1880 e 1900 foram identificados e correlacionados 18 tipos de micróbios e as doenças que eles causavam.

Apesar destas novas descobertas, a população, em geral, e os médicos, em particular, eram resistentes à ideia de que um germe microscópico pudesse causar as doenças infecciosas. Foi o dr. Joseph Lister (1827-1912) quem realizou o trabalho de convencer os cirurgiões de então da necessidade de se adotar medidas de antissepsia nos procedimentos cirúrgicos, para prevenir as infecções.

No Brasil, coube a Oswaldo Cruz (1872-1912) a dura batalha de implantar no sistema médico os programas de vacinação em massa, enfrentando verdadeiras revoltas populares nos primeiros anos do século 20.

O grande desenvolvimento da bacteriologia no final do século 19 e início do 20 abriu as portas para a pesquisa do sistema imunológico, uma vez que os germes são os agentes infectantes e ele é a força de defesa do organismo. Assim sendo, a imunologia nasceu como uma subdisciplina da bacteriologia que buscava compreender os mecanismos de defesa do organismo contra os agentes infectantes.

Segundo Donald Weir e John Stewart[21]:

---

21 *Imunologia básica aplicada*. Ed. Revinter. Rio de Janeiro, 2002, p. 3.

> Os fenômenos da imunidade, como são expressos nos animais superiores, evoluíram a partir de 'mecanismos de reconhecimento' que capacitaram um animal multicelular primitivo a distinguir entre seus próprios componentes (*self*) e os de outras espécies. [...] A discriminação entre o que é próprio e não próprio possibilita a manutenção de 'associações específicas' entre as células de um organismo multicelular e favorece o organismo com os benefícios adicionais de reconhecer e de excluir constituintes próprios que apresentam modificações, ou organismos parasitas potencialmente perigosos. (p. 3)

Basicamente, poderemos dividir os mecanismos de defesa imunológica em dois grupos ou mecanismos: os inatos ou naturais e os adquiridos ou adaptativos. A imunidade natural ou inata é representada pela pele (que funciona como uma barreira física), por algumas células fagocitárias e por substâncias químicas (proteínas de fase aguda e lisozimas), que são previamente ativas aos materiais estranhos, embora não discriminem a maioria deles.

A imunidade adquirida ou adaptativa será representada por elementos celulares (linfócitos) e químicos (anticorpos) que foram gerados após exposição prévia a um agente estranho, sendo capazes de identificar variações estruturais nestes agentes. A imunidade adquirida tem a vantagem de desenvolver um sistema de memória específica, que confere a este mecanismo de ação uma resposta dirigida exclusivamente para cada antígeno.

Qualquer substância capaz de induzir uma resposta imunológica em nós é denominada de antígeno. Classicamente, essas substâncias são partes dos micro-organismos, como: proteínas, lipídios, carboidratos e ácidos nucléicos (DNA e RNA). Os antígenos não possuem uma composição química específica que permita separá-los de outras substâncias semelhantes; portanto, o que os caracteriza é um evento operacional que está na capacidade do antígeno ativar o sistema imunológico. Por isso, eventualmente algumas substâncias sintéticas (como medicamentos, por exemplo) e até mesmo algumas substâncias naturais do nosso organismo, podem se tornar antigênicas.

As células que compõem o sistema imunológico derivam-se de células tronco hematopoiéticas. Estas, por vias de diferenciação distintas, denominadas linhagens, irão produzir os eritrócitos ou hemácias, as plaquetas e os leucócitos ou glóbulos brancos. Os leucócitos desenvolver-se-ão a partir de duas linhagens, uma linfoide e outra, mieloide. Os principais locais do corpo onde ocorrem maturações dos leucócitos serão denominados de órgãos (ou tecidos) linfoides, que podem ser: centrais – medula óssea e timo; ou periféricos – linfonodos, baço e os tecidos linfoides associados à mucosas (no intestino delgado, no apêndice e na cavidade bucal, configurando as adenoides ou as amígdalas).

As células do sistema imunológico serão divididas, segundo a sua linhagem em: monócitos, macrófagos, neutrófilos, eosinófilos, basófilos e mastócitos, se derivarem da linhagem mieloide; e linfócitos, quando derivam da linhagem linfoide. Estes elementos celulares são frequentemente identificados e contabilizados quando fazemos um exame de sangue (série branca ou leucograma). Os linfócitos se tornaram nas células mais importantes da nossa imunologia. São distinguidos dois grandes grupos de linfócitos: as células T e as células B.

Os linfócitos T são maturados pelo timo e se diferenciam em três subtipos: linfócitos T citotóxicos (T_c), linfócitos T auxiliares (T_h) e linfócitos T supressores (T_s). As células T possuem receptores de superfície que permitem que elas identifiquem complexos de histocompatibilidade, dentre os quais o CD4 e o CD8 são os mais conhecidos, sendo um dos parâmetros que se utilizam na clínica para acompanhar os pacientes portadores do HIV.

Os linfócitos B são maturados pela medula óssea e as suas principais funções são o reconhecimento de moléculas estranhas (chamadas de antígenos) que serão identificadas por receptores de superfície, e a produção dos anticorpos. Os anticorpos são moléculas solúveis que se distribuem pelos líquidos e tecidos corporais, para combater os antígenos estranhos. Os anticorpos humanos são moléculas proteicas do tipo imunoglobulinas (Ig) e estão subdivididas em cinco tipos (IgM, IgD, IgG, IgE e IgA), segundo as suas diferentes capacidades funcionais. Ao nascimento, o nosso organismo ainda não produz anticorpos e precisamos dos anticorpos maternos adquiridos com a amamentação.

Alguns indivíduos podem apresentar uma resposta excessiva em relação a um antígeno que, geralmente, não apresenta nenhum potencial de perigo. Esta resposta excessiva é denominada *reação de hipersensibilidade* ou, simplesmente, *hipersensibilidade*. O grande inconveniente de uma hipersensibilidade reside no fato de ela provocar respostas prejudiciais ao indivíduo, constituindo a própria resposta em doença para o sujeito. A hipersensibilidade ativa as vias de resposta celular B e T, promove a secreção de anticorpos e, geralmente, é uma resposta secundária.

As reações de hipersensibilidade podem ser classificadas em quatro tipos, em função das respostas manifestas pelo paciente:

- Tipo I: ou imediata, configurando os quadros de alergia e de anafilaxia. Neste tipo de reação o paciente apresenta uma resposta muito exagerada a um estímulo antigênico com efeitos violentos que podem provocar a morte do paciente.
- Tipo II: ou citotóxica, que ocorre nas transfusões de sangue, na incompatibilidade do fator Rh entre a mãe e o filho, na tireoidite de Hashimoto e na *miastenia gravis*.
- Tipo III: ou por imunocomplexos, que marcam as doenças inflamatórias crônicas autoimunes como a artrite reumatoide, o lúpus eritematoso sistêmico (LES) e a poliarterite nodosa.
- Tipo IV: ou tardia, que caracterizam as respostas a alguns micro-organismos intracelulares (como o bacilo de Hansen) e as dermatites de contato.

O sistema imunológico e o sistema neuroendócrino comportam-se como um sistema integrado, no qual os hormônios hipofisários atuam sobre as células do sistema imune alterando a função imunológica. Entre os vários níveis de interação conhecidos, um dos mais importantes é o que associa a liberação do hormônio adrenocorticotrófico após a liberação de glicocorticoides pela adrenal, com a consequente diminuição e supressão da atividade do sistema imunológico.

Na outra ponta, os linfócitos T podem produzir e liberar o hormônio adrenocorticotrófico, o tireotrófico e o do crescimento. Os linfócitos B podem liberar o hormônio adrenocorticotrófico e o hormônio do crescimento. Além disso, os monócitos não apenas possuem receptores para vários mediadores químicos que transmitem um estado emocional, como sintetizam essas substâncias.

A regulação neuroendocrinoimunológica é um evento complexo com a participação de várias outras substâncias, tais como endorfinas, encefalinas, acetilcolina, prostaglandinas, leucotrienos, tramboxanos e outras.

FISIOLOGIA

A doença começa quando o indivíduo vive em um estado de conflito emocional, agudo ou crônico, entre as suas ideias e os seus desejos, por um lado, e os seus sentimentos, por outro, ou quando o meio social o impede de satisfazer os seus desejos e as suas necessidades. Ao reprimir a livre manifestação das suas emoções, o indivíduo cria um estado de tensão íntima que na imensa maioria dos casos é inconsciente. Assim sendo, é da tensão entre o sentir e a ação que advêm os desequilíbrios que culminarão na doença.

As nossas emoções excitam o sistema nervoso de tal forma que este influenciará todos os demais tecidos e sistemas do nosso organismo, preparando-o para uma determinada ação. Quando este ciclo é vivenciado plenamente, toda a energia emocional[22] é consumida, o que deixa o caminho livre para o fluxo emocional da próxima experiência. Não existindo nenhum bloqueio à manifestação emocional, o sistema nervoso autônomo funcionará livremente, alternando estados de atividade (simpático) com outros de relaxamento (parassimpático), de tal forma que a constância do meio interno ficará preservada.

Entretanto, nem sempre é possível vivenciarmos uma emoção de forma plena; com alguma frequência, somos frustrados nas nossas emoções. A doença, numa perspectiva psicossamática, é a consequência de um conflito emocional contínuo entre o que o indivíduo sente e pensa e a maneira como ele reage nos níveis biológico e social. Utilizando-se novamente o modelo de uma balança de pratos, o desequilíbrio aqui se fará sentir entre o prato preenchido com os desejos e vontades do indivíduo – "eu quero isto" – e o prato ocupado pelas obrigações e deveres deste mesmo indivíduo – "mas eu tenho que fazer aquilo".

O conflito emocional nada mais é do que uma luta entre o 'querer', o 'poder' e o 'dever'. Com muita frequência o que queremos não combina com o que devemos fazer. É por isso que queremos ficar na cama e dormir até mais tarde, mas o despertador toca avisando-nos que já é segunda-feira e que temos de recomeçar a nossa rotina. Podemos e, muito provavelmente, queremos faltar ao trabalho, mas sabemos que não devemos fazê-lo.

Por outro lado, devemos ter uma alimentação bem regrada com muitas verduras, legumes e frutas balan-

---

22 A energia emocional foi denominada por Freud de libido e por Reich de orgônio.

ceada com alguns carboidratos e um pouco de proteína de origem animal. Todavia, queremos comer lasanha e sorvete de chocolate, churrasco com batata frita e, óbvio, queremos beber todas as cervejas que estiverem disponíveis. Até podemos fazê-lo, e para alguns de nós, o provável é que tenhamos uma alimentação irregular e desbalanceada, muito embora saibamos que esta forma desequilibrada de nos alimentarmos será devidamente denunciada pela balança, além de ser a causa de um número muito grande de doenças.

Pior ainda é quando queremos socar, bater ou esganar uma pessoa, mas sabemos que não devemos, pois expressões de agressividade não são socialmente aceitas. Além disso, muito frequentemente não podemos agredir o alvo do nosso ódio, porque ele ou é fisicamente mais forte ou economicamente mais poderoso do que nós.

Quando o bloqueio imposto ao fluxo emocional torna-se crônico, isto vai determinar uma paralisação das manifestações do sistema nervoso autônomo em um padrão tônico específico. O resultado desse processo será traduzido por uma condição de desequilíbrio entre as respostas simpáticas e parassimpáticas. O paciente estará constantemente segurando as suas emoções, o que equivale dizer que ele estará segurando as expressões vegetativas que dariam vazão àquele conteúdo emocional.

A manutenção prolongada de um estado tônico desequilibrado, vai se constituir no fator gerador dos sintomas (a doença), que levarão os pacientes a buscar o atendimento médico. O dito popular que postula que "o hábito do cachimbo deixa a boca torta" cai aqui como uma luva.

Quando podemos manifestar nossas emoções de forma plena, nós zeramos a balança fisiológica do sistema nervoso autônomo, e o nosso organismo entra em um estado de equilíbrio orgânico, ou seja, de homeostasia. A combinação de uma experiência emocional plenamente vivenciada com o equilíbrio homeostático constitui os pilares que sustentam o estado de saúde.

À medida que vamos acumulando decepções e frustrações – porque queremos e não podemos, podemos e não devemos, devemos e não queremos – vamos represando de forma inconsciente o fluxo da energia emocional que não encontra os canais necessários para a sua manifestação. Nessas condições, toda essa energia acumulada pelo conflito emocional tem apenas duas saídas: ou ela é transformada em outra intenção socialmente aceita e valorizada, sendo colocada a serviço de fins mais elevados, ou ela permanece estagnada em nós gerando as condições fecundas para a instalação e o desenvolvimento da doença.

Sigmund Freud foi, talvez, o primeiro autor reconhecido pela ciência médica ocidental a descrever que quando as nossas emoções são reprimidas, elas acabam constituindo-se na fonte de um conflito emocional crônico, que gerará distúrbios físicos ou psicológicos, se não for aliviado mediante os canais fisiológicos da atividade voluntária.

Essa ideia, entretanto, remonta à origem da própria medicina. Haynal[23] e colaboradores afirmam que:

> A hipótese de uma ligação entre os estados da alma e as doenças apareceu inicialmente como uma suposi-

---

23 *Medicina psicossomática*. MEDSI. Rio de Janeiro, 2001, p. 03

> ção intuitiva, depois como um enunciado especulativo filosófico. A feitiçaria, as curas milagrosas, em todas as épocas e culturas, parecem, com efeito, mostrar a influência do psicológico sobre a doença [...] (p.3)
>
> Na página seguinte esses autores fazem referência a um livro de 1876, intitulado *The physiology of mind*, no qual o autor – Maudsley – teria escrito que "se a emoção não se libera [...] ela ataca os órgãos e perturba seu funcionamento. A tristeza que se pode exprimir por gemidos e choro é rapidamente esquecida, enquanto a dor silenciosa, que atormenta incessantemente o coração, acaba por destruí-lo."

Ainda segundo Haynal, o próprio Freud teria afirmado em 1923 "que ele estava consciente da existência de fatores psicogênicos nas doenças", todavia até aquela altura ainda não existia nenhuma confirmação experimental para tais ideias.

As ideias de que as doenças eram causadas por desequilíbrios emocionais ganharam muita força nos anos 1920 e 1930, com os trabalhos de pesquisadores respeitados, tais como: Georg Groddeck, Flanders Dumbar e Franz Alexander.

As ideias de uma origem psicossomática para as doenças permaneceram no terreno das teorizações até que, em 1936, um médico canadense chamado Hans Selye (1907-1982) publicou na revista científica *Nature* um artigo descrevendo um conjunto de lesões teciduais e orgânicas produzidas por vários agentes nocivos sem potencial letal, mas que geravam altos índices de estresse nas cobaias.

Em física, a palavra *stress* designa a força ou um sistema de forças que age sobre um corpo e que é capaz de provocar compressão, cisalhamento ou tração. Em eletricidade, o termo é usado para descrever a diferença de potencial entre dois pontos de um sistema elétrico, indicando a tensão elétrica ou voltagem. Em sentido figurado, *stress* é o estado do que ameaça romper-se. A palavra *stress* acabou sendo aportuguesada e virou estresse, guardando os significados da palavra tensão.

Foi o dr. Selye[24] quem importou da física o termo *stress* aplicando-o à fisiologia humana. Em medicina, a palavra estresse indica um conjunto de situações orgânicas, ambientais, sociais ou psicológicas que atuam sobre um indivíduo, mantendo-o em estado de tensão, ou seja, na iminência de degenerar-se.

Em meados da década de 1950, Selye descreveu o que ele chamou de *síndrome de adaptação geral*, relatando um conjunto de reações fisiológicas desencadeadas a longo prazo por fatores estressantes contínuos. Esta síndrome evolui em três fases consecutivas e pode culminar com a instalação de uma doença orgânica.

O conflito exige que nos ponhamos em estado de alerta, prontos para lutar ou fugir. Este estado de alerta é a primeira fase da síndrome de adaptação geral e denominada por Selye de *reação de alarme*. Esta fase é caracterizada por uma descarga adrenérgica com todo o seu corolário de efeitos

---

24 A título de curiosidade, vale citar que alguns autores defendem a tese de que o primeiro a usar a palavra 'stress' em medicina teria sido Walter Cannon (1871-1945) quando ele postulou o princípio da homeostase. Todavia, coube a Hans Selye o mérito de divulgar e dar-lhe a ideia que fazemos na atualidade para a palavra stress.

simpaticotônicos, configurando uma fase de choque. Se o estímulo nocivo não for demasiadamente grave para causar um dano irreparável, a fase de choque será seguida por uma fase de contrachoque em que uma estimulação hipotalâmica induz a hipófise a liberar os hormônios tireotrófico e adrenocorticotrófico. Sob essa estimulação ocorre uma maior liberação dos hormônios tireoidianos T_3 e T_4, e a córtex adrenal aumenta a liberação de hormônios glicocorticoides, promovendo uma reversão da maioria das alterações teciduais da fase de choque.

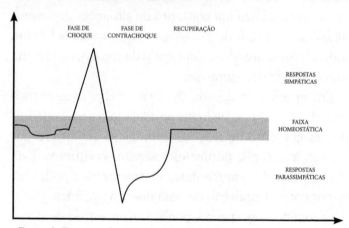

Figura 3: Esquema da síndrome de adaptação geral proposta por Hans Selye. Em cinza temos a área das reações homeostáticas normais. Após um estímulo vemos as fases de choque, contrachoque e de recuperação.

Todavia, quando o estímulo pernicioso é contínuo a fase de contrachoque é substituída pela segunda fase da síndrome de adaptação geral que é o estágio de resistência. Durante o estágio de resistência, as alterações teciduais da fase de choque desaparecem, enquanto a resistência do organismo ao estímulo persistente atinge um patamar de estabilização à custa dos hormônios do córtex da adrenal. A liberação aumentada e prolongada dos hormônios glicocorticoides neste estágio pode desencadear ou agravar quadros de hipertensão arterial, distúrbios cardíacos e úlceras gástricas.

Após um tempo variável para cada indivíduo, o estágio de resistência começa a declinar dando espaço para a instalação da terceira e última fase da síndrome de adaptação geral que é o estágio de exaustão. O que caracteriza este estágio é um desaparecimento gradual dos mecanismos de adaptação ao estímulo nocivo persistente. Ocorre, então, um decréscimo na produção e na liberação dos hormônios glicocorticoides, o que permite que as lesões características da reação de alarme reapareçam ou se agravem, podendo, em casos extremos, causar a morte do corpo biológico.

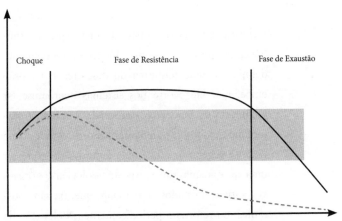

Figura 4: Esquema da síndrome de adaptação geral, submetida a estímulos repetitivos e persistentes, com supressão da fase de contrachoque e instalação da fase de resistência. Em tracejado a falência do sistema com a instalação da fase de exaustão.

Selye denominou de *doenças de adaptação* as lesões teciduais causadas pela liberação de quantidades excessivas de hormônios da hipófise anterior e do córtex da adrenal, que foram desencadeadas por estímulos nocivos não específicos.

Enquanto Selye trabalhava a partir de uma plataforma essencialmente fisiológica para descrever a síndrome de adaptação geral, Franz Alexander e a sua escola de Chicago utilizaram uma plataforma psicológica de pesquisa e de estudos, para descrever um sistema coerente que relacionava de forma paralela distúrbios emocionais e disfunções fisiológicas.

A formação médica e a sua atuação como psiquiatra fizeram com que Alexander adotasse como ponto de partida a postulação freudiana da conversão somática da histeria, para compreender como se desenvolviam as neuroses vegetativas. Assim, segundo Alexander:

> [...] Um sintoma conversivo é uma expressão simbólica de um conteúdo psicológico emocionalmente definido: é uma tentativa de descarregar a tensão emocional. Ele ocorre nos sistemas neuromuscular voluntário ou perceptivo-sensorial, cuja função primordial é expressar e aliviar tensões emocionais. Uma neurose vegetativa não é uma tentativa de expressar uma emoção, mas sim a resposta fisiológica dos órgãos vegetativos a estados emocionais, que, ou são constantes, ou retornam periodicamente. A elevação da pressão sanguínea por exemplo, sob a influência da raiva não alivia a raiva, mas é um componente fisiológico do fenômeno total, que é a raiva. (p. 37)

Portanto, é a partir de um núcleo psicológico, talvez fosse mais correto falarmos de um núcleo psicopatológico, que o conflito emocional se manifesta no corpo mediante o sistema neuroendócrino-imunológico. Os componentes neurais que servem de canal para a manifestação orgânica do conflito são o sistema límbico e o sistema nervoso autônomo (SNA) que, como já foi descrito, possui duas qualidades de resposta – uma simpática, e outra parassimpática.

As qualidades das respostas autonômicas simpática e parassimpática se ajustam às duas atitudes emocionais básicas de reação perante um conflito:

- expansão exterior com preparação para lutar ou fugir; ou
- recolhimento interior com retirada das atividades dirigidas para o exterior.

Uma atitude de expansão exterior para a luta ou para a fuga encontra o seu canal expressivo ideal no componente autonômico simpático, enquanto uma postura de recolhimento interior encontra no parassimpático o seu instrumento de manifestação.

SOMOS APENAS O CORPO BIOLÓGICO?

"Então Iahweh Deus modelou o homem com a argila do solo, e insuflou em suas narinas um hálito de vida, e o homem se tornou um ser vivente". (Gênesis 2: 7)

NA ÚLTIMA DÉCADA do século 20, denominada de *a década do cérebro*, profissionais que se dedicam ao estudo das neurociências irmanaram-se em um objetivo comum na tentativa de melhor compreender como nosso cérebro funciona. Desde então, pudemos assistir a um grande número de experiências neurológicas e cognitivas, acompanhadas de magníficas imagens do cérebro em funcionamento, obtidas com técnicas de ressonância magnética funcional e pela tomografia por emissão de pósitrons (PET *scan*) e, como consequência destes trabalhos, reacenderam-se as discussões em torno da mente – o que é a mente?, como ela se estrutura?, de onde procede? – que culminaram em um resgate, ainda que involuntário, de ideias materialistas sobre a mente.

O que passou despercebido dos biólogos de formação materialista é que a ciência que eles advogam se baseia em princípios de causa e efeito. Como pode, então, a matéria que compõe uma estrutura bioquímica e que está submetida a um determinismo físico gerar um efeito imaterial, subjetivo, abstrato e inteligente como a mente?

A doutrina espírita apresenta-nos Deus como sendo a "inteligência suprema, causa primária de todas as coisas". Sendo Deus a inteligência suprema, isto significa que Deus deve saber tudo de absolutamente tudo e, sendo Deus a causa primária de todas as coisas, é a causa das inteligências relativas, ou seja, nós. Além disso, Deus tem de ser eterno, infinito, imutável, imaterial, único, todo-poderoso e perfeitamente bom e justo. Para satisfazer aos atributos da divindade é imperioso que Deus exista, caso contrário, Ele apresentaria uma imperfeição (a não existência) e deixaria de ser Deus.

Posto que Deus é a inteligência suprema e a perfeição absoluta, não se pode concebê-lo na ociosidade. Assim sendo, podemos conceber que Deus está a criar (significando dar origem a, ser a causa de) desde sempre. Portanto, Deus criou o elemento material (*Fiat lux*) e o elemento inteligente (ou espiritual).

O primeiro, ao se transformar sobre o influxo das leis naturais, constitui o conjunto de tudo o que concebemos como sendo a matéria. O segundo, através dos processos evolutivos, progride em direção à perfeição (relativa) tornando-se um Espírito. É o estudo da evolução do princípio inteligente que merece a nossa atenção neste momento.

O ESPÍRITO

O princípio inteligente é a essência própria do indivíduo criada de Deus. Este princípio inteligente, que também será denominado de mônada, é o ponto de partida, a origem, da inteligência. A mônada é um vir-a-ser, ou seja, ela traz em si mesma todas as potencialidades que um dia a levarão a conquistar um estado de perfectibilidade.

Para que o princípio inteligente alcance o seu objetivo evolutivo, ele deve possuir alguns atributos. Assim, ele é simples, ou seja, é um elemento básico, que não se compõe de partes ou de substâncias diferentes, desprovido de acessórios, não apresentando qualquer embaraço para a sua compreensão; é único; individual; indivisível; possui em si mesmo a capacidade de saber que ele é, de agir, de fazer ou de realizar.

Mas onde começa e como se dá a conquista do conhecimento pelo princípio inteligente? Pondo de lado o orgulho e olhando para a natureza à nossa volta, perceberemos que a inteligência se elabora em todos os níveis da escala evolutiva. Sendo Deus a inteligência suprema e a perfeição absoluta, depreende-se que ele não poderia criar alguns seres mais inteligentes do que outros. A razão e a lógica nos dizem que Deus deve ter criado o princípio inteligente individualizado (PII) em um estado de absoluta igualdade de condições, ou seja, simples e ignorante. Criando todos os seres do Universo em igualdade de condições, Deus demonstra-nos a Sua perfeição.

Para que o princípio inteligente se desenvolva e evolua é necessário que ele possa adquirir conhecimentos e habilidades e, para tanto, a experiência é fundamental. Durante o processo de aprendizagem, o princípio inteligente individualizado fará uso dos elementos materiais, também criados por Deus, para experimentar e aprender. Convém, entretanto, não nos esquecermos de que a matéria não pensa e apenas se deixa transformar sob a ação das leis físicas, enquanto o princípio inteligente, por pensar, ficará submetido a leis morais.

O princípio material, criado também por Deus, vai se condensando sob o influxo das leis naturais ou físicas, até adquirir a configuração atômica. Os átomos, por sua vez, em sua longa viagem pelo espaço e pelo tempo, foram sendo atraídos uns pelos outros em regime de mútua interação até que formaram massas disformes de protomatéria, que posteriormente se organizaram em padrões geométricos, formando os corpos inorgânicos que constituem o reino mineral.

Sendo o mineral formado por matéria inerte, portanto, não vitalizada, não poderia oferecer as condições necessárias para que nele se manifestasse o princípio inteligente individualizado. Mas, recordando que este tem a capacidade para vir a realizar, podemos conceber que este princípio, ainda embrionário, venha interagir com os elementos minerais de tal modo que o ser-em-si permaneça no âmbito da experiência possível de captação da realidade por intermédio dos sentidos.

É a partir da inserção do princípio inteligente na estrutura material inorgânica dos corpos minerais que aquele começa a perceber (significando 'sofrer os efeitos') de forma passiva e inconsciente a ação das leis físicas universais e naturais, tais como a da gravidade, da termodinâmica e da luz. Percebendo e sofrendo os efeitos de leis físicas, ele começa a desenvolver as suas potencialidades para agir, atuando sobre as estruturas atômicas, induzindo arranjos espaciais variados.

É inegável que algumas estruturações minerais possuem estrutura atômica organizada e complexa demais para ser obra do acaso. Além disso, os elementos minerais reagem de forma diferente à temperatura e à pressão. Tais modelos de disposição atômica apresentam-se com uma constância e uma regularidade tais que, forçosamente, exigem a participação de um princípio embrionário de inteligência, para que se alcance esse resultado.

Desta forma, submetido à ação implacável das leis da natureza, que outras não são senão as leis de Deus, o princípio inteligente individualizado, interagindo com os elementos minerais em níveis subatômicos, começa a experimentar a grande lei de amor mercê das leis físicas de coesão e repulsão[25] e das leis eletromagnéticas que regem os fenômenos de agregação da matéria, equilibrando as partículas atômicas em estruturas de complexidade progressiva.

O princípio inteligente atuando sobre os elementos cristalinos inicia o exercício da construção e do controle de formas geométricas estáveis e complexas, cuja contínua recapitulação através do tempo lhe facultará a capacidade para dirigir formas mais sutis que possam dispor dos rudimentos de percepções mais sofisticadas.

Como toda criação de Deus é perfeita em tudo, isto

---

25 Segundo a questão 888a de O livro dos espíritos, "o amor é a lei de atração para os seres vivos e organizados, e a atração é a lei de amor para a matéria inorgânica".

significa dizer que a perfeição passa necessariamente pela via da utilidade daquilo que foi criado. Deus nada criou de inútil, portanto, é imprescindível que os elementos minerais tenham a sua importância e o seu lugar na trajetória evolutiva do Espírito. Isto nos é confirmado em *O livro dos espíritos*, na resposta à questão 540, onde podemos ler: "É assim que tudo serve, tudo se encadeia na natureza, desde o átomo primitivo até o arcanjo, pois ele mesmo começou pelo átomo."

Foi, então, a partir dos grandes aglomerados de matéria inorgânica que a matéria orgânica surgiu. O mecanismo de formação de uma massa de compostos pré-bióticos originando-se de moléculas inorgânicas foi proposto por Aleksandr Oparin, em 1923, tomando por base um modelo da atmosfera primitiva da Terra. Segundo a teoria de Oparin, a atmosfera primitiva era composta por metano (CH_4), amônia (NH_3), hidrogênio (H_2) e vapor de água (H_2O). Entre 1954 e 1957, Stanley Miller, Sidney Fox e Melvin Calvin reuniram essas substâncias e as submeteram à ação de descargas elétricas, calor e radiações ultravioletas. A experiência resultou na produção de moléculas mais complexas: os primeiros aminoácidos.

Supõe-se que o mesmo processo tenha ocorrido na superfície do planeta. Na sequência, aquelas primeiras moléculas de aminoácidos poderiam ter-se unido de modo a formarem moléculas mais complexas de natureza proteica e alguns carboidratos, que foram levados para os oceanos, sendo acumuladas ao longo dos tempos em massas de substâncias orgânicas, que foram denominadas de coacervados.

Louis Pasteur (1822-1895) teria dito que "um pouco de ciência nos afasta de Deus; muito, nos aproxima" e o grande Albert Einstein filosofou ao dizer que "a ciência sem a religião é manca, e a religião sem a ciência é cega". Na sombra desses dois gigantes da ciência e amparados pela doutrina espírita, propomos que o princípio inteligente que vinha estagiando no mineral ao atingir este ponto habilitou-se a adentrar em um novo ciclo evolutivo, inaugurando o ciclo do reino vegetal.

A associação do princípio inteligente com uma estrutura à base de proteínas e aminoácidos foi acrescida de um novo elemento, derivado do princípio material, e com a capacidade de vitalizar o elemento material, e por isso, chamado de fluido vital. A combinação desses três elementos deu origem ao primeiro tipo celular, e que foi identificado pela biologia com o nome de procarionte. Esta célula primitiva caracteriza-se por não possuir um núcleo individualizado, estando o seu material genético disperso no seu citoplasma. Mais tarde, vão surgir organizações celulares mais complexas e sofisticadas denominadas eucariontes, que possuem um núcleo individualizado e outras organelas intracelulares. As células procariotas e as eucariotas constituem-se nos moldes primários a partir dos quais o princípio inteligente vai percorrer os próximos níveis da escala evolutiva.

Na biologia moderna, o sistema de classificação evolutiva distribui os seres vivos em:

- Reino monera: reúne todos os seres unicelulares e procariontes, representados pelas bactérias e pelas algas azuis

- Reino protista: reúne os seres unicelulares e eucariontes, representados pelos protozoários e por algumas algas
- Reino fungi: reúne organismos eucariontes uni ou pluricelulares representados por todos os fungos
- Reino plantae: reúne organismos eucariontes pluricelulares que vão desde algumas espécies de algas até os vegetais que produzem frutos (angiospermas)
- Reino animália: reúne os seres eucariontes pluricelulares e abrange todos os animais.

Os seres vivos que a biologia não consegue classificar de forma absoluta constituem os estágios de transição entre os grandes reinos. Assim, os vírus, que não são inseridos em nenhum dos reinos descritos, representam as formas de transição utilizadas pelo princípio inteligente para migrar entre o mineral e o vegetal. Da mesma forma, temos as bactérias do reino monera e os fungos do reino fungi fazendo a transição entre os vegetais e os animais. E, na atualidade, temos os primatas constituindo um elo intermediário entre os animais e o homem, o qual pode ser considerado como pertencente a um outro reino, o reino hominal.

O princípio inteligente, inserido nessas células primitivas, e acrescido do fluido vital, tem a oportunidade de alargar as suas percepções. Enquanto estagia no vegetal, ele vai progressivamente reagindo de forma inconsciente às circunstâncias ambientais, de tal forma que aos poucos vai desenvolvendo sua força e a capacidade de vir-a-ser. Graças à lei da agregação da matéria, o princípio inteligente começa a organizar e a controlar estruturas (corpos) de complexidade progressiva, quais sejam os corpos pluricelulares. Também sofre de forma mais intensa a ação da gravidade, da luz e da temperatura.

Embora os vegetais não possam reagir como os animais, eles percebem e registram as influências atrativas ou repulsivas no meio ambiente em que estão inseridos. Além disso, desenvolvem tropismo para a luz e para a gravidade, buscam fontes de alimento, espaço para se desenvolverem, condições para se reproduzirem e buscam a sintonia dos semelhantes.

A diversidade das condições ambientais vai permitir o surgimento de uma grande diversidade de elementos vegetais, que se espalharão pela Terra, diversificando suas formas pela lei de ação e reação, ao adaptarem-se aos mais diversos ambientes. É assim que as pequeníssimas algas marinhas unicelulares vão evoluir para algas multicelulares. Estas, mais tarde, vão chegar à superfície dos oceanos e vão aprender a conviver com um ambiente mais hostil, posto que seco pela exposição direta aos raios solares e aos ventos. Já acostumados com o ambiente seco os vegetais primitivos serão levados para a terra constituindo as colônias de liquens e de musgos.

Paulatinamente, estes vegetais vão desenvolver raízes para se fixarem ao solo e para alcançarem reservas alimentares mais abundantes. Mais fortes e melhores preparados, começam o longo aprendizado para se porem de pé, vencendo a força da gravidade, enquanto buscam a luz do sol. Vencida a gravidade, inicia-se a fase da produção de esporos, flores e frutos. Atingido o limiar da experiência vegetal, no nosso planeta, teremos a beleza e a riqueza dos vegetais superiores.

O livro dos espíritos, na resposta à pergunta 589, nos informa que "tudo é transição na natureza". Sendo a evolução uma lei natural e divina, ela se processa nos dois planos da existência do princípio inteligente individualizado. André Luiz, no livro *Evolução em dois mundos* nos ensina que o princípio inteligente:

> [...] através do nascimento e morte da forma, sofre constantes modificações nos dois planos em que se manifesta, razão pela qual variados elos da evolução fogem à pesquisa dos naturalistas, por representarem estágios de consciência fragmentária fora do campo carnal propriamente visto. (p. 35)

À medida que a mônada vai excursionando pelo reino dos vegetais, vai desenvolvendo a capacidade de perceber um estímulo e de reagir a ele, tornando-se irritável, ou seja, capaz de reagir a um estímulo exterior a ela mesmo. Esta capacidade alarga o horizonte de percepções do princípio inteligente na medida em que ele começa a intuir que existe um ambiente à sua volta. Como consequência, ele desenvolverá formas de reagir e de interagir com o seu meio ambiente. É então que o princípio inteligente se habilita a adentrar o reino animal.

Para poder iniciar esta nova fase, o princípio inteligente individualizado precisa reutilizar formas já conhecidas. Para tanto, ele recorre aos eucariontes já seu conhecido. Habitando uma forma unicelular, ele impulsiona esta a se despojar das suas antigas características e imprime novos rumos à atividade celular. A nova célula tornar-se-á mais sensível aos estímulos exteriores e aprenderá a reagir a eles com o desenvolvimento de movimentos. A conquista da motricidade será fundamental para a progressão do princípio inteligente no reino animal.

Através das sucessivas vivências junto aos minerais e aos vegetais, o princípio inteligente adquiriu um volume de experiências que constituem o embrião da memória. Este conjunto de informações armazenadas excita-lhe a necessidade de aperfeiçoar-se ainda mais: além de ampliar as suas capacidades para se nutrir (garantindo a sua subsistência), a necessidade de desenvolver meios de se defender das agressões ambientais e, finalmente, reproduzir-se. Na busca da satisfação das suas necessidades, ele começa a experimentar uma sensação de bem-estar quando percebe que alcançou as suas necessidades. A falência, por sua vez, gera um estado de mal-estar.

É neste ir e vir interminável, na alternância entre a satisfação e a frustração, que o princípio inteligente começará a desenvolver o instinto. O instinto, por sua vez, lhe facultará a capacidade de perceber múltiplos estímulos exteriores e a possibilidade de reagir a cada estimulação com uma resposta adequada e padronizada. A repetição destas experiências garantirá que o princípio inteligente incorpore ao seu banco de dados informações primárias, que serão a raiz primitiva de uma inteligência futura.

Tendo o princípio inteligente chegado ao reino animal, ele utilizará o instinto e as informações do arquivo da sua memória para avançar na conquista de novas percepções. No início desta nova jornada, os animais ainda trazem em si muito do aspecto e das faculdades dos vegetais, mas lentamente as formas vão se aprimorando, adquirindo maior liberdade de movimentos e independência.

Aprimoram-se os recursos de interação perceptiva com o mundo exterior, e esses seres começam a experimentar métodos novos na busca dos recursos necessários à sua subsistência, desenvolvendo táticas de caça, e de defesa contra os predadores. À medida que se ampliam os recursos para a sua preservação, os animais vão desenvolvendo novos procedimentos reprodutores, aperfeiçoando-se a reprodução sexual.

As novas aptidões conquistadas permitirão um incremento no número de indivíduos de uma mesma espécie em um determinado meio ambiente. Teremos, então, as condições para que se inicie o desenvolvimento das relações de interação entre os diferentes indivíduos de uma mesma espécie, ou seja, o desenvolvimento das relações sociais.

Uma vez que a evolução se processa nos dois lados da existência espiritual, o princípio inteligente, já detentor de uma vasta experiência instintiva e possuidor de algumas faculdades psicológicas rudimentares de interação social, conquista o direito de adentrar o reino hominal.

Em *O livro dos espíritos*, a resposta à questão 607 nos esclarece que:

> É nesses seres que estais longe de conhecer inteiramente, que o princípio inteligente se elabora, se individualiza pouco a pouco, e ensaia para a vida,

como o dissemos. *É, de certa maneira, um trabalho preparatório, como o da germinação, em seguida ao qual o princípio inteligente sofre uma transformação e se torna Espírito.* É então que começa para ele o período de humanidade, e com este a consciência do seu futuro, a distinção do bem e do mal e a responsabilidade dos seus atos. [...] Reconhecei a grandeza de Deus nessa admirável harmonia que faz a solidariedade de todas as coisas na natureza. Crer que Deus pudesse ter feito qualquer coisa sem objetivo e criar seres inteligentes sem futuro, seria blasfemar contra a sua bondade, que se estende sobre todas as suas criaturas. (grifo nosso)

Convém não nos esquecermos de que o homem não é o ponto final dessa longa jornada evolutiva, este traduz apenas o momento em que nos demoramos rumo à angelitude, posto que o nosso destino é a perfectibilidade.

Em síntese, podemos observar que na sua jornada evolutiva, quando o princípio inteligente estagiou no mineral ele pôde aprender a comandar as forças de atração e coesão da matéria, adquirindo um controle sobre as formas geométricas e conhecendo a estética. Ao passar pelo reino vegetal, ele aprendeu sobre a vitalidade e desenvolveu as primeiras faculdades relacionadas com a sensibilidade. Entrando no reino animal, o princípio inteligente aprimora as habilidades instintivas que abriram o caminho para o conhecimento, conquista a mobilidade e ensaia a socialização.

Tendo cumprido os pré-requisitos, conquista o direito de entrar no reino hominal. O início, vacilante e inseguro, traduz a persistência de ideias e emoções residuais das etapas anteriores. Mas, à medida que o homem, agora um Espírito, vai progredindo na escala evolutiva do ser espiritual ele adquire a confiança necessária para procurar a sua essência divina. No reino hominal, o Espírito pode, enfim, desenvolver a sua inteligência mediante o processo de aprendizagem, conquistar, e aprofundar um senso de autoconsciência e desenvolver o livre-arbítrio.

Para o processo de aprendizado, cada nova experiência vivida pelo indivíduo é comparada com as anteriores, buscando-se os pontos comuns, aquilo que as experiências têm de semelhante, de análogo. A comparação permite a classificação e, como consequência, a criação de modelos padronizados de respostas. Uma vez feito todo esse processo, o Espírito terá ao seu alcance determinado número de reações ou de respostas, que foram utilizadas no passado. Será com base nesse material que o indivíduo escolherá como ele vai reagir numa situação futura.

O conjunto de respostas mais ou menos padronizado às diversas situações, configura o que se denomina de instinto (comportamento instintivo). À medida que evolui, torna-se imprescindível que o Espírito pense e medite sobre a sua maneira de reagir às situações, fazendo reajustes sempre que necessário. Esse processo levado a efeito sobre o conjunto das informações e das experiências que o Espírito possui, possibilita que se faça uma nova avaliação dos resultados obtidos.

Assim, vimos que o princípio inteligente individualizado evoluiu ao longo das eras e dos reinos da natureza até atingir a condição de Espírito. Todavia, não podemos esquecer que a essência do Espírito, como uma realidade que se mantém permanente, autônoma e independente das suas qualificações, é a inteligência. O Espírito é o ser inteligente, é o ser pensante, é a mente.

Segundo Michael Stone, em *A cura da mente*, durante milênios e nas mais diferentes sociedades, a mente – com os seus sinônimos e atributos – estava inserida no campo de influência da religião e o seu estudo era incumbência dos sacerdotes. Com o passar do tempo, a função mental foi desdobrada em um aspecto pessoal e individual e em um aspecto social ou coletivo. No âmbito pessoal e particular a função mental dizia respeito às emoções íntimas dos homens, e o seu estudo foi sendo concentrado na esfera de ação dos xamãs, dos feiticeiros, em suma na esfera de ação da religião. Por outro lado, o aspecto social da função mental, aquele que determina como devemos nos comportar em relação ao outro e em relação à coletividade, migrou paulatinamente para um campo sob a influência dos filósofos, dos sociólogos e dos políticos.

Religiosos e filósofos sustentaram uma queda de braço ao longo dos séculos, tentando ver quem estava com a verdade. Entre os gregos existia uma tradição religiosa segundo a qual cada homem era uma alma criada pela vontade dos deuses e que vivia no mundo dos vivos ou da superfície. Quando o corpo biológico morria, o Espírito descia ao mundo subterrâneo, sendo julgado e destinado aos Campos Elíseos ou ao Tártaro, segundo os seus méritos ou deméritos, após o que, ele bebia da água do rio Letes (o esquecimento) e voltava ao mundo da superfície. O mito religioso coexistia com as ideias filosóficas a respeito da alma.

Para Sócrates (459-399 a.C.) e Platão (427-347 a.C.) a alma e o corpo eram fenômenos separados; para Hipócrates (460-380 a.C.) a alma era prisioneira do corpo enquanto este estivesse desperto. No século 2 da era cristã, Galeno (131-200) defendia que as sensações eram a base da função mental e que o cérebro era o centro das funções psíquicas, portanto a alma estava localizada nos centros nervosos. As ideias galênicas foram assimiladas pelo catolicismo e acabaram adquirindo o status de dogma religioso durante séculos. Santo Agostinho defendia que a memória, a vontade e a razão pertenciam à alma e não dependiam do corpo. Mais tarde, no século 17, iremos encontrar em René Descartes o resgate das ideias platônicas com o dualismo mente-corpo agora submetido ao rigorismo do método científico.

Nos séculos seguintes e amparados pelas novas descobertas das ciências básicas, homens de grande saber médico começaram a se dedicar mais profundamente ao estudo do cérebro e das doenças que o acometiam. Os avanços na neurologia e na psiquiatria acabaram por dissociar totalmente da alma a função mental, nos séculos 18 e 19, quando entraram em cena os grandes neurologistas da história: Parkinson, Charcot, Broca, Huntington, Sherrington e Freud entre outros, de uma forma tão marcante que qualquer concepção espiritual da mente passou a ser sistematicamente rejeitada e, não raras vezes, ridicularizada pela ciência.

Apenas em 1993 vem a público o último livro de *Sir*

John Eccles[26], ganhador do Prêmio Nobel de Medicina de 1963, "com o objetivo de contestar e negar o materialismo a fim de reafirmar o domínio do ser espiritual sobre o cérebro" (p. 14).

É inegável que uma melhor compreensão da estrutura celular e bioquímica do cérebro contribui para um melhor entendimento sobre como as doenças neurológicas se desenvolvem (a palavra técnica para descrever este conhecimento é fisiopatologia). Por outro lado, estes conhecimentos permitem o desenvolvimento de novos tratamentos para aquelas doenças. Contudo, pretender transformar a mente em um efeito da atividade cerebral cria problemas muito maiores do que se possa imaginar. Por quê?

Porque os nossos cérebros são, essencialmente, estáticos na sua estrutura e na sua função. A constituição celular é uniforme, formada por neurônios (ou fibras nervosas) e por outras células chamadas gliais, em arranjos anatômicos estáveis e bem conhecidos na atualidade. Na perspectiva bioquímica, os neurotransmissores, que são as substâncias encarregadas de transmitir os impulsos nervosos, são essencialmente as mesmas moléculas – dopamina, serotonina, acetilcolina, GABA (ácido gama aminobutírico).

Analogamente, uma via neural como, por exemplo, a da visão, é estática na sua estrutura e na sua função. A transcodificação do estímulo visual em um impulso nervoso e sua transmissão ao longo do nervo óptico até

---

26 *Cérebro e consciência – o self e o cérebro*. Ed. Instituto Piaget. São Paulo, 1994, p. 14.

a área visual, no córtex occipital, é bem definida e bem estabelecida numa perspectiva tanto anatômica, quanto bioquímica e funcional.

Todavia, a interpretação simbólica do que se vê é particular e única para cada indivíduo. Assim, para um indivíduo a cor vermelha poderá simbolizar sangue e sofrimento, evocando lembranças desagradáveis e reações físicas com características de mal-estar; para outro indivíduo, a mesma cor vermelha poderá simbolizar amor e conforto, acionando boas lembranças que, por sua vez, desencadearão um estado de bem-estar.

Se um simples estímulo visual pode gerar tanta divergência, que pensar de elaborações mentais bem mais complexas como as que são acionadas quando nos deliciamos com uma boa música? Quando brincamos com uma criança? Ou quando sentimos saudades de uma pessoa amada que está longe de nós?

Como justificar, então, que uma estrutura física estaticamente organizada e com fisiologia bem definida possa apresentar um leque de efeitos tão diferentes entre si, quanto são as personalidades dos indivíduos? Indo um pouco mais além, poderemos perguntar como uma estrutura material pode gerar uma entidade imaterial como a nossa mente?

O mais curioso, nesta tentativa de se 'coisificar' a mente, reduzindo-a a um mero efeito do metabolismo cerebral, é o fato de os próprios dicionários a definirem como:

> um sistema organizado no ser humano referente ao conjunto dos seus processos cognitivos e atividades

psicológicas; *parte incorpórea, inteligente ou sensível do ser humano; espírito, pensamento.* (grifo nosso)

Esta tentativa de se materializar a mente na fisiologia cerebral faz-se ainda mais anacrônica, quando evocamos o significado etimológico das palavras mente e psiquismo. 'Mente' deriva do latim *mens, mentis*, significando 'faculdade intelectual', 'inteligência', 'espírito' ou 'alma'; e psiquismo deriva do grego *psyché* com os mesmos significados.

O dr. Michael Stone nos ensina, novamente no seu livro intitulado A cura da mente, que:

> A palavra 'psique', por exemplo, vem do verbo grego *pyscho*, que significa soprar, refrescar, e deriva de uma raiz indo-europeia *bhs ou "sopro". *Thymos* (como em nossa palavra 'distmia') significava paixão, coragem e alma em grego e é um cognato do sânscrito *dhumah* (fumaça, vapor), bem como do latim *fumus* (fumaça) – todas derivando da raiz *dhu-lis*, que significa pó ou fumaça. A palavra grega para Deus, *theos*, vem de uma raiz semelhante, *dhu-esos* (espírito) ou *dhous* (alma), da qual surgiu a palavra eslava *dusha* (alma). (p. 23)

Historicamente, as diversas civilizações humanas viveram em função do Espírito. Embora cada povo possuísse uma cultura própria caracterizada por um idioma, por leis civis e costumes aceitos e praticados por aquela comunidade, culturas tão diferentes quanto os egípcios, os hebreus, os persas, os chineses, os indianos, os astecas, os maias, os polinésios, os celtas e os inuítes sempre tiveram a crença em um Ser Todo-Poderoso e na existência dos Espíritos ou da alma. A própria cultura ocidental moderna foi erigida em cima da ideia de Deus e do Espírito.

Guardando-se as devidas diferenças entre as diversas sociedades, em todas elas existe a ideia central de que o homem é um Espírito que habita um corpo carnal e que este Espírito sobrevive ao corpo.

Como substância, entendemos que 'o Espírito é o próprio ser' que se projeta numa existência física e material. O Espírito é o ser pensante, segundo a definição cartesiana (res cogitans), e como ser pensante o Espírito é o indivíduo por excelência. Eu sou um espírito e habito este corpo físico, ou seja, eu tenho um corpo que é o meu veículo de expressão nos ambientes por onde eu me movo e me manifesto.

Importa, então, considerar que é o Espírito que vivencia todas as experiências da vida, portanto é o Espírito que pensa e que sente. É o Espírito que se sente feliz ou triste, é o Espírito que é egoísta ou altruísta, é o Espírito que é orgulhoso ou humilde, é o Espírito que é ignorante ou sábio e *é o Espírito que é doente ou saudável*.

Fazendo uma comparação, poderemos dizer que o Espírito é o motorista e que o corpo físico é apenas o veículo, que não tem vontade, permanece estacionado e inativo até que o motorista venha tomá-lo. Com um motorista ao volante o carro ganha 'vida'. Mas esta vida, transitória e fugaz, apenas reflete as emoções e as motivações do motorista. Um carro e, por extensão o nosso corpo físico, é passivo. Tão somente necessita de combustível e de manutenção.

Como o Espírito é o ser, é o indivíduo, isto equivale a dizer que é o Espírito que vive, que sente, que ama, que odeia. Portanto, quando falamos de um perfil psicológico, estamos falando do Espírito em si mesmo e não de alguma coisa que o indivíduo possa ter. É o Espírito que detém as preferências, as tendências, as aptidões, as capacidades, as competências, as vontades e os quereres. Uma das consequências do que acima foi dito é o fato de que é o Espírito que possui o registro das suas experiências vivenciais as quais, no seu conjunto, constituem o que denominamos de memória.

Memória (de *Mnemosina*, a mãe das musas) é definida como sendo a capacidade de reter as ideias, as impressões e os conhecimentos adquiridos anteriormente. Ela que viabiliza ao Espírito o conhecimento de si mesmo, a individualização da personalidade, e que permite a ele o processo de aprendizado, ao facultar a associação de fatos semelhantes ao longo do tempo. Com relação ao registro da memória, Popper nos diz em *O eu e seu cérebro* (p. 184) que: "segundo Bergson, não é feito no cérebro nem em nenhuma outra matéria: ele existe como uma entidade puramente espiritual".

Durante sua jornada evolutiva, o Espírito vai acumulando experiências e, com isto, vai dilatando sua memória. Funcionando como um arquivo, o Espírito busca na memória as lembranças que lhe interessam. Ao resgatar uma memória, o indivíduo estará revivendo aquela experiência em todas as suas características.

Retornando à assertiva cartesiana de que *cogito, ergo*

sum, ou seja, "penso, logo sou", temos que somos um ser pensante. O traço característico de um ser pensante é o fato de ele ser inteligente. Inteligência é a faculdade que o indivíduo possui de conhecer, de compreender e de aprender. Mas de onde veio a inteligência?

A inteligência não pode vir do nada, pois o nada não existe. Na língua portuguesa, a palavra 'nada' pode ser um substantivo masculino significando "a negação da existência, a não existência; o que não existe; o vazio", ou um pronome indefinido com a ideia de "coisa nenhuma"; entretanto, vemos que a inteligência é alguma coisa.

A inteligência 'é' na medida em que ela gera efeitos inteligentes. Assim como a causa da maçã é a macieira, a causa da banana é a bananeira, a causa da inteligência é o ser pensante. É totalmente inconcebível a ideia de a inteligência simplesmente brotar da não inteligência.

Partindo-se do princípio de que um efeito inteligente deriva de uma causa inteligente, teremos que buscar a fonte geratriz da inteligência em uma inteligência superior. Em outras palavras, em Deus. Assim, fechamos o nosso círculo e voltamos ao ponto de partida deste capítulo.

O PROBLEMA MENTE-CORPO

Historicamente, o dualismo mente-corpo tem ocupado um lugar central nas discussões sobre o homem. De um lado há os que defendem uma visão monista, em que mente e corpo constituem uma mesma substância, uma mesma essência. De outro lado, os que sustentam que no homem existe algo mais, distinto e, ao menos em parte, independente do corpo físico, ou seja: a alma humana. Como o problema mente-corpo está diretamente relacionado com a ideia central deste trabalho, deter-nos-emos um pouco na sua apreciação.

A concepção dualista do homem é quase tão antiga quanto o conhecimento humano. Steven Mithen, no livro *A pré-história da mente: uma busca das origens da arte, da religião e da ciência*, mostra-nos que antes de surgir os rudimentos do pensamento que chamamos de científico, o homem já possuía um pensamento religioso e pré-filosófico.

Mithen afirma que a humanidade vem sepultando os seus mortos com ritos fúnebres e com a oferta de utensílios para uma outra vida há mais ou menos cem mil anos. A ideia religiosa, com os seus ritos, só tem razão de ser num contexto dualístico onde se entende que cada homem é um Espírito que sobrevive à morte do corpo físico.

Presume-se que o filósofo ateniense Anaxágoras (500-428 a.C.) tenha sido o primeiro a utilizar as palavras gregas: *psiché*[27], para designar o Espírito, e *soma*, para designar o corpo, como elementos distintos a constituírem o homem. Esta concepção dualista do homem foi defendida por grandes nomes como Sócrates, Platão, São Tomás de Aquino, René Descartes, Leibniz, Karl Popper e John Eccles.

A forma como cada cultura em particular concebeu a vida espiritual é um evento secundário e ditado pela sua história particular.

Quando olhamos para o passado, tentando estudar as

---

27 Ver Apêndice - Nota 3.

sociedades antigas com seus costumes, suas religiões, artes e ciência, observamos que o homem é sempre visto como um ser dual, composto por Espírito e corpo. A noção de respeito a Deus, da necessidade de se levar uma vida honrada e produtiva para ser agradável aos olhos do Senhor e garantir um lugar no céu, é uma constante em todas as civilizações humanas.

No livro *O eu e seu cérebro*, Karl Popper (1902-1995) nos diz (pág. 196) que "[...] Todos os pensadores dos quais sabemos o bastante para que possamos dizer qualquer coisa definitiva sobre suas posições, até e inclusive Descartes, eram interacionistas dualistas". Um pouco mais adiante, ele escreve que:

> Há abundância de importantes evidências que sustentam a hipótese de que as crenças dualistas e interacionistas concernentes ao corpo e à mente são muito antigas – pré-históricas e, é claro, históricas. [...] ela é sustentada por tudo o que sabemos sobre religião primitiva, mito e crenças mágicas. (p. 202)

A ideia de que o homem fosse um ser dual, constituído por duas substâncias diferentes, não representou nenhum grande obstáculo para os sábios da Antiguidade. Popper também era da opinião de que a diversidade de natureza ou de essência entre o Espírito e o corpo não representava um entrave ao interacionismo entre eles.

O dualismo-interacionismo entre o Espírito e o corpo, ou como o problema ficou conhecido na filosofia – o problema mente-corpo, está entranhado na literatura e no conhecimento científico desde a era clássica. Em Homero (século 8 a.C.) podemos encontrar esse problema em várias passagens de *Ilíada* e de *Odisseia*. São particularmente interessantes as em que Homero relata como a feiticeira Circe transformou os companheiros de Ulisses em porcos e a descida de Ulisses ao mundo subterrâneo em busca de Tirésias.

No encontro, a feiticeira Circe transformou apenas os corpos dos marujos que acompanhavam Ulisses os quais, entretanto, preservaram as suas mentes não perdendo a consciência de quem eles eram. A passagem que relata a descida de Ulisses ao reino de Hades em busca do sábio Tirésias, que poderia mostrar-lhe como achar o caminho de volta para a sua Ítaca e para os braços da esposa amada, é sumamente rico e elucidativo. Nesta passagem, Ulisses encontra velhos companheiros de armas, *mortos* durante o cerco à cidade de Troia. Homero relata o encontro de Ulisses com as *sombras* de Aquiles e de Pátroclo. Embora mortos, os ex-guerreiros tinham preservado as suas identidades e as suas memórias.

Outro grande livro, desta vez pertencente à cristandade, relata-nos em 1 Samuel (cap. 28), a busca de Saul para se comunicar com o Espírito de Saul. Mais adiante, podemos ler nos evangelhos de Mateus (cap. 17), Marcos (cap. 9) e de Lucas (cap. 9) o encontro e a conversa de Jesus de Nazaré com Elias e Moisés, evidentemente há muito falecidos. Depois lemos o encontro e a conversa de Saulo de Tarso com Jesus, este último já morto, na estrada que o conduzia a Damasco (Atos dos Apóstolos, cap. 9).

Na genial obra *Édipo rei*, Sófocles (496-406 a.C.) expressa uma visão profundamente dualista do homem, quando coloca na boca de Édipo falas nas quais o rei diz que os inimigos estão tramando contra o seu corpo, e quando ele diz que traz a mente pesada por carregar o peso das tristezas suas e de Jocasta, sua mãe-esposa (Popper, p. 201).

O problema mente-corpo esteve presente mesmo entre os atomistas Leucipo (cerca de 500-430 a.C.) e Demócrito (460-370 a.C.), para os quais a mente ou a alma estava presente na forma de uma alma constituída por átomos de fogo, essencialmente diferentes dos átomos que formam o corpo físico. Mais tarde, a mente ou alma foi sendo progressivamente desmaterializada até que em Pitágoras, Sócrates e Platão temos uma concepção moral da mente.

Pitágoras (570-500 a.C.) dedicou-se aos aspectos aritméticos e da geometria e propôs uma teoria de que as essências escondidas de todas as coisas são abstratas, como as razões numéricas dos números e das *harmonias*. A teoria original de Pitágoras (provavelmente) era a de que a alma imortal do homem consistia na harmonia ou na afinação de números abstratos. Estes números e suas relações harmônicas precedem e sobrevivem ao corpo.

Em Platão (427-347 a.C.) encontramos uma concepção da alma ou mente humana já bastante refinada. É curioso observar como para aqueles filósofos a mente podia ser descrita como sendo constituída por três partes, muitíssimo semelhante à estrutura da mente postulada por Freud muito mais tarde.

Segundo Platão, a alma humana habita um mundo celestial juntamente com as ideias. Esta alma humana é comparada a um carro puxado por dois cavalos alados, um dócil e de boa raça, e o outro desordeiro (os instintos sensuais e as paixões), dirigidos por um auriga (a razão), que se esforça por conduzir o carro com perfeição. A alma circula pelo mundo celeste tentando contemplar as ideias, embora com dificuldade. São justamente as dificuldades em conduzir o carro que faz com que a alma caia e se encarne em um corpo humano, sendo agora obrigada a se ajustar às leis físicas. Na tradição platônica a alma possui três partes: uma parte sensual, que está intimamente relacionada com as necessidades corporais (o cavalo desordeiro), uma segunda parte que corresponde aos impulsos e afetos naturais, que estimulam o ser corporal com reflexos psicológicos (o cavalo de boa raça) e a terceira parte, racional (o auriga), que possibilita o conhecimento, a consciência, o sentido da liberdade e da responsabilidade.

Aristóteles (384-322 a.C.) e os seus discípulos aceitavam a doutrina de que a mente era incorpórea e que a sua relação com o corpo era baseada em uma interação não mecânica, solução adotada por todos os pensadores da época, com exceção dos atomistas que acreditavam em uma interação mecânica. Segundo Popper, Aristóteles teria dito que:

> Alma e corpo, penso eu, reagem harmoniosamente entre si: uma mudança no estado da alma produz uma mudança na forma do corpo e vice-versa: uma mudança na forma do corpo produz uma mudança no estado da alma[28].

---

28 Aristóteles em cap. 4 de *Physiognomia* (*Opera minoia*, 808b11).

Popper faz um comentário particular sobre o que é a mente e a matéria. Coloca que nós ainda não sabemos o que é a matéria, embora conheçamos alguma coisa da sua estrutura, o mesmo acontecendo com a mente. Esse mesmo autor nos diz que havia uma base comum entre Aristóteles e Descartes com respeito à doutrina da incorporeidade da alma, do interacionismo e da explicação essencialista. Descartes teria tentado combinar a doutrina da incorporeidade da alma com o princípio mecânico e monista da causalidade física. Tal proposta não logrou êxito e gerou mudanças na maneira como os pensadores pós-cartesianos passaram a ver o problema corpo-mente (o paralelismo e depois a tese da identidade).

René Descartes (1596-1650) foi, talvez, o maior de todos os dualistas ao propor e defender a tese de que a *res cogitans*, ou seja, a coisa pensante, é totalmente diferente da *res extensa*, a coisa extensa. Podemos ver todo o raciocínio que sustenta este dualismo na quarta parte de *Discurso sobre o método* e depois nas suas *Meditações*[29].

O ponto frágil na teoria cartesiana é a sua teoria de causalidade na física. Ao tentar explicar como uma substância pensante interage com uma substância que tem extensão e que está submetida a leis de causalidade física, Descartes acabou criando, provavelmente sem querer, os problemas teóricos que deram origem às alternativas para o dualismo-interacionismo.

Arthur Koestler, em seu livro *As razões da coinci-*

---

[29] *Meditações concernentes à primeira filosofia*. Coleção "Os Pensadores", Descartes, vol II. Editora Nova Cultural. São Paulo, 1988.

dência, no capítulo em que ele discute o princípio da sincronicidade de Pauli-Jung, discute como mesmo os maiores cientistas e sábios do nosso tempo caíram na mesma armadilha, ao tentarem postular como um princípio não material poderia gerar um efeito material. A medicina ocidental alopática contemporânea cai nesta armadilha, ao tentar explicar como um sistema orgânico, portanto material, pode causar um efeito imaterial, abstrato e subjetivo como a mente intencional.

A suposta inconsistência reside na propositura de que uma alma inextensa exerça um impulso motor sobre um corpo extenso. Este foi o principal motivo da evolução do pensamento cartesiano, parcialmente antecipado por Thomas Hobbes (1588-1679), e desenvolvido por Leibniz.

Alguns cartesianos fizeram uso de uma parte essencial do sistema filosófico de Descartes para resolver o problema da interação corpo–mente, propondo que Deus intervinha em cada ocasião particular de uma ação causal da mente sobre o corpo e do corpo sobre a mente. Essa teoria foi denominada de *Ocasionalismo* e tem o sério inconveniente de ser miraculosa.

Os ocasionalistas foram os primeiros a rejeitarem o interacionismo físico-psíquico que permanecera supremo e inquestionável até Descartes. Eles o substituíram por um paralelismo que criava a aparência de uma interação. Assim, quando a mente queria mover um membro, Deus intervinha dando um impulso à matéria; e, vice-versa, quando um órgão físico era estimulado, Deus intervinha fazendo com que a mente experimentasse uma percepção.

Esse tipo de paralelismo miraculoso desagradava a todos, pois para os crentes no cristianismo ele transformava o milagre em algo trivial, que ocorreria nas situações mais prosaicas da vida, comprometendo um dos pilares da fé cristã; e para os racionalistas impunha uma explicação fantástica, que a razão e a lógica não podiam aceitar.

Uma versão do paralelismo mais aceitável foi proposta por Baruch Spinoza (1632-1637) que, apoiando-se na afirmação cartesiana de que a única substância estritamente verdadeira era Deus (*Meditação III*), postulou que o homem possuiria apenas dois atributos de Deus: *cogitatio* – o pensamento, a consciência, a mente ou a razão; e *extensio* – a extensão, a corporificação. Desta forma, o pensamento e o corpo seriam apenas atributos de Deus no homem e se tornariam fenômenos paralelos, porque são diferentes aspectos da mesma entidade, sem o inconveniente do milagre.

Mais tarde, David Hume (1711-1776), Ernest Mach (1838-1916) e Bertrand Russell (1872-1970) desenvolveram um tipo de paralelismo físico-mental que foi batizado de *monismo neutro*. Popper nos esclarece que no monismo neutro:

> [...] não há corpo ou mente no sentido concebido pelos filósofos metafísicos. ... O que realmente existe é um ordenamento físico de coisas (neutras) ou eventos, e um ordenamento mental *das mesmas* coisas ou eventos. (p. 248)

No monismo neutro a mente e o corpo foram reduzidos a uma ideia ou, mais especificamente, um 'dado'.

A diferença entre o paralelismo desses autores e o do modelo de Spinoza reside no fato de que em Spinoza temos um paralelismo metafísico, ou seja, o corpo e a mente são dois atributos da substância Deus. Em Hume e Russell encontramos um paralelismo epistemológico, uma reflexão em torno do conhecimento sobre o que seja o 'dado' mente ou o 'dado' corpo. No monismo neutro a mente e o corpo foram transformados em interpretações ou construções teóricas.

Posteriormente, Gottfried Wilhelm Leibniz (1646-1716) apresenta uma versão para contrapor-se à explicação ocasionalista e, também, ao paralelismo monista de Spinoza. Leibniz rejeitava a interação corpo–mente preferindo substituí-la pela ação de Deus, assim como os ocasionalistas, mas tentava evitar o miraculoso em cada ocasião, como Spinoza. Todavia, a ótica panteísta de Spinoza desagradava-o. Então, ele propôs a *doutrina da harmonia preestabelecida*, segundo a qual Deus previu e preestabeleceu tudo ao criar o mundo.

Na teoria da harmonia preestabelecida de Leibniz todas as percepções e experiências subjetivas da alma refletiriam corretamente os eventos físicos do Universo, a partir do ponto de vista particular da alma observadora.

Em Descartes, a matéria era extensão em movimento; não havia a ideia de força. Leibniz criticou este ponto de vista, mostrando que a extensão não era suficiente para explicar a matéria e o impulso, a força. A ideia de identificar uma força física inextensa, mas localizável, com o conceito de força mental (empenho, vontade, determinação, intenção), procede de Thomas Hobbes. Segundo Popper, Leibniz deve ter sido encorajado a compor esta ideia, quando ele encontrou a força localizada em um ponto no seu cálculo diferencial, o que lhe permitiu propor que a matéria era extensão preenchida por força, por intensidades.

Os trabalhos de Sir Isaac Newton (1642-1727) sobre a lei da gravitação universal e as leis do movimento foram marcantes para a ciência, em particular, e para a filosofia. As teorias de Newton permitiam entender o mundo físico sem necessidade da mente ou do Espírito. Ou pelo menos assim pareceu ser.

Popper demonstra que as teorias newtonianas constantes dos *Principia* (de 1687) permitiam entender o problema mente-corpo a partir de posições bastante diversas. A postura mais simplista seria simplesmente descartar, ignorar a teoria newtoniana, como fez Leibniz, o que seria uma atitude procustiana.

Outra possibilidade seria a de interpretarmos a teoria da gravitação como sendo mais uma propriedade essencial da matéria. Todavia, o próprio Newton rejeitou esta ideia. Uma terceira possibilidade seria interpretar as teorias de Newton como sendo instrumentos de predição, que podem não ser verdadeiras, mas que são úteis para a previsão matemática dos fenômenos físicos.

A última possibilidade seria adotar as teorias newtonianas como uma explicação conjectural, que talvez seja verdadeira, com o abandono das teorias essencialistas. Embora Popper considere esta como sendo a posição mais correta a ser adotada, é interessante observar que o próprio Newton jamais desistiu do essencialismo, seguindo Platão e Descartes no que diz respeito ao problema mente-corpo.

Mais tarde, o essencialismo foi posto de lado pelos

físicos e pelos cientistas em função da teoria do Campo Eletromagnético, de James Maxwell (1831-1879), para a matéria. O sucesso da teoria eletromagnética ensejou as condições para o desenvolvimento da mecânica quântica. A hipótese da mecânica quântica, aliada aos trabalhos de Einstein, revolucionou totalmente a física de partículas dos dias atuais, pondo por terra todas as ideias antigas sobre a matéria e elevando a um novo patamar a ideia de campos de influência e de ação.

Outra alternativa aos ocasionalistas na tentativa de resolver o problema mente-corpo foi o *associacionismo*. Segundo Popper, coube a Aristóteles a primeira concepção de que as ideias se ligavam ou separavam-se umas às outras por um sinal de associação positiva ou negativa. Tal proposta de associação de ideias gerou a teoria do associacionismo. Mas como a teoria se desenvolveu?

Na Antiguidade clássica a palavra 'ideia' indicava uma aparência, uma forma, uma maneira de ser, um princípio geral, uma essência eterna e exclusivamente inteligível das coisas sensíveis, existindo independentemente do alcance de qualquer pessoa sobre elas. Contudo, Aristóteles propõe que o verdadeiro conhecimento é idêntico ao seu objeto (*De Anima*). Tal propositura transformou a palavra 'ideia', conferindo-lhe valor de um termo mental ou psicológico.

Desta maneira, a ideia de uma pedra é imediatamente associada com a coisa pedra. Descartes e Spinoza utilizaram esse tipo de raciocínio no desenvolvimento de suas obras. Todavia, os maiores divulgadores do associacionismo foram os empiristas britânicos, John Locke (1632-1704), George Berkeley (1685- 1753) e David

Hume (1711-1776). Tal concepção filosófica foi também influente na teoria psicanalítica de Freud, séculos mais tarde. Mas foi John Stuart Mill (1806-1873) quem explicitamente disse que a associação de ideias seria um processo mental análogo às leis da atração e do movimento dos corpos físicos na teoria newtoniana, ainda segundo Popper. As ideias foram identificadas a átomos e moléculas mentais, que estavam sujeitas a uma química mental.

Outra teoria que tenta resolver o problema mente-corpo é a chamada *teoria da identidade*, segundo a qual os processos mentais são idênticos a certos tipos de processos físico-químicos do cérebro. Esse modelo teórico foi elaborado a partir de concepções que identificavam a mônada, a coisa em si, com a alma ou o espírito.

A teoria da identidade parte de um paralelismo entre a mente e o corpo, os quais passam a ser considerados como dois aspectos ou duas maneiras diferentes de se compreender uma única substância. Todavia, para evitar confusão com o paralelismo metafísico espinosiano que concebe Deus como a substância absoluta, Deus ou a 'natureza' é substituído, na teoria da identidade, por processos mentais ou por processos materiais. Portanto, a teoria da identidade é uma teoria fisicalista. Essa teoria apresenta-se na obra de Immanuel Kant (1724-1804), Fechner, Schlick, Russell, Rensch e Feigl, segundo Popper.

Na Introdução deste trabalho pontuamos que o nosso objetivo era o de propor uma teoria para o entendimento das doenças sob a ótica da doutrina espírita. A ideia fundamental da qual partimos para construir todo um raciocínio e uma teoria é a de que cada um de nós, homens ou mulheres, jovens ou idosos, brancos ou negros, é uma alma ou um Espírito imortal, que está encarnado em um corpo físico. Como Espíritos imortais, pré-existimos e sobreviveremos ao nosso corpo biológico, que é a vestimenta, o veículo, o instrumento de que nos servimos para nos movimentarmos e para expressarmos as nossas ideias, vontades e paixões.

Somos um Espírito que tem um corpo e não um corpo que tem uma alma. O nosso corpo pertence ao pó da terra e, portanto, é similar em sua constituição anatômica e na sua fisiologia aos demais corpos da natureza, que pertençam a essa mesma categoria. O Espírito, sopro enviado por Deus, é a essência da inteligência, a coisa pensante, a consciência, é a mente.

É evidente que estamos adotando uma concepção dualista-interacionista para o ser humano. Na biologia e na medicina dos dias atuais, pretender ver o homem como um ser dual, formado por Espírito e corpo, é uma atitude quase herética, que beira às raias da loucura, ou é visto como um sinal de profunda ignorância científica para os ortodoxos fundamentalistas de plantão.

Na visão monista do homem, nós somos reduzidos ao nosso corpo biológico. A massa de ossos, músculos, órgãos, nervos e vasos sanguíneos que formam o nosso corpo é que determina o que nós somos. Este nosso organismo é um aglomerado de trilhões de células em que cada célula é um caldeirão de íons, proteínas, enzimas e ácidos nucléicos. Neste caldeirão o oxigênio que respiramos e a glicose ingerida pela alimentação se constituem nos combustíveis que permitem as reações químicas de síntese e degradação proteica. Na perspectiva monista-organicista nós fomos reduzidos a uma sopa bioquímica.

Os processos metabólicos que ocorrem no organismo humano são invariavelmente os mesmos, pois dependem de reações químicas e de interações físicas estáveis e previsíveis. O processo da troca gasosa nos alvéolos; as transformações sofridas pelo bolo alimentar no seu percurso pelo aparelho digestivo; o processo de filtração e excreção de metabólitos nocivos à saúde pela função renal, e, até mesmo, os mecanismos de condução dos impulsos nervosos são essencialmente iguais em todos os indivíduos. Essa é a pedra angular do estudo da fisiologia humana, sem o que a medicina ocidental seria inviável.

A ótica monista-fisicalista tão presente e dominadora nas ciências biológicas, especialmente na medicina ocidental contemporânea, é consequência do método que ela emprega. A ciência moderna foi estruturada em cima do método científico. Neste, a observação de um fato é o ponto inicial para a formulação de uma hipótese de trabalho. Para que a hipótese tenha valor ela deverá ser submetida à experimentação em condições controladas, e os resultados colhidos devem confirmar ou refutar a previsão da hipótese. Quando os resultados contradizem as previsões de uma hipótese, esta deverá ser reavaliada, corrigida ou simplesmente rejeitada e substituída por outra hipótese. Se, contudo, os resultados da experimentação confirmam a previsão de uma hipótese, ela terá que ser validada pela repetição. Se uma determinada hipótese de trabalho superar todas as etapas descritas, ela é elevada à condição de teoria sendo virtualmente aceita como um fato.

O método científico demonstrou ser de grande valia para o estudo dos fenômenos físicos. Foi graças à aplicação do método científico que a sociedade moderna, em particular, e a humanidade, em geral, pôde se libertar de ideias erradas, imprecisas e nocivas que ocupavam o edifício do saber humano. O grande desenvolvimento tecnológico dos nossos dias é o fruto bendito do método científico aplicado às ciências naturais. Todavia, quando tentamos aplicar o método científico no estudo dos fenômenos psicológicos, acabamos nos perdendo num mar de hipóteses e de resultados caóticos e desprovidos de sentido.

No monismo a nossa mente, e tudo quanto ela possa significar para cada um de nós, é apenas o efeito, a consequência do nosso metabolismo celular. A causa é o corpo e o seu metabolismo, a causa está nas reações químicas que se processam no interior das nossas células.

Que tristeza! E pensar que todo o amor que eu sinto pela minha esposa é apenas o resultado de uma reação química. Que se outro tivesse sido o produto final dessa reação química, eu deveria amar outra mulher ou, talvez, devesse amar um homem ou simplesmente não amar.

Pior ainda é pensar que se eu sou apenas o produto final de uma série de reações químicas no interior das células que compõem o meu corpo, mais especificamente dos meus neurônios, eu não posso ser responsabilizado pelo fato de ter morto a tiros um outro homem, também um pai de família, que fechou o meu carro no estacionamento do shopping. O fato foi o resultado de uma reação neuroquímica imperfeita, defeituosa, imprevista e independente da minha vontade, foi uma reação orgânica, visceral, e não um reflexo da minha (i)moralidade.

Essa é a visão do ser humano defendida pela ciência médica ocidental e que pode ser facilmente percebida na literatura médica técnica, ou nas obras escritas para os não técnicos. Por exemplo, o dr. António Damásio no livro intitulado *O erro de Descartes*, de 1996, expressa a ideia de que "a mente surge da atividade nos circuitos neurais" (p. 256) e que "o *eu* é um estado biológico constantemente reconstituído" (p. 127 e 257). O mesmo autor traz a público um outro livro, *Em busca de Espinosa*, de 2003, no qual ele afirma categoricamente estar "convencido de que os processos mentais se alicerçam nos mapeamentos do corpo que o cérebro constrói" (p. 21).

A opinião do dr. Damásio é importante na medida em que ele é considerado uma das maiores autoridades mundiais no estudo do cérebro humano e um representante de peso de uma determinada corrente de pensamento. O mais triste é que ele não está sozinho, muito pelo contrário.

Todavia, além do fato de a atividade mental ser única, intrínseca e inerente para cada indivíduo, porque ela é o próprio ser, os fenômenos mentais são subjetivos, impalpáveis, imateriais e abstratos. Outra característica da mente está na sua capacidade de ser intencional. A mente apresenta uma intencionalidade que é dirigida para as coisas ou para as outras mentes.

No livro *Mente, cérebro e ciência*, o autor, John Searle, nos diz que:

> 'intencionalidade' não se refere justamente a intenções, mas também a crenças, desejos, esperanças, temores, amor, ódio, prazer, desgosto, vergonha, orgulho, irritação, divertimento, e todos aqueles estados mentais (quer conscientes ou inconscientes) que se referem a, ou são acerca do mundo [...] (p. 23)

A intencionalidade da mente é o que poderíamos chamar de vontade própria e essa propriedade opõe-se ao determinismo físico da matéria. Supondo que o determinismo genético fosse tão importante quanto a medicina alopática pretende que ele seja, por que o meu filho adolescente manifesta uma vontade própria que não encontra eco nas minhas vontades nem nas da sua mãe? Porque a mente é única e ela pode manifestar a sua intenção em relação às coisas a partir da sua maneira subjetiva de ver o mundo à sua volta.

Por maior que seja a afinidade entre mim e a minha esposa, a minha vida mental é exclusivamente minha e apenas eu posso vivê-la e conhecê-la. Quando muito posso informar à minha esposa as minhas ideias, os meus desejos, os meus sentimentos, mas não há meios que me possibilitem compartilhar com ela a minha vida mental. Simplesmente ela não pode entrar na minha mente, assim como eu não posso entrar na dela.

Embora eu e a minha esposa possamos compartilhar um número muito grande de situações físicas (o calor e o frio), de situações sociais (o trânsito da cidade, as filas nos bancos ou os desafios de estarmos em salas de aula) e de situações familiares (educar um filho adolescente), nós manifestamos percepções e entendimentos diferentes sobre as mesmas situações.

Outra característica distintiva da mente é o fato de ela ser consciente. No capítulo 'Níveis de consciência' discutimos largamente sobre o significado da palavra 'consciência', motivo pelo qual não o faremos novamente neste momento. A consciência é o atributo mais importante dos fenômenos mentais, pois permite que ela, a mente ou Espírito, possa conhecer a si mesma.

A grande dificuldade em se aplicar o método científico no estudo do problema mente-corpo reside no fato de os fenômenos mentais possuírem características únicas e tão embaraçosas que acabaram deixando médicos, biólogos, psicólogos e filósofos totalmente perdidos, a ponto de afirmarem "coisas estranhas e implausíveis acerca da mente", segundo John Searle.

Para os nossos companheiros de jornada, que acham que a ciência contemporânea é dona absoluta da verdade, gostaríamos de lembrar uma fala de Karl Popper, no livro *O eu e seu cérebro* (p. 191), um dos filósofos mais influentes do século 20 e que forneceu uma das explicações mais significativas sobre a ciência, seu método e o seu progresso:

> O pensamento humano em geral, e a ciência em particular, são produtos da história humana. Eles são, portanto, dependentes de vários acidentes: tivesse a nossa história sido diferente, o nosso pensamento e a nossa ciência atuais (se os há) seriam também diferentes. [...] As teorias científicas do momento são o produto comum dos nossos preconceitos mais ou menos acidentais (ou talvez historicamente determinados) e da eliminação crítica do erro.

Se não existe o dualismo mente-corpo, isto significa, necessariamente, que existe apenas o corpo biológico com as suas funções. Contudo, a própria biologia nos mostra que a estrutura biológica dos nossos corpos é essencialmente a mesma. A diferença entre um corpo caucasiano, um corpo negro ou um corpo asiático é mais de fenótipo do que de genótipo, mesmo um geneticista experiente não conseguiria distinguir um do outro. Lembremo-nos de que o Projeto Genoma demonstrou que a diferença entre os humanos e os chimpanzés é de menos de 2%.

Entretanto, se as reações químicas e os processos metabólicos no nosso organismo são os mesmos para todos nós, como podemos ser tão diferentes na maneira de pensar? Por que um gosta do azul e o outro prefere o vermelho? Por que alguém se emociona ao ouvir uma ópera, enquanto outro sente-se enfadado? E o que foi feito do nosso livre-arbítrio?

A diversidade de aptidões, de gostos e de ideias entre as pessoas é a regra comum. Dentro do lar, dentro da mesma família – sangue do meu sangue – não existe uniformidade no pensar e no sentir. Cada homem é único nas suas ideias, no seu modo de pensar, no sentir, amando e odiando.

Essa visão monista do ser humano não é novidade. Mesmo entre os gregos da Antiguidade a ideia monista se infiltrou no meio de alguns pensadores, constituindo--se no cerne do pensamento epicurista. A escola dos epicureus (Epicuro 341-270 a.C.) defendia que o objetivo da vida seria obter o máximo de prazer. Pregavam que o homem deveria empregar todos os esforços para tirar a dor e o sofrimento do seu caminho. Essa visão prega uma vida ditada pelos prazeres sensuais da carne. Passados 24 séculos depois de Epicuro, ainda é fácil encontrarmos indivíduos que norteiam, sem o saber, a sua vida por essas ideias. O que não falta na sociedade são pessoas que se conduzem pela vida na busca da satisfação dos prazeres físicos.

A busca constante em satisfazer todas as vontades e caprichos do corpo, e da sensualidade a ele associada, faz com que algumas pessoas se preocupem tão somente com o dinheiro, com o poder. Quem tem dinheiro e poder pode oferecer ao corpo todas as oportunidades de deleite que desejar. A *corpolatria* (W. Codo e W. A. Senne) traduz os comportamentos que visam apenas à adoção de medidas que ofereçam ao corpo motivos de prazer e satisfação. Passa necessariamente pela alimentação, pelo sexo, pela vaidade, pelos modismos, pelo exibicionismo, pela força e pelo poder.

Opondo-se a estes, existem os fanáticos religiosos e místicos de vários matizes que desprezam o corpo; acreditam que a alma ou Espírito seja tudo. Veem o corpo como alguma coisa suja, pecaminosa e que deve ser limpa. Tais indivíduos renegam o corpo, privando-o dos cuidados que lhe são necessários. Isto quando não o violentam com macerações, flagelações e jejuns intermináveis. Buscam a transcendência da alma tentando expurgar o corpo físico das mazelas morais – o egoísmo, o orgulho e a vaidade – esquecidos de que o corpo biológico não tem ética.

Indivíduos mais sofisticados e, por vezes, mais instruídos renegam o corpo tentando levar uma vida exclusivamente mental, racional. Desprezam as sensações corporais, chegando mesmo a negá-las, e criam para si uma vida em que o pensamento lógico e racional é tudo para eles. Vivem completamente dissociados de seus corpos.

A negação do corpo, para justificar uma vida exclusivamente mental, é a ideia que se opõe à anterior que pregava apenas a realidade do corpo. Se nos deixarmos conduzir por tais ideias, acabaremos inevitavelmente em um dos seus extremos. E os extremos não podem ser saudáveis, nem normais, muito menos equilibrados. Uma postura extremada é a atitude típica dos fundamentalistas e radicais que tanto apavoram a sociedade contemporânea. O equilíbrio é o caminho do meio. A saúde, como o dissemos na Introdução, é uma condição de equilíbrio. Mas, como ou onde vamos encontrar o caminho do meio, o ponto de equilíbrio?

O ponto de equilíbrio está na união entre o Espírito e o corpo biológico. No ponto onde religião e ciência se tocam. Mas como conciliar a ideia de duas substâncias de naturezas distintas unindo-se e interagindo uma sobre a outra, para alcançarem o ponto de equilíbrio? Para respondermos a esta questão teremos que recorrer ao próprio René Descartes.

René Descartes considerou que no homem existia uma coisa pensante *(Res cogitans)* e uma coisa que tinha extensão *(Res extensa)*. A coisa pensante foi identificada com a alma ou com o Espírito, a consciência pura, indivisível e não material do homem; enquanto a coisa que tem extensão, que pode ser dividida, que não tem consciência, e, por fazer parte do mundo material, foi identificada com o corpo biológico.

A ideia cartesiana causou grande impacto sobre os sábios e livres pensadores do século 17, e dos que lhe seguiram, tendo sido utilizada para justificar a ruptura entre a ciência e a religião durante o Iluminismo, marcando o século 18 como a *idade da razão*. Muitos viram no pensamento cartesiano o sistema filosófico que permitiria separar a alma, objeto de estudo e de apreciação da religião, do corpo, convertido no principal objeto de estudo da biologia. É assim que vamos observar uma explosão de descobertas científicas no campo da química, da física e da biologia durante os séculos 19 e 20.

Naquele contexto histórico, a visão mecanicista do homem ganhou autonomia e status para se firmar nas escolas médicas. Agora era permissível cortar, dissecar o corpo humano em suas mínimas partes. Fracionando o corpo humano em partes cada vez menores, os médicos vão começar a descobrir como funciona a 'máquina humana'.

A visão mecanicista do homem continuará a sua trajetória, atravessando o século 19 e chegando ao século 20. Infiltrar-se-á em todas as áreas médicas a tal ponto que no século 20 a psicologia foi expurgada das escolas médicas, pois a mente, a consciência ou o *self* não se adaptava ao modelo vigente. À medida que o século 20 prosseguia o que se viu foi a redução da máquina humana para um nível ainda menor, o nível das proteínas, dos neurotransmissores, das moléculas biologicamente ativas, dos genes.

Entretanto, a visão dualista de Descartes pregava que no homem existiriam duas substâncias distintas: a coisa pensante e a coisa que tem extensão. O que os médicos fizeram foi se dedicar ao estudo da coisa que tem extensão e deixaram de lado a coisa que pensa.

O vazio causado por este estado de coisas começou a incomodar alguns homens de maior sensibilidade. Estes começaram a intuir que o homem não poderia ser uma metade. Era necessário integrar as partes que o compunham. Começava a nascer no meio cultural ocidental a ideia de uma medicina holística, palavra derivada do grego *holós*, significando 'inteiro, completo, homogêneo, indiviso'. Na medicina holística, o homem é mente e corpo integrados.

Mas, para entendermos este paradigma é preciso relembrarmo-nos de Descartes e da sua filosofia.

A *res cogitans* e a *res extensa* por serem substâncias de naturezas distintas levaram ao dualismo cartesiano, que foi compreendido por alguns homens como um sistema de oposições (daí dualidade). Isto ocorreu em função das diferenças apresentadas por Descartes para caracterizar cada uma das substâncias. Nesta forma de se ver a ideia cartesiana foram sendo criados pares de elementos que se contrapõem:

	OU	
Res cogitans	X	*Res extensa*
Espírito	X	Corpo
Saúde	X	Doença
Vida	X	Morte

É muito fácil e tentador nos deixarmos levar por essa maneira de ver as coisas, até porque estamos acostumados a lidar com muitas outras dualidades, que se apresentam como um sistema de oposições: dia x noite; claro x escuro; duro x mole; seco x úmido; homem x mulher...

O que deixamos escapar entre os dedos é o fato de que os elementos não se opõem, antes eles se completam, fundindo-se para a constituição de um todo, e que, na maioria das vezes, a transição de um elemento para o outro é lenta, progressiva e escalonada. Assim, se aplicarmos a visão dualista de Descartes dentro do conjunto da sua obra, veremos que o par *res cogitans* X *res extensa* são elementos complementares.

Em matemática, podemos estudar um sistema de eixos coordenados e que é denominado de sistema ou plano cartesiano. Nesse sistema, teremos um eixo horizontal denominado abscissa e um eixo vertical, perpendicular ao anterior, denominado ordenada. Com o cruzamento desses elementos pode-se determinar a localização de um ponto no espaço.

Se aplicarmos a visão cartesiana do ser, corpo-alma, no sistema cartesiano de eixos coordenados, deixaremos de ter pares de elementos opostos para termos pares de elementos ordenados e complementares. No eixo das abscissas teremos o corpo e no eixo das ordenadas a alma.

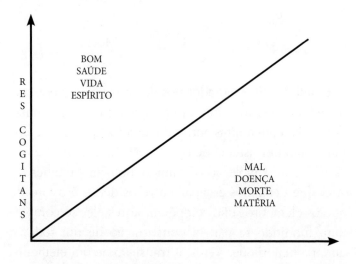

Figura 5: Plano cartesiano.

Na horizontalidade, os corpos se renovam e se transformam mas não deixam de ser corpos biológicos. Podem ser melhorados e aperfeiçoados, mas não transcendem a sua função. Na verticalidade, onde a alma é posta, não ocorrem transformações, mas sim evolução. À medida que a alma progride, naturalmente ela ultrapassa os níveis de ignorância e egoísmo, logrando superar-se até que possa alcançar a perfeição. No sistema cartesiano, a alma (ou o Espírito) se une ao corpo biológico para constituir o homem que, então, passa a existir no plano físico, tridimensional em que nos situamos.

A doutrina espírita é, necessariamente, dualista e interacionista, portanto cartesiana. Já que, por definição, o Espírito ou a mente é imaterial; não pode agir de forma direta sobre a matéria e, mais especificamente ainda, sobre o corpo físico. Para que a mente possa influenciar e dirigir o organismo, torna-se necessário que ela utilize um elemento intermediário tal qual uma interface.

Assim sendo, o diferencial da interpretação espírita das demais teorias dualistas-interacionistas é o fato de que nesta a interação mente-corpo ou Espírito-corpo é feita de forma progressiva graças a uma estrutura intermediária, que passaremos a estudar.

PERISPÍRITO

A necessidade de uma interface entre elementos de naturezas distintas não deveria causar estranheza a ninguém, visto que em nosso dia a dia interagimos com vários corpos de naturezas diferentes através de interfaces. Assim, quando um motorista está dirigindo, ele não atua diretamente sobre a estrutura mecânica do veículo: o motorista é um ser de natureza orgânica, enquanto o veículo é uma máquina construída com metal e alguns plásticos.

Ao dirigir, o motorista não exerce a sua influência diretamente sobre o motor para acelerá-lo; tampouco age diretamente sobre o eixo das rodas dianteiras para fazer uma curva. Entre o motorista e o motor existem pedais e cabos, que transmitem ao motor a intenção daquele, da mesma forma que existe um volante e uma barra de direção que lhe permite levar o veículo na direção desejada. Os níveis de interface são tão variáveis quanto sejam as peças envolvidas ou a sofisticação do veículo. Em uma bicicleta, a interface é grosseira, exige muito do motorista e oferece pouco no retorno; em um automóvel de luxo a interface é muito sofisticada, exige bem menos esforço do motorista e oferece várias comodidades de retorno.

Seguindo-se o mesmo raciocínio, veremos que quando estamos assistindo à televisão, utilizamos um controle remoto como elemento intermediário; quando conversamos com outra pessoa que está longe de nós, utilizamos um telefone como interface; quando usamos um computador temos a tela de um monitor, um teclado e um *mouse* como elementos intermediários.

Por que, então, não pode existir uma interface entre a mente e o corpo biológico? A existência de uma estrutura intermediária entre ambos, mais do que uma simples exigência da lógica, é fundamental para o desenvolvimento dos fenômenos psicofisiológicos.

Apesar da resistência de muitos em aceitar a existência de uma interface entre a mente (ou Espírito) e o corpo biológico, lembramos que a existência desta estrutura intermediária é referida desde a Antiguidade em inúmeras culturas, sociedades, escolas filosóficas e religiões que, frequentemente, se desenvolveram independentemente e isoladas umas das outras. Em cada cultura esta interface recebeu nome diferente, mas apesar disso exerceu sempre o mesmo papel, como podemos ver a seguir:

- Kha – Ka – Bai, no Egito Antigo
- Linga sharira, na Índia
- Kama rupa, pelos Brâmanes
- Mano – Majo – Koska, no Vedanta
- Boadhas, pelo Zendvesta
- Rouach – Nephesh, na Cabala Hebraica
- Enormon, por Hipócrates
- Carne sutil da alma, por Pitágoras
- Carro sutil da alma, por Platão
- Corpo sutil ou etéreo, por Aristóteles
- Eidólon – Okhema – Ferouer – Veículo leve, na Grécia
- Corpo luminoso, pelos gregos
- Corpo aéreo ou ígneo – Veículo da alma, por Plotino e Próclus
- Astroiede, pela Escola Neoplatônica da Alexandria
- Influxo físico, por Euler
- Corpo seriforme, por Confúcio
- Imago – Khi, no tradicionalismo latino

- Somod, por Baraduc
- Mediador plástico, por Cudwort
- Duplo, por Lepagne Renour
- Modelo ideal, por Isidoro Geoffred
- Corpo incorrupto, por Gross
- Corpo mais fino, por Schelling
- Corpo sidério, por Paracelso
- Corpo astral ou Evestrum, por alquimistas e hermetistas
- Corpo ódico, por Reichenbach
- Corpo fluídico, por Leibniz
- Corpo onírico
- Corpo etérico, pelos autores espiritualistas ingleses do século 19
- Ideia diretriz, por Claude Bernard
- Aerossoma, pelos neognósticos
- Modelo organizador biológico – MOB, por Hernani G. Andrade
- Corpo espiritual, por Paulo de Tarso, na Bíblia
- Corpo emocional
- Corpo bioplásmico, na conceituação russa
- Psicossoma, usado na atualidade por diferentes autores.

Para facilitar o nosso trabalho utilizaremos o termo *perispírito* ou a expressão de Paulo de Tarso – corpo espiritual – para nos referirmos à estrutura intermediária entre o corpo físico e o Espírito ou mente.

A esta altura já sabemos que a mente ou Espírito é o agente ativo, pensante e organizador. O Espírito, pela sua vontade, impõe uma ação, um movimento ao elemento intermediário e este, por sua vez, utiliza o corpo biológico como agente executor final da vontade da mente. Em sentido inverso, o corpo biológico, mercê dos sentidos ordinários, recolhe as impressões que lhe chegam procedentes do exterior, repassa-as ao elemento intermediário e este as transmite ao Espírito, que é o ser sensível e inteligente. O Espírito, que é quem possui a memória das vivências do indivíduo, interpretará, classificará e irá atribuir um valor emocional e moral às impressões recolhidas pelo corpo biológico.

Devido à sua importância para uma boa compreensão dos fenômenos envolvidos na interação entre o Espírito e o corpo biológico, deter-nos-emos mais demoradamente no estudo do corpo espiritual.

ORIGEM:

O corpo espiritual é derivado do princípio material (a *res extensa* cartesiana), que também poderá ser denominado de *princípio elementar*, ou *primordial* ou de *fluido universal*. O princípio material é a matéria primitiva elementar a partir da qual as modificações e transformações irão constituir a inumerável variedade de corpos da natureza.

Os dicionários nos ensinam que matéria é qualquer substância que ocupa espaço, capaz de receber certa forma ou sobre o qual atua determinado agente.

Empédocles, filósofo grego que teria vivido entre 495? e 435? a.C., teria dito que: "do não existente nada pode nascer e nada pode desaparecer no nada absoluto". Os gregos, aqui representados por Empédocles, não aceitavam a ideia do nada, para eles era necessária a existência de alguma coisa primordial, à qual foi dado o nome de caos, a partir da qual tudo mais se originou.

A ciência oficial tem a sua cosmogonia na teoria do Big Bang, apesar de todas as restrições que lhe são impostas. Mas, tomando esta teoria como ponto de partida, teremos a origem do Universo colocado em um ponto diminuto, extremamente denso, com uma temperatura de bilhões de graus Celsius, que começou a se expandir após uma grande explosão. Podemos observar que mesmo sob a ótica da ciência o Universo começou a partir de alguma coisa. Pergunta-se: O que era essa alguma coisa e como ela surgiu?

A busca da(s) substância(s) primitiva(s) ocupou parcela significativa do trabalho de homens ilustres, desde a era clássica. Na Grécia Antiga muitos filósofos lançaram-se ao trabalho de identificar os elementos primordiais que constituíam os corpos da natureza.

Dessa busca nasceram os antigos conceitos de que os elementos básicos da natureza fossem a água, a terra, o fogo e o ar. Todos os demais corpos na natureza eram fruto da combinação de diferentes parcelas desses elementos. A esses elementos primordiais, que foram considerados como *princípios* (arkhé), foram sendo associados outros conceitos. Anaxímenes (588-524 a.C.) propunha que os corpos se formavam por condensação ou por rarefação dos princípios básicos. Heráclito (540-475 a.C.) acrescentava um eterno fluir de todas as coisas. Demócrito propôs que tudo na natureza fosse formado a partir da agregação e do movimento de partículas pequeníssimas e indivisíveis, às quais ele denominou de *átomos* (a = sem, ausência e tomo = parte, divisão).

Mais tarde, no século 18, Lavoisier (Antoine Laurent; 1743-1794), considerado o pai da química moderna, identificou o oxigênio. A partir daí ele pôde definir os elementos químicos como substâncias que não poderiam ser decompostas em outras. Lavoisier elaborou uma lista de substâncias primordiais, a precursora da tabela periódica atual. Acredita-se que Lavoisier teria afirmado que "na natureza nada se cria, nada se perde, tudo se transforma".

Durante os estertores do século 19 e o alvorecer do século 20, vários cientistas consolidaram a tabela periódica. Além disso, os trabalhos do casal Curie (Pierre, 1859-1906 e Marie, 1867-1934), de Rutherford (Ernest, 1871-1937) e de Niels Bohr (1885-1962) renovaram e consolidaram a teoria atômica de Demócrito.

A teoria atômica diz que um átomo é formado por uma região nuclear, circundada por partículas menores que gravitam em torno do núcleo e que são denominadas de elétrons. Mais tarde descobriu-se que o núcleo, por sua vez, é formado da agregação de outras duas partículas distintas denominadas de prótons e nêutrons. Os diferentes átomos da nossa tabela periódica são determinados pela quantidade de prótons, nêutrons e elétrons que participam da configuração de cada elemento da tabela.

Mais recentemente (1964), as pesquisas de fissão nuclear puseram em evidência a existência de grande número de partículas subatômicas: quarks, mésons, léptons e outras. Na 1970 veio à luz a *teoria das supercordas*, segundo a qual, tudo o que existe – elétrons e partículas subatômicas – seria formado por cordas infinitamente pequenas e em constante vibração.

Assim, segundo a física, temos o seguinte esquema:

CORPOS FÍSICOS ↓ que são formados por	porção limitada de matéria, que neste caso em particular compreende desde as estrelas até o nosso corpo biológico;
MOLÉCULAS ↓ que são formadas por	agrupamentos de átomos que entram na constituição atômica da água, das proteínas, dos aminoácidos até o DNA;
ÁTOMOS ↓ que são formados por	a menor quantidade de uma substância simples que preserva as suas propriedades químicas e que permanece inalterada em uma reação química;
PARTÍCULAS ATÔMICAS ↓ que são formadas por	prótons, nêutrons e elétrons, que dispostos de forma organizada e equilibrada constituem todos os tipos de átomos da tabela periódica;
PARTÍCULAS SUBATÔMICAS ↓ que são formadas por	complexo de subpartículas – quarks, méson, bárion – que se unem em diferentes combinações formando as partículas atômicas na dependência de interações com forças fracas ou fortes;
SUPERCORDAS ↓ que são formadas por	teoria que propõe a existência de minúsculas cordas que entrariam na formação dos elétrons, dos quarks e das demais subpartículas.
???	

Como se já não fosse suficientemente desconfortável para os materialistas de plantão verem a matéria ser cada vez mais dividida e reduzida a frações inimagináveis, Max Karl Ernst Ludwig Planck (1858-1947) deu um golpe mortal no materialismo quando, em 1900, postulou a *lei de Planck* e inaugurou a mecânica quântica, aposentando alguns postulados da física newtoniana no contexto do infinitamente pequeno.

As concepções da mecânica quântica associada às teorias da relatividade de Albert Einstein (1879-1955) transformaram radicalmente a física. Uma concepção de mundo baseada exclusivamente em princípios newtonianos já não se sustenta mais. Se até mesmo a luz possui uma dualidade partícula-onda, por que nós não podemos existir em uma dualidade corpo-Espírito ou, como o problema é classicamente denominado, corpo-mente?

Apesar de todas as conquistas científicas, ainda estamos longe de alcançar a essência da matéria. Podemos, então, falar em um princípio material. Este, nós o entendemos como sendo a substância primitiva, a matéria cósmica universal, criada pela vontade de Deus.

O princípio material pode sofrer inúmeras modificações e transformações, constituindo-se nos vários corpos da natureza. Assim sendo, poderemos falar em dois estados diferentes do princípio material, segundo a sua densidade: um estado de eterização, e um estado de ponderabilidade para se constituir nas múltiplas substâncias secundárias, que paulatinamente vamos conhecendo.

O estado de eterização constitui os diversos estados do princípio material que não podemos detectar pelos nossos sentidos físicos nem pelos nossos atuais instrumentos de investigação laboratorial. O estado de ponderabilidade é aquele que impressiona os nossos sentidos físicos e que podemos detectar com o auxílio de instrumentos.

Os diferentes estados do princípio material são determinados pela sua velocidade de vibração: quanto maior for a velocidade mais etérea será a matéria; quanto menor a velocidade mais condensada ela será. A física nos informa, por exemplo, que a luz visível é formada por radiações eletromagnéticas com uma velocidade vibratória de 10^{15} Hertz/segundo (o número 10 seguido de quinze zeros), o raio x situa-se entre 10^{18} e 10^{19} Hz e as radiações geradas na desintegração atômica ultrapassam 10^{20} Hz.

Assim, podemos compreender que os diferentes estados da matéria constituem alterações na densidade e na organização estrutural, não na sua natureza íntima. Esse conceito que já aparece plenamente desenvolvido no livro A gênese, de Allan Kardec, publicado pela primeira vez em 1868 e que integra a Codificação Kardequiana, foi confirmado pela física do século 20 em um adágio bastante difundido que diz que "matéria é energia coagulada e energia é matéria acelerada".

O princípio material e as formas secundárias dele advindas são inertes, passivos, não têm vontade própria, não pensam, portanto, não realizam nada, não evoluem, não são inteligentes, portanto não progridem, submetendo-se às leis naturais. A matéria não possui consciência de si mesma nem valores morais. A matéria não é nem boa nem má, não é certa nem errada, não tem desejos e não sente. O princípio material é plástico e se deixa transformar pela força da vontade de um princípio ativo, pensante, em outras palavras, inteligente.

O perispírito é formado a partir do princípio material em estado de eterização, enquanto o corpo físico é formado pelo mesmo princípio em estado de condensação.

PROPRIEDADES:

De vez que o corpo espiritual é de natureza material, isto vai significar que ele possui algumas das propriedades inerentes ao princípio material. Assim sendo, o corpo espiritual, submetido à direção do Espírito, tem, entre outras, as seguintes propriedades:

Capacidade refletora: o perispírito, em virtude do material rarefeito de que se constitui, reflete contínua e instantaneamente todos os estados emocionais do Espírito. Todo pensamento produz, portanto, dois tipos de efeito:

- Gera no campo de influência do corpo espiritual a sua imagem – o que é denominado de *forma-pensamento* – de acordo com a carga emocional.
- Influi na fisiologia dos centros vitais, repercutindo nas demais vias de sustentação da estrutura corporal física.

Cada personalidade estampa no próprio corpo perispiritual os sofrimentos de que é portadora.

Corporeidade: Sendo formado a partir do princípio material, o perispírito é organizado como estrutura eletromagnética, portanto de ordem física, por aglutinação da matéria elementar, disponível e adequada à natureza do nosso planeta, sob um campo de influência dirigido pelo Espírito configurando uma matriz que, por sua vez, moldará o corpo físico. Todavia, o perispírito necessariamente mantém uma densidade menor que a do corpo físico, porque vibra numa frequência mais elevada.

Densidade: Mesmo sendo o instrumento de manifestação da mente, o perispírito não deixa de ser matéria, ainda que de natureza quintessenciada e semimaterial. Como tal, apresenta uma densidade que se relaciona com o grau de evolução moral do indivíduo. Nos Espíritos moralmente adiantados, é mais sutil, e nos Espíritos inferiores aproxima-se da matéria, e é este fenômeno que faz conservarem por muito tempo as ilusões da vida terrestre (depois da morte). Quanto menor a densidade, menor seu peso e maior a luminosidade. Quanto mais elevado é o Espírito, tanto mais sutil, leve, diáfano e brilhante é o perispírito.

Expansibilidade: O perispírito pode expandir-se, ampliando seu campo de sensibilidade e de percepção, podendo chegar a atingir estados de percepção mais agudos, que ultrapassam os limites sensoriais do corpo físico.

Mutabilidade: O perispírito, se não é suscetível de modificar-se na sua substância, o é com relação à sua estrutura e forma que se torna mais delicada com a evolução filogenética. Quanto ao seu aspecto, podem ocorrer modificações superficiais e transitórias em função do estado mental.

Plasticidade: O perispírito molda-se de acordo com a vontade e o pensamento do Espírito. A forma que assume, pode, às vezes, e em certos limites, dizer muito sobre a sua capacidade intelectual e sobre o desenvolvimento da vontade, espelhando a realidade íntima do indivíduo.

Ponderabilidade: O corpo espiritual não apresenta um peso possível de ser detectado por meio de instrumentação até agora conhecida (imponderável sob o aspecto físico). Não obstante, na dimensão espiritual tem o seu peso específico conforme a posição moral, que determina, consequentemente, o *habitat* que lhe compete. Mero problema de padrão vibratório. Embora sendo matéria tênue, submete-se aos princípios gravitacionais.

Sensibilidade global: No Espírito livre do corpo físico a percepção do meio que o envolve já não depende dos canais nervosos materiais, portanto ele vê, ouve e sente com a totalidade do seu corpo espiritual, independentemente de posição e direção. No Espírito encarnado a sensibilidade fica, via de regra, limitada aos canais de percepção sensorial vulgares.

Sensibilidade magnética: O perispírito, como um campo de força eletromagnética que deve sustentar uma estrutura material, apresenta-se sensível à ação magnética. O Espírito encarnado tem condições de registrar a influência que emana de outro campo de energia, com evidente repercussão na organização somática.

Tangibilidade: O perispírito pode tornar-se materialmente tangível, no todo ou em parte. Tal propriedade vai permitir que se diga que uma determinada ideia ou sentimento 'tomou corpo' ou que se 'cristalizou' no corpo, tanto em sentido figurado como literal, ao pé da letra.

Unicidade: Não há dois perispíritos iguais, como, a

rigor, inexistem personalidades idênticas. Como reflexo da alma, ele é único como esta. Obviamente, no decorrer do processo evolutivo, diminuem as diferenças e cresce a harmonização entre as almas, sem que a individualidade deixe de ser preservada.

Visibilidade: O perispírito é invisível aos olhos físicos. Alguns indivíduos (verdadeiramente muito raros) denominados de médiuns videntes possuem as necessárias condições para ver o corpo espiritual em determinadas situações.

FUNÇÕES:

O corpo espiritual existe com as finalidades:

- Individualizar o Espírito ou mente, conferindo-lhe uma identidade, servindo-lhe como primeiro instrumento de manifestação em nível físico.
- Como estrutura organizadora da matéria, em níveis mais densos, para a constituição do corpo biológico.

O *self*, ou Espírito, é quem detém a ideia diretriz da forma e o corpo espiritual é o elemento que organiza, que estrutura e orienta o modo pelo qual as células se aglutinarão para constituir o corpo biológico. Foi devido a esta função que o dr. Hernani Guimarães Andrade o denominou de *modelo organizador biológico* (MOB).

Sendo a matriz estrutural que sustenta a organização do corpo biológico, sob a ação diretora da mente, o corpo espiritual se aproxima muitíssimo da *teoria dos campos morfogenéticos* e da *ressonância mórfica* do biólogo inglês

Rupert Sheldrake, e das ideias de campos eletrodinâmicos propostas pelo professor de anatomia da Universidade de Yale, Harold Saxton-Burr, que foram por ele denominados de *Life Fields*, ou seja, *campos da vida*. Dessa maneira, o corpo biológico pode crescer e renovar-se sem perder a sua organização, pois o perispírito possui a 'planta' original da construção do corpo físico.

Assim sendo, temos que o corpo biológico é vestimenta perecível e que se desagrega e tem que ser substituído ao longo do tempo, enquanto o corpo espiritual é indestrutível. Portanto, será graças ao corpo espiritual que as nossas imperfeições e deficiências encontram o caminho ideal, a fim que elas se reflitam em nosso corpo biológico na forma das doenças.

Chegados neste ponto, vamos resgatar o nosso motorista e o seu carro que ficaram esquecidos páginas atrás. Sabemos que não basta termos o motorista e o carro pura e simplesmente, para que tenhamos movimento, vida. É preciso que tenhamos como dar a partida no carro. Este evento, a partida, que colocará o veículo em movimento sob a direção da vontade do motorista, exige energia motriz que será gerada pela combustão da gasolina. A energia motriz que anima e vivifica o corpo físico foi denominada de *energia ou força vital*, o que nos remete às teorias vitalistas.

Para os materialistas ortodoxos falar de vitalismo em pleno século 21 é, no mínimo, uma piada de mau gosto. Todavia, é impossível falarmos de uma medicina espiritual sem a noção de vitalismo e de um princípio vital ou fluido vital. Convém relembrarmos do *ch'i* na MTC, do prana na medicina ayurvédica e da força vital da homeopatia, já abordados no capítulo sobre os modelos médicos. Na Introdução (item II, p. 20) de *O livro dos espíritos*, Allan Kardec escreve que o princípio vital é:

> [...] o princípio da vida material e orgânica, seja qual for a sua fonte, que é comum a todos os seres vivos, desde as plantas ao homem. A vida podendo existir sem a faculdade de pensar, o princípio vital é coisa distinta e independente. A palavra 'vitalidade' não daria a mesma ideia. Para uns, o *princípio vital* é uma propriedade da matéria, um efeito que se produz quando a matéria se encontra em dadas circunstâncias; segundo outros, e essa ideia é mais comum, ele se encontra num fluido especial, universalmente espalhado, do qual cada ser absorve e assimila uma parte durante a vida. [...] Este seria então o *fluido vital* que [...] não seria outra coisa senão o fluido elétrico animalizado, também designado por *fluido magnético*, *fluido nervoso* etc.

Em gigantesca e magistral obra lançada, Paulo de Figueiredo nos diz que:

> O princípio vital surgiu primeiramente na filosofia, sendo absorvido pela ciência, em oposição ao empirismo reducionista da medicina alopática materialista e ao dogmatismo escolástico da Igreja[30]. (p. 228)

e, mais adiante completa o raciocínio, afirmando que:

---

30 *Mesmer, a ciência negada e os textos escondidos*. Publicações Lachâtre. Bragança Paulista. 2005, p. 228.

> Os cientistas vitalistas uniam a filosofia com a ciência, oferecendo uma base experimental para o modelo teórico construído por Sócrates, Platão, Hipócrates, Paracelso, Descartes e outros. (p.230)

O vitalismo foi difundido por destacados nomes, como William Harvey (1578-1657), Gottfried Leibniz (1646-1716), George E. Stahl (1660-1734), François Boissier des Sauvages (1707-1767) que, segundo Figueiredo, teria afirmado que "Deus dotou o corpo de um princípio vital diretor para a execução de suas funções", Henri Fouquet (1727-1806), Albrecht von Haller (1708-1777) e pelo professor da Faculdade de Medicina de Montpellier Paul-Joseph Barthez (1734-1806).

Entretanto, o grande nome do vitalismo, que foi habilmente escamoteado pela medicina oficial, foi Franz Anton Mesmer (1734-1815). Dono de uma formação cultural sólida e muito acima da média dos seus pares, os postulados de Mesmer sobre o magnetismo animal ultrapassavam os horizontes do seu tempo.

O magnetismo animal mesmérico seria a forma de manifestação mais simples do princípio vital. Este coordenaria toda a economia orgânica de tal modo a preservar o corpo dos processos naturais de entropia, que encaminha todos os sistemas orgânicos em direção à desordem e à doença culminando na morte.

Não por acaso encontramos Mesmer e Hahnemann dentro do mesmo contexto histórico. A homeopatia, como processo terapêutico, aliado ao mesmerismo, em bases científicas, constitui-se em verdadeira revolução da arte de curar, formando os alicerces sobre os quais podemos edificar uma medicina espiritual.

Ao compararmos o fluido ou energia vital com a energia fornecida pela combustão da gasolina, poderemos traçar algumas analogias interessantes. A autonomia do veículo é determinada pela quantidade de gasolina que ele carrega e pelo respectivo consumo; se o nível de gasolina está muito baixo o carro pode ser reabastecido e, quando é necessário, um veículo com o tanque cheio pode transferir um pouco da sua gasolina para um carro com gasolina insuficiente para chegar até o seu objetivo.

A longevidade do corpo físico será determinada pela sua reserva intrínseca de fluido vital e pelo consumo deste ao longo da existência. Eventualmente poderemos desperdiçar energia vital, abreviando a nossa vida, ou poderemos absorvê-la e ir um pouco mais adiante. Por sua vez, alguns indivíduos podem transferir um pouco do seu fluido vital para os que se encontram necessitados mediante o passe espiritual ou terapia de imposição das mãos (que nada mais é do que o mesmerismo). Resta-nos agora estudarmos, ainda que de forma resumida, a estrutura anatomofuncional do corpo espiritual ou perispírito.

A estruturação funcional do corpo espiritual é de cunho essencialmente energético ou eletromagnético. Tal estruturação irá gerar campos de força bem definidos, assim como um ímã cria um campo de força através do qual ele ordena e distribui as limalhas do ferro. No ser humano estes campos de força localizam-se no corpo espiritual de onde dirigem a nossa organização celular, formando os órgãos do corpo biológico.

Tais campos de força receberam diferentes denominações segundo os indivíduos ou as escolas que os estudaram. No hinduísmo foram chamados de *chakras*, palavra sânscrita que significa roda; este mesmo nome é utilizado na ioga e pelo reverendo inglês Charles Leadbeater. Carl Gustav Jung os denominava de *centros de consciência* e na doutrina espírita foram denominados de *centros de força* ou *centros vitais*.

A literatura sobre os centros de força é muito ampla e foge ao escopo deste trabalho, pelo que remetemos o amigo leitor à bibliografia para elucidações complementares. Entretanto, neste momento interessa-nos ouvir o que outras linhas de pensamento têm a nos dizer e vermos o que nos é útil.

A medicina tradicional chinesa, através da acupuntura, talvez seja a fonte mais próxima e útil de referências. Ela nos informa sobre a existência de inúmeros pontos energéticos (pontos de força ou acupontos) que tendem a se organizar em níveis crescentes de hierarquia até comporem os centros vitais, que estão interligados por uma delicada rede de canais os quais são, em conjunto, denominados *meridianos* ou *nadis*. O número de centros de força e de nadis é incerto, todavia os autores que se dedicam ao seu estudo referem sete centros vitais e pelo menos três meridianos principais. Os sete centros de força principais estão mais ou menos dispostos na linha mediana do corpo e a nadis com esta topografia é denominada Sushumnâ, estando a nadis Idâ à esquerda e a Pingalâ à direita, cruzando-se ao longo do trajeto em direção ao topo da cabeça. Curiosamente, o símbolo da medicina possui uma estrutura muito semelhante e não é 'por acaso'.

  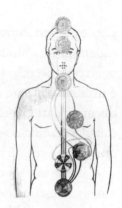

Figura 6: Vemos à esquerda o símbolo de Asclépio, o deus grego da medicina e filho de Apolo. No meio, temos o símbolo de Hermes, patrono do comércio. À direita, uma representação clássica dos centros de força com os meridianos centrais, segundo o reverendo Charles Leadbeater.

A função dos centros de força pode ser entendida como a de centros de conversão e de transferência de energia entre duas dimensões vizinhas – corpo espiritual e corpo físico – e como centros de consciência. O cruzamento de informações médicas sobre a anatomofisiologia do corpo humano na visão da medicina tradicional chinesa e no modelo ocidental mecanicista, demonstra que os pontos de força ou acupontos superpõem-se às terminações nervosas, enquanto os centros vitais principais estão diretamente relacionados com grandes plexos nervosos e com as glândulas endócrinas, construindo uma ponte entre os centros de força e o sistema neuroendócrino anteriormente descrito.

Esses sete centros de força principais possuem um padrão hierárquico dominante de cima para baixo, em relação com a sua função controladora e com a sua importância. Esta hierarquia é interdependente, de tal maneira que a disfunção em um centro pode comprometer todos os demais. Por comparação, poderíamos dizer que os centros de força são como estações retransmissoras de energia que funcionam em mão dupla.

➢ O primeiro centro de força é chamado *coronário* ou *da coroa* e está associado à glândula pineal ou epífise e com o córtex cerebral, notadamente o córtex pré-frontal. Dentro dos limites da ciência acadêmica, este centro de força não possuiria uma equivalência hormonal funcional explícita, embora seja ele o responsável pela assimilação de estímulos procedentes do mais alto (Deus!) por meio dos quais o Espírito orientará a forma, o movimento e o metabolismo orgânico. Nas representações artísticas, ele corresponde às auréolas que envolvem a cabeça dos santos cristãos, assim como às saliências no alto da cabeça dos mestres hindus e do Buda.

Em psicologia pode ser associado ao conceito mais amplo de mente, ou à ideia de um nível de consciência mais amplo, que demanda um completo conhecimento de nós mesmos e o domínio pleno das nossas emoções e demais qualidades psicológicas.

Por estar submetido aos influxos da mente, exerce efeito controlador sobre os demais centros de força. Tal efeito controlador estará, contudo, necessariamente subordinado aos vínculos de interdependência que unem todos os centros de força, posto que todos são elementos integrantes do corpo espiritual.

➢ O segundo centro de força é denominado *frontal* e mantém correspondência com a glândula hipófise ou pituitária, com o hipotálamo e com os sentidos da visão e da audição. Em nível físico, participa do controle do sistema nervoso autônomo, da atividade das outras glândulas endócrinas, do tato e da inteligência. Em outras palavras, coordena as nossas percepções especiais e a nossa atividade mental no desenvolvimento do conhecimento, da sensibilidade artística e da abstração (pensamento filosófico).

Em termos psicológicos, ele é o centro de força que nos permite uma autopercepção, facilita a integração das ideias e a capacidade de organização. Pela sua associação com o rosto, poderá estar envolvido com as máscaras sociais utilizadas pelos indivíduos, em situações de desequilíbrio emocional.

➢ O terceiro centro de força é o *laríngeo* ou *da garganta*, inclui o pescoço, a garganta e o queixo e está intimamente relacionado com a glândula tireoide, as paratireoides e a laringe. Participa no controle funcional da respiração e da fonação, além das atividades endócrinas da tireoide, paratireoides.

Relaciona-se com a capacidade expressiva do indivíduo nos relacionamentos interpessoais, com a autorreflexão e com a autoidentificação. Aqui se abre a porta da consciência pela capacidade de refletirmos a nosso próprio respeito, permitindo conhecermos a nós mesmos, e a intentarmos os primeiros esforços de renovação interior. É proeminente nas pessoas envolvidas com atividades criativas relacionadas com a cor, a forma, o ritmo e a sonoridade.

O padrão psicológico que pode determinar um estado funcional desequilibrado neste centro de força se caracteriza por uma conduta precocemente 'madura'. São indivíduos que quando veem que as suas necessidades (de cunho emocional) não são supridas, reagem assumindo comportamentos e responsabilidades acima das suas potencialidades. Pode, também, ser desequilibrado pelo mau uso das suas funções em indivíduos que carecem de senso autocrítico realístico.

➤ O próximo centro de força é o *cardíaco*; anatomicamente ele está associado ao coração físico, às raízes nervosas correspondentes, ajudando a controlar o ritmo cardíaco, e ao timo.

Relaciona-se com a experiência e a expressão do afeto e do amor, bem como as ações expressivas geradas por tais sentimentos. O centro de força cardíaco ajuda a dirigir a emotividade e a circulação das forças primordiais nos níveis que o sucede, e registra a qualidade e o poder do amor na vida do indivíduo.

O centro de força cardíaco apresenta-se especialmente desenvolvido em missionários, que fizeram da vida uma obra de louvor ao amor, como Francisco de Assis e o Mahatma Gandhi.

A dificuldade em expressar emoções amorosas gera um estado desequilibrado de exagerada autoproteção crônica. O indivíduo tenta se defender dos ataques e das mágoas, reprimindo a sua expressão afetiva, mas acaba também impedindo a entrada de sentimentos de ternura e de enriquecimento. Este modo desequilibrado de ser repercutirá sobre a estruturação do tórax e dos ombros com quadros dolorosos marcantes.

➤ O quinto centro de força é o do *umbigo*, que no corpo biológico se relaciona com o *plexo solar*. O termo plexo solar não faz parte da nomenclatura anatômica atual, tendo sido rebatizado de *plexo celíaco*; está associado com as adrenais e com o pâncreas em primeira instância e com o fígado e o estômago de forma acessória. Esse centro de força participa das atividades do sistema sanguíneo, regulando a distribuição adequada dos recursos vitais ao organismo.

Emocionalmente, associa-se aos sentimentos de poder e de controle do indivíduo sobre si mesmo e sobre os relacionamentos interpessoais e de ascendência social (diz-se que é uma pessoa biliosa). Em um nível consciencial equilibrado o indivíduo já não tem mais a preocupação em dominar a si mesmo ou aqueles que estejam à sua volta. Isto significa que o er dá valor às suas próprias emoções e aos sentimentos dos demais; é o começo da empatia.

Por outro lado, o desejo de conquistar e dominar o que se tem em volta, fazendo valer a nossa vontade (egoísmo), são as emoções que estão na origem dos desequilíbrios deste centro.

➢ O centro de força seguinte é o *esplênico*, que no corpo físico se associa ao plexo mesentérico, aos intestinos e ao baço. Está envolvido com a digestão e com a absorção dos alimentos e com uma parcela significativa do sistema nervoso autônomo. Numa visão psicossomática, está associado com os relacionamentos interpessoais básicos, o que significa trabalhar com as emoções mais primárias nos relacionamentos humanos. É o centro vital que traduz a capacidade do indivíduo de digerir os percalços da vida. Quando não se consegue este objetivo, dizemos que o indivíduo está 'enfezado' ou com 'alguma coisa entalada' que não foi digerida.

Os sentimentos de ódios, ressentimentos e o desejo de vingança são as emoções descontroladas que mais se associam ao desequilíbrio energético neste nível.

➢ O centro de força mais inferior é o *genésico* ou *da base* ou *da raiz*, localizado na base da coluna, mais precisamente em relação com a quarta vértebra sacra e com o plexo sacro e em relação com as glândulas genitais.

Este centro de força participa como elemento cocriador de novas formas, relacionando-se com os estímulos criadores e com as necessidades básicas de sobrevivência. Está relacionado com as energias e com as atitudes que participam das preocupações primitivas e materiais. As emoções que circulam por este centro de força estão diretamente vinculadas às paixões viscerais.

Uma preocupação excessiva com as necessidades materiais e de sobrevivência, acrescida de um comportamento sexual desregrado, podem estar na origem dos desequilíbrios deste centro vital, causando intensa atividade nele mesmo e que resultará em quadros de disfunção sexual.

O modelo descrito não é unanimidade entre os diversos autores, portanto optamos pela média com o objetivo de completar a discussão que vínhamos elaborando.

UM POUCO DE RELIGIOSIDADE NÃO FAZ MAL A NINGUÉM

Há dezenas de milhares de anos, enquanto nossos antepassados perambulavam sobre a Terra, eles se defrontaram com inúmeros fenômenos que não podiam entender nem explicar. Naquele contexto, a humanidade começou a pôr em evidência a relação entre o homem em si mesmo e uma realidade à sua volta que o ultrapassava infinitamente. A constatação entre o finito e o infinito gerou no homem sentimentos diversos que iam do medo à veneração beatífica. Foi quando nasceu no homem o sentimento religioso.

Estudos de antropologia e de arqueologia estimam que o sentimento religioso entrou em cena, no palco da consciência humana, aproximadamente entre 100 e 50 mil anos atrás, durante a era paleolítica. Segundo Steven Mithen, tanto os *Homo neanderthalensis* como os *Homo sapiens sapiens* do paleolítico superior já sepultavam seus semelhantes com objetos comuns, armas e partes de carcaças animais ou como oferendas aos 'deuses', ou como ferramentas para serem utilizadas na nova jornada.

Nessas manifestações religiosas embrionárias, a ideia da existência de um ser espiritual que sobrevivia à morte física foi se desenvolvendo. Observando o ciclo nascimento-crescimento-morte-renascimento que ocorria na natureza à sua volta, o homem começou a racionalizar sobre sua própria vida. Iniciou-se, então, um culto aos ancestrais, que era particular para um clã ou para um grupo social em particular. Com o aumento do número dos membros constituintes do grupamento humano, o culto aos ancestrais evolui, elevando-os à condição de pequenos deuses familiares, e depois para o de deuses universais, ao menos, para aquele grupo.

Nesse primeiro momento, excetuando-se algumas doenças, em que era possível a constatação direta da existência de um agente causal com um respectivo efeito sobre o corpo, as demais eram encaradas sob o ponto de vista religioso. Assim, quando um homem era ferido por outro durante uma briga, o ferimento era visto como a doença em si mesmo e causada pela arma do inimigo. Os cuidados empregados no tratamento dos ferimentos eram frutos da observação dos processos que ocorriam na natureza e da transmissão oral da experiência.

A proximidade dos povos primitivos com a natureza levou-os a fazer uso empírico de diversas plantas com finalidades religiosas e medicinais. Muitos desses usos atravessaram os séculos e chegaram até os dias atuais, tendo-se convertidos em material de pesquisa dos modernos laboratórios farmacêuticos. O uso de procedimentos cirúrgicos também é muito antigo e se revestiu de diversas modalidades entre os diferentes povos. Trepanações cranianas, por exemplo, eram realizadas por homens do período neolítico (10.000 a 7.000 a.C.) provavelmente como um recurso de tratamento muito mais espiritual do que médico.

Contudo, se apesar destes cuidados, a ferida infeccionasse, dando ensejo ao surgimento de outros fenômenos, tais como: a febre, os delírios ou as supurações, o pensamento religioso entrava em cena e o indivíduo podia ser visto como estando possuído por um espírito maligno enviado pelo inimigo. Nessas circunstâncias, era preciso recorrer a métodos que permitiam entrar em contato com o mundo dos Espíritos ou 'sombras', usando-se recursos simbólicos.

Ao que tudo indica, parece que os tratamentos com técnicas simbólicas que geravam efeitos psicológicos eram os mais difundidos. Danças e recitações ritualísticas com a imposição das mãos e o uso de máscaras ou de símbolos que eram desenhados na terra, nas vestimentas ou mesmo sobre o corpo do doente foram, e ainda são, práticas quase universais entre povos que viveram totalmente isolados uns dos outros no tempo e no espaço.

Esta maneira de ver os acontecimentos do dia a dia das sociedades primitivas criou as condições para o surgimento de um grupo de indivíduos que tentavam entender o que se passava. Tais homens foram chamados de feiticeiros, bruxos, xamãs, pajés, curandeiros e rezadores, ou seja, eram os homens que se ocupavam em dispensar cuidados, tratar e dar remédios aos necessitados. Foram os primeiros *médicos* da humanidade, em conformidade com o valor etimológico dessa palavra.

Na atualidade, tanto os profissionais da área da saúde como os leigos, ao menos nos grandes centros urbanos, possuem uma ideia equivocada e, não raras vezes, caricata dos curandeiros, dos rezadores, dos pajés e xamãs. O dr. Larry Dossey (p. 101) apresenta-nos uma exposição detalhada do papel dos xamãs nas coletividades onde eles atuavam. Servindo-se do trabalho de Mircea Eliade – *Shamanism*, Princeton University Press – ele nos diz que o xamã era respeitado em seu meio justamente por ser um indivíduo intelectual e moralmente superior aos seus pares.

À medida que as organizações sociais foram evoluindo, essa nova classe de homens passou a ocupar um espaço único dentro das sociedades. Esses homens cuidavam dos seus semelhantes em todos os níveis, alimentavam-nos, limpavam-lhes as feridas, ministravam os medicamentos e rezavam por eles na intenção de fazer chegar aos deuses as suas necessidades. Desenvolviam um trabalho sagrado na medida em que encaminhavam até Deus o doente para que este pudesse alcançar a graça da cura. Daí terem recebido nos tempos clássicos a denominação de terapeutas. Em grego o vocábulo terapeuta (*therapeutés/thai*) significa 'aquele que encaminha até Deus'.

Pelas peculiaridades do seu ofício, aqueles homens passaram a ser vistos pelos seus pares como sacerdotes, ou seja, 'aquele que desempenha uma função sagrada'. É por isso que até nos dias atuais se diz que o serviço religioso e as atividades exercidas pelos profissionais de saúde são sagradas e que necessitam de sacrifícios. Um sacrifício nada mais é do que um 'sacro ofício', ou seja, um trabalho sagrado, um trabalho divino.

Nas sociedades antigas todos os aspectos da vida material eram influenciados, se não dirigidos, pelo mundo espiritual e pelos deuses. As doenças eram causadas por maus espíritos ou pelas forças maléficas que estes emitiam, ou então porque o indivíduo havia ofendido os deuses tribais ou os espíritos por suas palavras ou ações. Os feiticeiros e xamãs eram aqueles homens que se colocavam entre o indivíduo comum e Deus, intermediando as medidas necessárias para que o doente alcançasse a cura.

Por sua vez, como os feiticeiros podiam estabelecer contato com os deuses, eles começaram a ser consultados pelos seus semelhantes também nos assuntos de ordem profana e comum, o que permitiu que eles incorporassem os papéis de juízes e de líderes.

Com o crescimento demográfico, aquelas tribos acabaram se transformando em sociedades cada vez mais complexas, em que os seus indivíduos descendiam de um mesmo patriarca, possuindo as mesmas características físicas, sociais, linguísticas, comportamentais e religiosas. Este crescimento alcançou uma magnitude territorial tão significativa que permitiu o surgimento dos estados políticos, os quais, em função da sua origem, evoluíram naturalmente para o desenvolvimento de sociedades teocráticas, nas quais a política social e a religião eram uma coisa única e indissociável.

Assim, entre os sumérios, os egípcios e os fenícios, entre outros, era comum que os sacerdotes ou que uma classe de indivíduos privilegiados acumulassem as funções políticas, religiosas e curativas. Os faraós egípcios e os césares de Roma foram elevados à condição de deuses encarnados. Na Europa, a ideia de um líder político revestido de autoridade divina sobreviveu durante muitos séculos por meio da crença no 'toque do rei' como um recurso de tratamento para as doenças.

Quando essas sociedades estavam plenamente constituídas e com identidades próprias, começaram a surgir as primeiras observações referentes à necessidade de se separar ideias e valores diferentes, caracterizadas, em nível social, pelo início da separação entre os poderes do estado e a religião. É nessas sociedades que vamos perceber o surgimento de um processo de racionalização em que o homem vai começar a desenvolver formas abstratas de pensamento.

Esta nova fase do processo evolutivo do pensamento deu ao homem, enquanto ser individualizado, as condições para que ele se desenvolvesse à parte da sociedade. Foi a partir desse momento que começaram a surgir homens que se dedicavam apenas ao ofício curativo, tornando-se os primeiros médicos da Antiguidade.

Os hebreus consideravam muitas doenças como sinal de impurezas, prescrevendo o não contato com os doentes em vários graus. No Levítico podemos encontrar as recomendações de Moisés referentes ao parto (12: 2 a 8), à lepra (13) e à menstruação e gonorreia (15). As recomendações moisaicas eram tão duras, considerando-se os doentes como impuros, que as prescrições de isolamento social eram práticas comuns. Isso fazia com que os doentes tivessem muita dificuldade em encontrar alguém que quisesse ajudá-los.

Entretanto, o mesmo Levítico prescreve que cada doente, ao se purificar, deveria apresentar-se perante um sacerdote do templo para confirmá-lo e este determinaria as ofertas que seriam feitas ao Altíssimo em agradecimento pela cura alcançada. Por exemplo, o capítulo 14 do referido livro descreve, nos versículos de 1 a 32, as prescrições que deveriam ser seguidas por aqueles que se purificassem da lepra.

Hipócrates considerava a doença como um desequilíbrio da natureza íntima dos pacientes. Para ajudá-los, ele ensinava que os médicos deviam se envolver com os seus pacientes para que pudessem entender a forma pela qual o paciente sofria a doença, e não que tipo de doença o paciente apresentava. Para o restabelecimento dele, era comum a prescrição de meditação e de orações além dos medicamentos disponíveis no seu tempo.

Na sociedade romana, a prática dos cuidados terapêuticos era aplicada apenas em nível doméstico e pelo *pater familiae*, não existindo a figura do médico tal como a conhecemos. Os sacerdotes eram figuras importantes no sistema médico greco-romano, aos quais a sociedade recorria nas situações mais difíceis. Nessas oportunidades, os oráculos forneciam pareceres quanto à causa do mal e das medidas necessárias para se alcançar a cura.

Após a queda do Império Romano (476 d.C.), a ciência ocidental entrou em uma fase de relativa inatividade, enquanto ocorria o florescimento da cultura árabe com o poder econômico e militar do Império Otomano. O auge das ciências médicas entre os árabes foi entre os séculos 9 e 12, tendo sido Albucassis (936-1013), Avicena (980-1037), Avenzoar (1091-1162) e Averróes (1126-1198) os grandes nomes dessa época.

A cultura árabe e o livro sagrado dos muçulmanos, o *Alcorão*, proibiam a dissecação de cadáveres humanos, portanto os estudos anatômicos eram feitos em porcos, o que permitiu a Albucassis concluir que a cirurgia árabe estava atrasada. Mas, por outro lado, eles se transformaram em exímios observadores clínicos, fornecendo descrições muito detalhadas de várias doenças, principalmente as infecciosas. Uma teoria atribui aos muçulmanos a criação e o desenvolvimento de instituições próprias para hospedar, abrigar e tratar gratuitamente os pobres e os doentes, os chamados hospitais ou nosocômios, mantidos pelas autoridades políticas.

Com as chamadas guerras santas – as Cruzadas – os europeus teriam importado a ideia dos hospitais, uma vez que entre eles só existiam enfermarias nos monastérios. Com o tempo, o aumento na demanda de atendimento médico exigiu que os monges tivessem que sair dos mosteiros para atender os doentes em casa, o que criou sérios problemas para todos, pois infringia as regras monásticas.

Aproveitando-se das circunstâncias, alguns nobres, apoiados pela magistratura, conseguiram fundar as primeiras universidades independentes da Igreja em cidades como Salerno, Florença, Bolonha e Nápoles, incentivando a atuação de profissionais não religiosos nos séculos 14 e 15. Todavia, estes novos médicos ainda necessitavam de autorizações papais para os seus estudos e pesquisas.

Na Europa, que saía da Idade Média e avançava com passos rápidos para as Idades Moderna e Contemporânea, a separação entre a ciência e a religião pareceu ser inevitável e aprofundou-se a tal ponto que acabou criando um abismo quase intransponível nos nossos dias. O sentimento religioso, como instrumento terapêutico, foi alijado do homem comum à sua revelia pelos doutores da ciência.

A partir dos movimentos de reforma sociocultural levados a efeito com o Renascimento (séculos 15 e 16) e com o Iluminismo (século 18), a ciência voltou a crescer, mas desta vez buscou ser independente. Para tanto, era necessário o apoio de uma base filosófica que pudesse sustentá-la e dar-lhe autonomia. Esta base filosófica, a ciência encontrou-a no racionalismo materialista que se opôs às ideias religiosas.

A doença passou a ser vista como alguma coisa nociva e perigosa que agredia o corpo humano e que, portanto, deveria ser combatida por todos os meios disponíveis. Nesse contexto não sobrou espaço para a alma.

Assim, a partir do século 18 a medicina praticada nas universidades e hospitais europeus começou a vicejar com força e rapidez. Amparada de um lado por uma burguesia economicamente poderosa, que estava adquirindo poder político ao libertar-se do controle da nobreza e do clero, e do outro lado, pelas ideias racionalistas, a medicina ocidental estava livre para seguir, sem Deus, o seu próprio caminho.

Neste ponto, convém relembrarmos os apontamentos que foram apresentados no capítulo sobre os modelos médicos. A medicina tradicional chinesa (MTC) e a medicina ayurvédica foram concebidas e desenvolvidas dentro de modelos filosóficos e teológicos, nos quais Deus é imanente e o Espírito, como entidade moral e que sobrevive à morte do corpo físico, é uma realidade primária e absoluta. Na medicina homeopática a existência de um *espírito racional* que habita o corpo físico (§ 9) é um postulado básico nos princípios definidos por Hahnemann.

Além disso, esses três sistemas médicos são vitalistas, pois consideram que no homem existe uma energia vital não mecânica, que anima e vivifica o corpo físico.

Entretanto, ao conquistar a sua independência da Igreja, a ciência executou um movimento pendular e foi entrincheirar-se no extremo oposto. Agiu como o filho rebelde que para conquistar a sua independência rompe os laços com o ambiente doméstico e sai de casa brigado, virando as costas para quem o educou e o sustentou durante muito tempo. A ciência, obviamente personificada nos homens, não soube diferenciar a essência do sentimento religioso da Igreja em si.

Se as instituições religiosas constituídas são passíveis de críticas pelos seus erros e abusos, o mesmo não acontece com o sentimento religioso e com a fé. O sentimento religioso não é a mesma coisa que a religião dogmática, ritualizada, formalizada e materializada nos templos e igrejas de pedra.

O sentimento religioso ou espiritualidade pode ser bem compreendido como a percepção íntima que permite que um ser, cuja vida é finita e profana, encontre nas suas horas mais aflitivas e dolorosas o conforto e a razão para o seu viver no contato com o infinito, segundo Félicien Challaye[31] (p. 258).

Tal sentimento é um evento complexo que envolve aspectos filosóficos, emocionais e comportamentais da vida humana. Do ponto de vista filosófico, a religiosidade leva o homem a buscar um sentido e um propó-

---

31 *As grandes religiões*. Ed. IBRASA. São Paulo. 1998, p. 258.

sito maior para a sua vida, na busca da verdade e de valores morais. Emocionalmente, faz aflorar e permite aprimorar os sentimentos de esperança, amor, paz interior, tranquilidade, comunhão e solidariedade. Além disso, o sentimento religioso induz o homem a adquirir comportamentos mais benignos e produtivos tanto para o indivíduo em si, quanto para os que estão à sua volta (Anandarajah, 2001).

Espiritualidade ou religiosidade é um sentimento inerente ao ser humano, que faz com que busquemos nos ligar com Deus. Não aquele deus pequeno comercializado nos templos, nem o 'senhor dos exércitos' parcial e preconceituoso que discrimina os homens, escolhendo uns e condenando outros. Mas sim, o Deus que é o Pai Criador e Provedor.

Religiosidade é um sentimento puro que eleva o Espírito humano ao Criador, Fonte da Vida e Doador de todas as graças. Religiosidade é aquele sentimento incrustado na criatura pelo Criador, que faz com que ela encontre em si mesma o amparo, o sustento e o conforto necessário para superar as dificuldades de cada dia. O sentimento religioso não é privilégio de um povo, de uma religião constituída, de uma seita. O sentimento religioso é aquele que outorga ao ser "adorar a Deus em espírito e verdade" (João 4: 24).

O estudo da história das civilizações nos ensina que nunca houve um povo ateu. Toda comunidade, todo grupamento humano, pelo menos nos últimos 10 mil anos, teve algum tipo de ideia religiosa. Pesquisas realizadas pelo Censo 2000, e divulgadas pelo IBGE, informam que mais de 90% da população brasileira acreditam em Deus. Nos Estados Unidos a porcentagem passa dos 96%. Jennifer Aviles informa que 98% dos pacientes hospitalizados acreditam em Deus ou em uma força superior e que 96% dos pacientes admitem fazer uso da prece para ajudar no processo terapêutico.

Segundo a dra. Gowri Anandarajah, a literatura médica tem acumulado fortes evidências da relação entre o sentimento religioso e a medicina. Ela diz que 94% dos pacientes internados acreditam que a saúde espiritual é tão importante quanto a saúde física; e 77% dos pacientes pensam que os médicos deveriam considerar as necessidades espirituais dos pacientes como parte dos cuidados médicos. E 37% dos pacientes esperam que os médicos conversem com eles sobre as suas crenças, contudo 80% dos pacientes informam que os médicos nunca ou raramente discutem temas espirituais com eles. Ainda segundo o mesmo artigo, 91% dos pacientes acreditam em Deus contra apenas 64% dos médicos.

O dr. Harold Koenig, geriatra e psiquiatra, professor catedrático da Universidade de Duke, nos EUA, e fundador do Centro de Estudos de Religião, Espiritualidade e Saúde, informa que entre mais de 850 estudos científicos que pesquisavam a relação entre espiritualidade e vários aspectos de saúde mental, de dois terços (66%) a três quartos (75%) dos resultados demonstravam que a espiritualidade exerce influência positiva para uma melhor saúde mental e para uma melhor adaptação ao estresse.

Entre outros 350 estudos médicos que avaliavam a religiosidade e a saúde, na maioria deles as pessoas religiosas eram fisicamente mais saudáveis, apresentavam um estilo de vida também mais saudável e utilizam menos os serviços de saúde. Ainda segundo o dr. Koenig, a magnitude do impacto da espiritualidade sobre a saúde física, em particular sobre a sobrevivência, se aproxima dos resultados obtidos pela abstinência do tabagismo, possibilitando mais 7 a 14 anos de vida.

Uma pesquisa (Byrd), realizada entre agosto de 1982 e maio de 1983, com 393 pacientes da unidade de cuidados coronarianos do San Francisco General Hospital, Califórnia, demonstrou que os pacientes que receberam preces tiveram uma menor incidência de insuficiência cardíaca congestiva, precisaram de menos diuréticos e antibióticos, apresentaram menos episódios de pneumonia, de arritmias cardíacas e foram mais raramente submetidos a procedimentos de intubação orotraqueal e ventilação mecânica do que os pacientes do grupo-controle que não receberam preces. É importante salientar que este estudo foi realizado de forma duplo-cego, ou seja, os médicos atendentes não sabiam para quais pacientes as preces estavam sendo dirigidas nem os pacientes sabiam que estavam sendo feitas preces para o restabelecimento deles.

Mais tarde[32], uma pesquisa realizada com 1.013 pacientes do Saint Luke's Hospital, em Kansas City, durante um período de 12 meses, confirmou os achados da pesquisa de Byrd. No livro de sua autoria, o dr. Larry Dossey usou o referido trabalho de Randolph Byrd para iniciar uma discussão bastante abrangente sobre o valor da prece como instrumento de cura.

---

32 Harris e Cols. A *randomized controlled trial of the effects of intercessor prayer on outcomes in patient admitted to the coronary care unit.* Arch. Intern Med. 1999. 159: 2273-78.

É possível que alguns leitores se sintam desconfortáveis com uma abordagem que integre ideias médicas com espiritualidade. Médicos com formação ortodoxa, e pacientes que seguiram pela vida distanciados de qualquer espiritualidade, simplesmente rejeitam e se negam a aceitar este tipo de abordagem, pensando que se trata de charlatanismo. Estão, no mínimo, mal informados.

Em maio de 2005, o psiquiatra Alexandre Moreira de Almeida obteve o título de doutor em medicina pela Universidade de São Paulo (USP), defendendo uma tese sobre fenomenologia mediúnica. Em 2004, o médico Frederico Camelo Leão obteve o grau de mestre pela mesma Universidade com outra tese que relacionava medicina e prática religiosa.

Na introdução da sua tese, o dr. Frederico Leão apresenta um esboço histórico das pesquisas que correlacionam saúde e espiritualidade nas últimas décadas, e qual o panorama atual. Assim, segundo o dr. Leão:

> Atualmente existem diversos centros de pesquisa científica que se dedicam a conduzir investigações sobre as relações entre saúde e espiritualidade. Nos EUA, [...] as universidades George Washington e Duke têm centros de pesquisa em espiritualidade e saúde. Outros centros como Harvard Medical School e o Mind/Body Medical Institute of Deaconess Hospital, em Boston, conduzem cursos destinados a examinar as relações entre práticas médicas e religião. Outra referência importante é o curso oferecido pelo Johns Hopkins Medicine: Spirituality and Medicine Institute. (p. 12)

Dr. Leão ainda descreve grupos de estudo na Europa e também os trabalhos de David Larson, Herbert Benson, Christina Puchalski, Harold Koenig e William Harris, estes dois últimos referidos mais acima. Entre nós, são citados os doutores Francisco Lotufo Neto, Paulo Jacomo Negro, o Núcleo de Estudos de Problemas Espirituais e Religiosos (NEPER) da USP e o Grupo de Pesquisa em Psicologia e Religião da UNICAMP, dentre outros.

Os grupos de estudos e pesquisa sobre a espiritualidade evitam as querelas inúteis e infrutíferas sobre se Deus existe, ou se é apenas uma invenção de 'mentes simplórias'. Também não desperdiçam tempo e esforço em discussões sobre a existência ou não de uma alma ou Espírito que anima e sobrevive ao corpo físico. Esses pesquisadores trabalham sobre fatos e realidades observáveis. Estes fatos são a ideia de uma divindade onipotente e a crença que os indivíduos possuem nesta divindade.

A crença em Deus é inata, natural e espontânea no homem. No livro *O espírito e o tempo*, o jornalista e filósofo José Herculano Pires apresenta-nos detalhado relato de como o sentimento religioso e a fé se desenvolveram na humanidade. O autor demonstra como através dos milênios o homem ascendeu do totemismo à mitologia, da mitologia ao Deus único e Senhor dos exércitos, do Senhor dos exércitos ao Pai criador. E, nesta trajetória evolutiva, Herculano Pires ajuda-nos a compreender como a adoração beatífica e a crença cega podem evoluir para a fé raciocinada, aquela que, segundo as palavras de Allan Kardec:

[...] se apoia nos fatos e na lógica, não deixa nenhuma obscuridade: crê-se, por que se tem a certeza, e só se está certo quando se compreendeu. [...] porque só é inabalável a fé que pode enfrentar a razão face a face, em todas as épocas da humanidade[33].

Uma das características potencialmente criticáveis das sociedades ocidentais contemporâneas é a sua postura ostensivamente ateísta materialista, que diz acreditar apenas naquilo que pode ver, tocar, pesar, medir, possuir. Como nos ensinou Antoine de Saint Exupèry em O pequeno príncipe, "o essencial é invisível aos olhos".

O sentimento religioso se manifesta no homem comum por intermédio do que se denomina fé. A palavra fé deriva do latim fides,éi e significa crença, engajamento solene. A partir da raiz fides construímos os vocábulos fiel, fidelidade, fidedigno e confiança (do latim confidére). O homem que tem fé confia na Providência Divina e acredita em Deus, ou seja, ele crê.

Quem utiliza raciocínios do tipo "um copo meio vazio também está meio cheio" estará usando um raciocínio concebido com o objetivo de produzir uma ilusão de verdade. Alguma coisa parecida com 'meio grávida' ou 'meio virgem'. Isto é o que se chama de sofisma.

Sofisma é uma argumentação que embora simule um raciocínio lógico apresenta, contudo, uma estrutura errada, falsa e enganosa. Um sofisma é uma argumentação, consciente ou não, que tem a intenção de enganar o outro e

---

33 O evangelho segundo o espiritismo, cap. 19, item 7.

que pressupõe má-fé por parte daquele que a apresenta.

Assim sendo, ou temos fé e acreditamos em Deus e na sua Providência ou não temos, não acreditamos. Não há meio-termo. Não se pode 'confiar desconfiando' e quem desconfia é porque não acredita. Quem desconfia acaba usando dois pesos e duas medidas, segundo suas conveniências. Neste ponto, talvez seja necessário refletirmos sobre as respostas de Jesus no episódio do centurião de Cafarnaum[34] e aos seus próprios discípulos[35]:

> Ouvindo isso, Jesus ficou admirado e disse aos que o seguiam: "Em verdade vos digo que, em Israel, não achei ninguém que tivesse tal fé."
> "Eu vos digo que nem mesmo em Israel encontrei tamanha fé."

Ao iniciar seu messianato, Jesus começou a realizar inúmeras curas. Após a palavra consoladora, que instruía e educava, o mestre curava os doentes, isto fez com que rapidamente Jesus fosse seguido por uma legião cada vez maior de coxos, cegos, paralíticos e estropiados de vários matizes, que o saudavam como profeta. Contudo, o mestre respondia dizendo que fora a *fé* do doente o instrumento da cura alcançada, como vemos em Mateus 9:2 – a cura do paralítico de Cafarnaum; Mateus 9:22, o mesmo em Marcos 5:34 e Lucas 8:48 – a cura da mulher com fluxo de sangue; Marcos 10:52 – a cura do cego de Jericó; e em Lucas 7:19 – a cura dos dez leprosos.

---

34 Mateus (8: 10) e Lucas (7: 9).
35 Mateus (17: 20), Marcos (4: 40) e Lucas (8: 25).

O diferencial em cada uma dessas passagens é o fato de que os doentes foram ativos e participantes no seu processo de cura. Mais do que simplesmente querer, eles acreditaram e buscaram os recursos que iriam auxiliá--los a superarem suas dores e seus sofrimentos.

A fé é um sentimento, uma atitude mental e moral que se manifesta por um determinado estado emocional e o seu correlato neuroendócrino-imunológico. Como estado emocional, a fé ou o sentimento religioso ativam estruturas neuronais que pertencem ao sistema límbico, o qual gerencia as nossas emoções, e do sistema nervoso autônomo, que gerencia nossas funções vegetativas.

Páginas atrás descrevemos de forma simplificada estes dois sistemas neurais e as suas interligações com o sistema endócrino e com o sistema imunológico. Inúmeras pesquisas realizadas com padres, freiras, iogues e outros religiosos, desde as primeiras décadas do século 20 até os dias atuais, tem demonstrado como a fé influencia as funções vegetativas.

O livro do dr. Raul Marino Júnior, *A religião do cérebro*, apresenta uma descrição rica e atualizada dos mecanismos neuronais e bioquímicos, que são ativados e mobilizados pelos indivíduos que possuem um sentimento religioso consistente e seguro. A bibliografia apresentada pelo autor é suficientemente ampla para oferecer, mesmo aos mais céticos, material científico de qualidade, para repensarem suas ideias.

Um estudo cuidadoso da literatura científica disponível nos fornecerá subsídios suficientes para podermos concluir que a fé encontra cidadania na neurofisiologia e que ela pode influenciar todas as nossas funções metabólicas em benefício de nossa saúde. Desta forma, as chamadas curas milagrosas que permeiam a história das sociedades, das religiões e da medicina há séculos perdem a aura mágica, para se enquadrarem no rol dos fenômenos naturais, observados e reproduzidos pela ciência.

Os verdadeiros terapeutas da atualidade podem, com conhecimento de causa e sem medo das críticas, dizer aos seus doentes que a fé que eles possuem foi o que os curou, a exemplo de Jesus de Nazaré. Com o respaldo da ciência, podemos afirmar com toda convicção que um pouco de religiosidade não faz mal a ninguém.

DOENÇA OU DOENTES?

Do que foi exposto até o presente momento temos, em primeiro lugar, que saúde é um estado de bem-estar biopsicossocial, enquanto doença é um estado de mal-estar. Em segundo lugar, temos que cada um de nós é um Espírito ou uma mente que se manifesta por intermédio de um corpo físico. Consequentemente, somos o que pensamos e sentimos, quer seja consciente, quer seja inconscientemente.

Quando estamos em paz e felizes conosco mesmo, com o ambiente sociocultural no qual vivemos e com as pessoas à nossa volta, experimentamos uma sensação de grande bem-estar orgânico, que classificamos de felicidade. Se pudéssemos preservar essa condição ao longo da nossa existência, seríamos saudáveis e não conheceríamos a doença.

Todavia, como na maioria dos casos vivemos em conflito, pouco importando se eles são conscientes ou não, acabamos desenvolvendo desequilíbrios emocionais que funcionarão como pano de fundo para as nossas doenças.

No capítulo acerca do Espírito ou mente salientamos que ele é único e individual, portanto não existem duas personalidades iguais. Por maior que seja o grau de afinidade ou de sintonia entre duas pessoas, sempre subsiste alguma diferença, alguma distonia. Diferenças pequenas geram desarmonias pequenas que serão facilmente contornadas e a um baixo custo emocional.

Todavia, diferenças psicológicas grandes acabarão provocando estados de desarmonia proporcionalmente grandes, com um ônus emocional que frequentemente ultrapassará a capacidade do indivíduo em lidar com as diferenças, na maneira de perceber e lidar com os problemas e situações do dia a dia. Essa diferença será a causa dos conflitos que poderão desequilibrar o Espírito, criando as condições para que a doença se instale.

Vamos abandonar o campo das teorizações e, por breves momentos, usar a imaginação. Imaginemos um lago de águas plácidas e calmas. Tentemos visualizar este lago na condição mais harmônica possível. Nada, absolutamente nada perturba este ambiente, o espelho d'água apresenta-se completamente liso sem nenhuma ondulação.

Nessas condições uma pedra é jogada na água, provocando ondas no espelho d'água. As ondas produzidas pela pedra partem do ponto central onde a pedra mergulhou na água e vão se expandindo centrifugamente de forma harmônica e bem ordenada. No ponto onde a pedra tocou a superfície da água nós colocamos um pequeno barquinho de papel, imediatamente após a pedra afundar, de tal forma que a pedra e o barco dão-nos a impressão de serem uma coisa só. Então, perceberemos que o barquinho de papel balança suavemente ao sabor das ondas criadas pela pedra.

Se, contudo, uma segunda pedra for lançada no lago,

esta gerará outras ondas que naturalmente entrarão em conflito com as ondas da primeira pedra. As ondas provenientes da segunda pedra irão desviar o barco do seu movimento inicial, desestabilizando-o. Se esta segunda pedra vier acompanhada também de outro barco, este tenderá a se movimentar primeiro em função das ondas provocadas pela pedra que ele acompanha e em seguida será afetado pelas ondas originadas pela primeira pedra.

Se este movimento persistir com a entrada de mais pedras e barcos – as ondulações sobre a superfície da água tenderão a aumentar, agitando cada vez mais os barcos que estiverem no lago. Com um grande número de pedras, ondas e barcos, a superfície do lago ficará muito agitada, o que acabará molhando vários barquinhos, fazendo com que alguns colidam entre si, e afundando alguns outros.

A água foi, e ainda é, um símbolo da vida em si mesma; entretanto, nas condições da nossa pequena história, a água pode representar também a sociedade; nós, a mente, somos a pedra; as ondas que foram geradas por ela representam os nossos movimentos, as nossas ações e suas consequências, a expansão da nossa vontade; e o barco é o corpo biológico.

Neste momento, nós somos uma pedra (a mente ou Espírito) que pela sua vontade cria as ondas (o movimento) que farão com que o nosso barco (o corpo biológico) se movimente pela superfície do lago (a vida ou a sociedade), enquanto tentamos nos manter equilibrados (saudáveis) em relação aos outros, tentando evitar colidir com outros barcos, ou nos deixarmos levar pelas ondas das outras pedras.

Na minha vida eu preciso aprender a navegar de forma equilibrada, enquanto me relaciono com a minha esposa, com os meus filhos, com a minha mãe, com os meus irmãos, com os meus sobrinhos, com os meus colegas de trabalho, com os meus alunos, com os meus superiores e com os demais indivíduos da sociedade na qual estou inserido. Em alguns momentos, navego em águas tranquilas e sinto-me feliz, nestas ocasiões sou saudável.

Em outros momentos, encontro águas agitadas e revoltas, nas quais tento preservar a minha harmonia e o meu equilíbrio emocional, para não entrar em rota de colisão com outras pessoas. Quando eu começo a lutar contra as águas revoltas, eu posso perder o meu equilíbrio emocional, o que é a mesma coisa que dizer que perco o meu equilíbrio espiritual. Nessas condições, eu estou criando as condições que me farão adoecer.

Não foram as águas agitadas que me fizeram adoecer, mas a minha imperícia, a minha negligência, a minha invigilância em lidar e em resolver os conflitos emocionais da minha vida, que me fizeram adoecer. Lembremo-nos da recomendação de Jesus aos seus discípulos, constante do evangelho de Marcos (14: 38) e de Mateus (24: 41): "Vigiai e orai para que não entreis em tentação, pois o espírito está pronto, mas a carne é fraca". Eu, e apenas eu, sou o artífice da minha doença.

Todo conflito emocional é um conflito espiritual, pois o corpo físico não tem vontade própria. É insensato acusarmos o corpo de ser o culpado pelos nossos desequilíbrios emocionais, mas é o que fazemos quando acusamos a carne de ser fraca. Como não tem vontade própria, a carne só é fraca porque o Espírito é...

Apenas a mente ou Espírito pode ser fraco ou forte se nos referimos a valores morais ou a qualidades inteligentes.

A carne, que é o corpo biológico, precisa apenas dos cuidados de manutenção – alimentação adequada e descanso.

A medicina ocidental ainda considera que toda atividade mental seja um efeito do metabolismo cerebral, vez que ela ainda não conseguiu prender a mente em um tubo de ensaio. Consequentemente, o modelo médico ocidental mecanicista-reducionista/monista nega e rejeita sistematicamente o Espírito como uma realidade, considerando-o apenas como uma ideia mística que ou pertence ao campo da teologia igrejeira ou é o objeto de adoração dos fiéis religiosos.

Mas o Espírito é uma realidade. Como vimos anteriormente, o Espírito ou mente emerge e evolui a partir do princípio inteligente, criado por Deus, a Inteligência Absoluta. Qualidades como o pensamento, o sentimento e a vontade não podem ser a consequência do metabolismo do corpo físico, pois a matéria, que no cartesianismo é a coisa não pensante, não pode gerar um efeito inteligente. Pretender que um conjunto de células, tecidos e órgãos pudessem gerar por si mesmos efeitos inteligentes, seria o mesmo que fazer explodir uma tipografia para termos um livro. A matéria é passiva, portanto não gera efeitos inteligentes. A inteligência com todas as suas potencialidades é um atributo do Espírito, a coisa pensante cartesiana.

O pensamento, atributo característico do ser espiritual, é a capacidade de ordenar ideias de forma lógica, racional, consequente e contínua, que age sobre a matéria criando imagens e formas. Nós somos aquilo que pensamos, como foi muito bem colocado por René Descartes. Joanna de Ângelis, no seu livro *Episódios diários*, diz que "o homem se torna o que pensa" e a escritora Suely Caldas Schubert enfatiza que "pelo pensamento nós nos libertamos ou nos escravizamos" no livro *Obsessão, desobsessão – profilaxia e terapêutica espírita*.

O sentimento é um estado afetivo complexo inato, que se caracteriza por uma combinação de elementos emotivos e imaginativos estáveis em relação a coisas de ordem moral ou intelectual e que persiste mesmo na ausência de qualquer estímulo. É o que nos dá a capacidade de perceber as manifestações emocionais na intimidade do nosso ser, em primeiro lugar, e nas outras pessoas, em segundo lugar. Do sentimento deriva a emoção[36], a capacidade de pôr em movimento reações orgânicas variáveis na intensidade e na forma, e que se fazem acompanhar de alterações cardiocirculatórias, respiratórias, digestivas e outras, constituindo o corolário físico das nossas emoções.

A vontade é o desejo, a decisão ou a deliberação que parte do Espírito com a intenção de atingir um fim. A vontade é a aptidão para atualizarmos e realizar as nossas intenções. Não é por acaso que falamos na *força da vontade*, pois se o pensamento cria a forma é a vontade que a coloca em movimento.

Léon Denis nos ensina em seu livro *Depois da morte* que "a vontade é a faculdade soberana da alma, a força espiritual por excelência, e pode mesmo dizer-se que é a essência da sua personalidade. Seu poder sobre os fluidos é acrescido com a elevação do Espírito". (p. 208)

---

36 Emoção deriva do latim *e/ex*, significando para fora, exterior mais *motio*, que indica movimento, perturbação; temos emoção igual a *movimento para fora*.

Embora o pensamento, o sentimento e a vontade sejam as grandes potências do Espírito ou mente, é necessário considerar que não temos condições de expressar todo esse conteúdo de uma vez. Apenas uma pequena parcela de nossos pensamentos, de nossos sentimentos e de nossos desejos, consegue superar o espesso véu do corpo físico e se apresentar no palco da nossa consciência; o restante permanece oculto.

Nossa maneira de pensar, os sentimentos que abrigamos e nutrimos n'alma e a maior ou menor vontade que aplicamos na busca dos nossos objetivos, caracterizam-nos como uma personalidade. O corpo físico será, então, o cenário vivo que refletirá o Espírito que o move. Como isso se processa é o que veremos a seguir.

O CARVALHO E O TRIGO

O conjunto dos traços emocionais, comportamentais e psicológicos que marcam uma pessoa e que nos permitem caracterizá-la forneceram a Freud o subsídio teórico, para que ele formulasse a ideia de uma 'estrutura de caráter' que foi por ele cientificamente estudada e descrita em um artigo intitulado *caráter e erotismo anal*, de 1908. Apesar dessa observação, Freud não se dedicou mais profundamente ao estudo da estruturação do caráter.

O caráter (do grego *kharaktêr* o que grava, sinal gravado, marca) pode ser definido como o conjunto de traços psicológicos e morais que caracterizam um indivíduo ou, por extensão de sentido, como o traço distintivo de uma pessoa, uma qualidade peculiar inerente desde o nascimento, a índole, o feitio moral, uma especificidade. No *Dicionário eletrônico Houaiss da língua portuguesa* no verbete caráter encontramos: "segundo Heráclito de Éfeso (séculos 6-5 a.C.), o conjunto definido de traços comportamentais e afetivos de um indivíduo, persistentes o bastante para determinar o seu destino."

Percebemos pela definição que se trata de uma característica do Espírito. A matéria propriamente dita, ou seja, uma molécula de proteína, uma enzima ou até mesmo o DNA que formam o nosso corpo biológico não têm condições para possuir e expressar qualidades psicológicas ou morais. O caráter é uma qualidade da mente ou Espírito que se reflete no corpo físico.

Ao postular uma teoria de tipos psicológicos, Jung propôs que os indivíduos poderiam ser, em princípio, caracterizados como sendo orientados para dentro de si ou para o exterior, sendo denominados de introvertidos ou extrovertidos. Essas atitudes evidenciam o movimento da energia psíquica do indivíduo em relação ao objeto, aquilo que está do lado de fora. No indivíduo cuja disposição é mais introvertida, a energia psíquica flui preferencialmente em direção ao mundo interior da própria pessoa, enquanto no extrovertido o movimento é naturalmente para o mundo exterior, ou seja, o objeto.

Entretanto, assim com nós mesmos podemos perceber, Jung observou que pessoas cujas atitudes básicas pertenciam a um mesmo grupo, fossem elas introvertidas ou extrovertidas, podiam ser muito diferentes uma das outras. Para justificar essas diferenças, ele explicou que isto se devia a qual função psíquica o indivíduo usava de maneira preferencial. As funções psíquicas postuladas por Jung são apresentadas na forma de dois pares aparentemente antagônicos, embora seus elementos se completem[37]: o pensamento e o sentimento, a percepção e a intuição.

Desse ponto em diante, a psicologia analítica jungiana assume proporções que vão muito além do escopo e do objetivo deste livro; entretanto, podemos resumir dizendo que Jung constrói oito tipos básicos a partir da combinação das atitudes primárias (introversão ou extroversão) com as funções psíquicas. Ele admite, também, que um conjunto de influências internas e externas acabará determinando qual será a maneira preferencial de um indivíduo se conduzir na vida.

Mais tarde, em 1933, outro ex-discípulo de Freud, Wilhelm Reich (1897-1957), publicou os resultados de nove anos de trabalho em um livro chamado *Análise do caráter*, no qual são expostos a teoria e os conceitos técnicos que permitem tratar pacientes pela interpretação da natureza e da função do seu caráter, em vez da simples análise dos seus sintomas. Este autor demonstrou como o perfil psicológico de um indivíduo é retratado na sua postura física sendo expresso no corpo biológico pelos músculos.

No livro *Análise do caráter*, Reich escreve que:

> [...] O carácter consiste numa mudança *crônica* do Ego que se pode descrever como um *endurecimento*. Este endurecimento é a base atual para que o modo de reação característico se torne crônico; a sua finalidade é proteger o ego dos perigos internos e externos. Como uma

---

37 Comparar com a maneira como se vê as qualidades do Yang e do Yin no Tao da medicina tradicional chinesa e no capítulo sobre o Espírito, quando foi discutido o dualismo cartesiano.

formação protetora que se tornou crônica, ela merece a designação de *blindagem* porque constitui claramente uma restrição à mobilidade psíquica da personalidade como um todo. [...] "O grau de flexibilidade do caráter, a habilidade de se abrir ao mundo exterior ou fechar--se a ele, dependendo da situação, constitui a diferença entre uma estrutura orientada para a realidade e uma estrutura de carácter neurótico". (p. 187/8)

Fadiman e Frager traduzem o discurso reichiano dizendo que:

De acordo com Reich, o caráter é composto das atitudes habituais de uma pessoa e de seu padrão consistente de respostas para várias situações. Inclui atitudes e valores conscientes, estilo de comportamento (timidez, agressividade e assim por diante) e atitudes físicas (postura, hábitos de manutenção e movimentação do corpo). (p. 92)

Continuando a sua explicação sobre a formação do caráter, no livro supracitado, Reich diz que:

A blindagem do caráter forma-se como resultado prolongado do choque entre as exigências do instinto e um mundo exterior que frustra essas exigências. A sua força e contínua razão de ser provêm dos conflitos vulgares entre o instinto e o mundo exterior. (p. 188)

A este modo automático de defesa, Reich denomina de *couraça caracterológica* ou, simplesmente, de *couraça*. Ele explica que (p. 190) "a blindagem do *ego* acontece como resultado do medo de castigo à custa da energia do *id*, e contém as proibições e as normas dos pais e professores".

Sem nos perdermos em um oceano de detalhes que nos conduziriam a portos muito distantes da nossa meta, podemos simplificar a teoria reichiana dizendo que para o autor um caráter normal e sadio seria um caráter genital, enquanto um caráter patológico seria neurótico. O caráter neurótico, segundo a sua manifestação psicofisiológica final, poderia ser classificado em histérico, compulsivo ou obsessivo, fálico-narcisista e masoquista.

À medida que os estudos e as pesquisas psicológicas foram se desenvolvendo e evoluindo, as teorias sobre os tipos psicológicos começaram a ser parcialmente integradas por outros profissionais que, intuitivamente, perceberam que poderiam melhor entender o funcionamento psicológico e físico dos seus pacientes com uma abordagem mais holística. Neste movimento houve uma retomada de técnicas antigas, como a hatha ioga e o t'ai chi ch'uan, enquanto se desenvolviam novos métodos terapêuticos.

Entre os novos métodos de investigação e terapia, que foram se desenvolvendo ao longo do século 20, podem ser citados:

- o *despertar sensorial*, de Bernard Gunther;
- a *conscientização sensorial*, de Charlotte Selver e Charles Brooks;
- o *método Feldenkrais*, por Moshe Feldenkrais;
- a *integração estrutural*, de Ida Rolf;
- a *bioenergética*, de Alexander Lowen.

Todas essas técnicas podem ser agrupadas sob uma única denominação de *psicologia do corpo*. Entre elas, a bioenergética mostrou-se particularmente interessante, uma vez que o seu criador, Alexander Lowen, foi um discípulo de Reich. Lowen desenvolveu um método neo-reichiano, que encontrou menos resistência que o do mestre, fazendo uso de técnicas de liberação emocional por meio de posturas de tensão que têm a finalidade de energetizar partes do corpo que foram emocionalmente bloqueadas.
No seu livro *O corpo em terapia*, Lowen nos diz que:

> [...] a maior parte do sistema nervoso está envolvida em atividades corporais das quais não temos o menor conhecimento. A postura, que normalmente não é objeto de maiores considerações, envolve a um altíssimo nível, todo um controle da motilidade. (p. 40)

Na primeira parte do seu livro, Lowen faz uma descrição precisa e minuciosa do desenvolvimento das técnicas analíticas, da estrutura da mente em moldes freudianos – id, ego e superego – e da bioenergética, para detalhar como se processa a formação e a estrutura do caráter nos indivíduos. Na segunda parte do livro, ele descreve seis tipos básicos de caráter: oral, masoquista, histérico, fálico-narcisista, passivo-feminino e esquizofrênico. Todavia, o próprio Lowen (p. 133) avisa que "não há na literatura psicanalítica, aspecto mais confuso do que o referente à formação e estrutura do caráter".

O traço comum que une essas diversas técnicas é o fato de usarem abordagens corporais para ajudar os indivíduos a entrarem em contato com o seu inconsciente. Elas partem do princípio de que os traços de caráter do indivíduo influenciam e dirigem a forma pela qual cada indivíduo constrói e usa o seu corpo físico.

A configuração muscular do corpo físico continuava despertando a atenção de profissionais oriundos de áreas bem diversas. Na tentativa de ampliar esse quadro há que se acrescentar os trabalhos de Ron Kurtz e Hector Prestera, no livro O *corpo revela*; de Stanley Keleman, médico psiquiatra, no livro *Anatomia emocional*; e de Godelieve Denys-Struyf, a criadora do método GDS.

No livro O *corpo revela*, escrito a quatro mãos por Ron Kurtz e Hector Prestera, os autores afirmam no prefácio que "o corpo revela a pessoa". Logo na sequência, na introdução do mesmo livro escrito por Daniel Goleman, este nos diz que:

> O que o corpo revela [...] são os meandros e as curvas da história pessoal: os segredos, traumas e triunfos de dias passados. Eles estão corporificados em ligamentos e músculos: expressos na postura. O corpo é a personalidade tornada manifesta e pode ser analisado com tanta segurança quanto a psique [...] O corpo é a mente tornada manifesta. Trabalhar no corpo é examinar a mente.

Ainda no livro supracitado, Kurtz e Prestera afirmam que "o corpo conta coisas sobre nossa história emocional e nossos mais profundos sentimentos, nosso caráter e nossa personalidade". Logo mais adiante, , os autores atestam que:

> [...] Qualquer que seja o sentimento, é também

> expresso fisicamente e se torna uma maneira de conduzir-se, um padrão muscular fixo e uma atitude definida em relação à vida, que provavelmente persistirão se nada for feito para mudá-los. Estas atitudes e padrões musculares fixos refletem-se, intensificam-se e sustentam-se mutuamente. É como se o corpo visualizasse o que a mente acredita e o coração sente. (p. 23)

No livro *Anatomia emocional*, Keleman faz uma belíssima descrição dos princípios de construção corporal. Ao falar sobre "o projeto do corpo", o autor diz que:

> Os músculos nos dão a sensação de contenção e controle, tanto no que se refere a nós quanto aos outros. Quando os músculos e seu bombeamento estão rígidos devido ao medo, densos por desafio, inchados por falso orgulho, ou em colapso por falta de suporte, nosso amor-próprio se debilita, nosso autodomínio se enfraquece e nosso domínio do mundo é afetado. (p. 530)

Mais adiante, ao discutir sobre as agressões à forma, Keleman escreve que:

> Em termos ideais, os perigos internos ou externos criam uma reação que muda nossa forma apenas temporariamente. Quando o perigo passa, voltamos a um estado de atividade normal. Mas isso nem sempre acontece. Uma reação pode persistir ou aumentar até que se torne parte contínua da estrutura. Essa continuidade de uma resposta temporária chama-se estresse. (p. 76)

Tendo discutido alguns princípios de construção corporal e como o estresse prolongado e os conflitos emocionais repercutem e interferem com a anatomia e a fisiologia do corpo, Keleman descreve algumas formas. Ele descreve quatro estruturas primárias de caráter – rígida, densa, inchada e em colapso – que depois evoluem para formas híbridas. Finalmente, aquele autor encerra o livro afirmando que:

> A estrutura anatômica é o arquétipo básico do pensamento e da experiência. Anatomia é relacionamento interno. ... Relações anatômicas são também relações emocionais. Órgãos pulsantes geram sentimentos bons, sensação de bem-estar, prazer. Tecidos contraídos, espásticos, entumecidos ou frágeis causam dor, desconforto, sentimentos desagradáveis em relação ao próprio *self* ou parte dele. Anatomia e sentimento são também relações comportamentais. Qualquer ruptura na organização anatômica ou emocional resulta num colapso equivalente do comportamento. (p. 171)

No livro *Cadeias musculares e articulares*, de Godelieve Denys-Struyf, a autora ajuda-nos a adquirir um novo nível de 'compreensão psicocorporal' abrindo-nos a porta para um novo horizonte terapêutico, objetivando alcançar um "funcionamento harmonioso do corpo, seu equilíbrio, sua unidade e sua centração" (p. 14).

Denys-Struyf descreve cinco formas ou, como ela mesma diz, estruturas psicocorporais que posteriormente se desdobram em seis. Contudo, sua formação como fisioterapeuta levou-a a adotar uma nomenclatura técnica, apoiada na anatomia dos músculos que compõem nosso corpo, e que não costuma fazer muito sentido para leigos. Ao fazer uma reflexão sobre a análise das formas do corpo, Denys-Struyf pondera que:

> No começo, incontestavelmente, "é a função que governa a estrutura", que governa o corpo, e não inversamente! É a via funcional natural que, a partir do espírito, assegura a função e une corpo e espírito. [...] Pode acontecer que nossos gestos sejam pequenos, bem controlados, reservados, pouco diversificados, distantes e pouco comunicativos.
> Pode acontecer que sejam uma escolha, e isso é bom; mas também pode não ser nada disso. O corpo se retraiu imperceptivelmente, os gestos se tornaram rígidos e essa característica física se impõe à nossa revelia.
> O corpo, gradativamente moldado, condicionado, determina nossa atitude psicológica que reforça ainda mais o recuo, criando um círculo vicioso. (p. 61)

Portanto, mais importante do que o determinismo genético, é a mente ou Espírito que dirigirá como o nosso corpo será construído, de que maneira nos moveremos e como expressaremos as nossas emoções e os nossos conflitos íntimos por intermédio do corpo. Uma personalidade equilibrada, feliz e em paz configura um corpo sadio, bem proporcionado e alinhado, que se movimenta com graça e com leveza e que se posiciona de forma natural e espontânea.

Todavia, uma mente em conflito, um Espírito em desarmonia transmitirá para o corpo todo o seu desequilíbrio, desarranjando-o, desalinhando-o. O conflito emocional impede que a energia emocional circule pelo nosso corpo – leia-se músculos – com liberdade. A energia emocional ficará bloqueada em partes do nosso corpo, criando um estado de tensão crônica. Este estado de tensão crônica exige que nossos músculos sustentem uma determinada postura por um determinado tempo. Se o estado de tensão for resolvido e a musculatura for relaxada, a emoção que lhe era subjacente poderá expressar-se aliviando o indivíduo.

Entretanto, frequentemente não conseguimos reunir as condições necessárias para resolver o conflito. O conflito não resolvido mantém o estado de tensão que, por sua vez, exige a manutenção da postura muscular que lhe dá sustentabilidade. Essa postura muscular acabará por definir um padrão típico de contração muscular que, como já sabemos, foi denominado por Reich de "couraça muscular".

Reich observou que o processo de encouraçamento muscular por retenção emocional aparecia no corpo de forma segmentada. Ele, então, descreveu sete segmentos musculares que acabam constituindo sete anéis musculares mais ou menos transversais em relação com a coluna vertebral. Os segmentos que constituem as couraças descritas por Reich são, de cima para baixo, centralizados nos olhos, boca, pescoço, tórax, diafragma, abdômen e pélvis. Mais tarde, em 1976, um autor chamado Ken Dychtwald associou os conceitos e as ideias dos anéis das couraças musculares descritas por Reich com os centros de força ou *chakras* da ioga kundalini, uma divisão da tantra ioga, no livro intitulado *Corpomente*.

Muito embora sejam descrições muitíssimo parecidas

é preciso observar que não existe uma correspondência perfeita e absoluta entre os centros de força descritos pelos hindus e os anéis da couraça muscular descritos por Reich. Todavia, a analogia é inevitável e pertinente. Convém lembrarmo-nos de que Jung já havia traçado este paralelo entre os diferentes graus de consciência e os centros de força ou *chakras*, como podemos verificar em *Fundamentos de psicologia analítica*, item 17.

As couraças musculares e as respectivas estruturas de caráter refletem, à semelhança de um espelho, a maneira como os conflitos emocionais inconscientes são manifestados no corpo biológico.

Quando somos expostos a uma situação ameaçadora, a mente excita o sistema nervoso para que ele reaja à situação, preparando o organismo para lutar ou fugir. Daniel Goleman nos diz que:

> [...] nos primeiros milésimos de segundo de nossa percepção de alguma coisa, não apenas compreendemos inconscientemente o que é, mas decidimos se gostamos ou não dela; o "inconsciente cognitivo" apresenta à nossa consciência não apenas a identidade do que vemos, mas uma opinião sobre o que vemos. (p. 33)

Ou seja, o Espírito em posse de todo o seu conhecimento e da sua história avalia aquela 'alguma coisa' a que o indivíduo foi exposto, atribui-lhe um valor e ativa, por intermédio do perispírito, o corpo biológico para que este reaja conforme a experiência do Espírito.

Pela sua vontade o Espírito aciona, põe em movimento os centros de força coronário e frontal do corpo espiritual. O centro de força coronário atua sobre o córtex cerebral e o frontal sobre o hipotálamo, fazendo com que estas estruturas do corpo físico desencadeiem os efeitos que lhes são próprios.

A teoria que propomos na perspectiva do espiritismo é concordante com a teoria da emoção proposta por Papez-MacLean-Kandel, em que a experiência subjetiva de uma emoção exige a participação do córtex cerebral, enquanto que a expressão, dessa mesma emoção, precisa do hipotálamo, principal substrato anatômico do sistema nervoso autônomo, do sistema límbico e do sistema endócrino.

A emoção expressa no corpo pode se revestir de duas formas: uma dessas formas pode dar vazão às expressões de dependência infantil, nas quais queremos ser cuidados, protegidos e amparados por uma 'mãe' carinhosa e nutridora. Para experienciarmos estas reações precisaremos dos efeitos parassimpáticos, vagotônicos ou colinérgicos, ou seja, diminuição da frequência cardíaca, da frequência respiratória, da pressão arterial, com relaxamento da musculatura estriada voluntária o que permitirá que o sangue seja desviado para as vísceras digestivas e trato urinário, liberando os esfíncteres. O sistema endócrino promoverá as reações de digestão dos alimentos, com aumento das secreções estomacais e intestinais, e da liberação de hormônios glicocorticoides que facilitarão o armazenamento de glicose e gordura nos tecidos.

A outra forma pode dar vazão às expressões de agressividade. Para tanto, precisamos dos efeitos simpaticotônicos ou adrenérgicos promovidos pela excitação do sistema nervoso autônomo, ou seja, aumento da frequência cardíaca, da frequência respiratória, da pressão arterial, com diminuição das atividades digestivas e urinárias, o que permite que o sangue seja desviado para os músculos estriados ou voluntários. Tais efeitos mediados pelo sistema nervoso se fazem acompanhar de uma estimulação do sistema endócrino, com liberação da adrenalina, e de um consumo mais elevado de glicose pelos tecidos corporais envolvidos nos mecanismos de luta.

Franz Alexander resume todo este processo dizendo que:

> Pode-se generalizar dizendo que, sob o predomínio do parassimpático, o indivíduo afasta-se de seus problemas externos, passando a uma existência meramente vegetativa, ao passo que, sob a estimulação simpática, ele negligencia ou inibe suas funções pacíficas de formação e de crescimento, e dirige toda a sua atenção para enfrentar problemas com relação ao meio externo. (p. 50)

Convém termos sempre em mente que o hipotálamo é a instância superior de controle das respostas do sistema nervoso autônomo (simpáticas e parassimpáticas) e do sistema endócrino e é um dos mais importantes relés do sistema límbico, que é o instrumento neural que dá ensejo às manifestações emocionais.

Já vimos que, quando estamos felizes e equilibrados, as nossas emoções tendem a fluir naturalmente pelo nosso corpo e são expressas de forma natural pelos canais normais da atividade voluntária e pelas funções vegetativas. Entretanto, o ambiente social vem ficando cada vez mais fluídico e instável o que fez com que o homem perdesse as referências dos valores morais que lhe forneciam os parâmetros interiores, para o discernimento entre o certo e o errado, entre o bem e o mal.

A sociedade moderna, cada vez mais globalizada, informatizada e competitiva, já não se importa mais com o indivíduo porque a sua atenção está voltada para a multidão, num processo de massificação cada vez maior facilitando, então, o conflito interior. E nesse contexto social por si só já bastante desgastante, compete ao homem, quanto indivíduo, encontrar um mecanismo que o ponha em equilíbrio com a sua natureza.

Na sociedade atual, cada indivíduo se vê frequentemente oprimido entre as suas necessidades interiores de satisfação egoica e as exigências do meio ambiente à sua volta. Quando o ser fica em dúvida entre o que ele quer e o que ele deve fazer, surge o conflito emocional que será expresso por meio do e no corpo biológico.

Mas a maneira como o conflito será retratado no corpo não é fruto do acaso. O tipo de personalidade do sujeito, ou seja, a sua estrutura de caráter, é que definirá quais doenças um determinado indivíduo poderá apresentar. O que se reconhece na atualidade não é uma associação mágica e imprecisa entre uma personalidade e tal ou qual doença, mas a associação de determinados perfis emocionais com padrões de respostas vegetativas.

Todavia, falar em perfis psicológicos acabaria por nos desviar do nosso objetivo central. Com a finalidade de evitar tal desvio vamos fazer uso de uma parábola muito antiga e que vem sendo recontada de geração em geração, a Parábola do Carvalho e do Trigo:

Era uma vez um belíssimo campo. Nele havia uma plantação de trigo e, no meio desta, um enorme carvalho.

Um dia Zéfiro, o vento do leste, anunciou que a tempestade estava vindo na direção do campo. O carvalho simplesmente ignorou o aviso enquanto o trigo já foi se curvando, com medo.

E, então, a tempestade chegou. O carvalho manteve-se inalterado, como se nada estivesse acontecendo. O trigo curvou-se ainda mais.

A tempestade se fez sobre o campo ainda mais violenta, com chuvas torrenciais e o vento soprando furiosamente em meio a relâmpagos e trovões. O carvalho, firmando-se sobre as suas raízes, insistia em continuar enfrentando a tempestade com altivez e arrogância, enquanto o trigo se curvava cada vez mais quase tocando o chão, que a esta altura já estava cheio de lama.

A tempestade permaneceu durante mais algum tempo sobre aquele campo, depois seguiu o seu caminho indo visitar outros campos.

Quando a tempestade se foi, encontraram o carvalho caído ao solo, quebrado ao meio, e o trigo, embora estivesse em pé, estava completamente despojado das suas sementes, que foram levadas pelo vento e espalhadas ao léu.

Nessa parábola, cuja autoria é tradicionalmente referida a Esopo (século 6 a.C.), o campo representa a vida, o carvalho e o trigo representam duas formas extremas do homem se conduzir pela vida, e a tempestade simboliza os problemas e as adversidades no caminho de cada ser até à perfeição.

Uma personalidade do tipo *carvalho* se caracterizará por atitudes rígidas, autoritárias, mandonas, arbitrárias, sempre prontas a fazer valer a sua vontade em detrimento da vontade dos outros. Tende a ser excessivamente otimista, subestimando os obstáculos do caminho, pois pensa que pode superar todas as dificuldades, confiando na sua força. O *carvalho* é alguém que se coloca no mundo com uma postura arrogante, prepotente, egocêntrica, com um discurso do tipo "eu sou; eu faço; eu aconteço; eu estou mandando; você sabe com quem está falando?; não levo desaforo para casa; comigo, escreveu, não leu, o pau comeu"; e acabará desenvolvendo uma estrutura de caráter caracterizada pela força e pela rigidez.

De uma forma muito abrangente este indivíduo poderá desenvolver pés em garra, semelhantes aos pés de aves de rapina. Estando descalço na praia ele vai escavando a areia com os artelhos de modo a enterrar os pés, simbolizando as raízes do carvalho que entram profundamente na terra para manter a sua posição, ou seja, manter firme as suas opiniões e não se permite ser facilmente demovido – "já falei uma vez e está decidido; falei e não volto atrás".

Uma personalidade tipo *carvalho* anda batendo o salto do sapato com força no piso de tal modo que as outras pessoas sabem que ela está chegando, porque ouvem os seus passos. O *carvalho* é alguém que frequentemente gasta de forma rápida e intensa o salto dos seus sapatos.

O indivíduo com uma estrutura de caráter semelhante ao *carvalho* apresenta pernas duras, rijas, à semelhança de duas colunas de pedra sobre as quais ele se mantém. A contratura muscular ao nível dos joelhos é tão intensa que se alguém bater nos mesmos por trás, ele quase não dobra os joelhos, muito provavelmente ele balançará um pouco com o corpo todo.

A região da bacia tende a estar virada para frente e levantada, lembrando uma pessoa que levou um beliscão na nádega e contraiu a musculatura do períneo. A pélvis tende a ser antevertida com uma fenda glútea profunda e fortemente fechada. O desequilíbrio da musculatura pélvica e perineal reflete a tentativa de exercer um controle intelectual excessivo sobre as emoções, o qual poderá ser tão intenso em alguns indivíduos chegando a gerar distúrbios na esfera sexual.

Na região da barriga os músculos são tensos à semelhança de uma cinta de segurança, tensa e apertada. Ela vem tradicionalmente acompanhada de um tórax grande, expandido, com pouca mobilidade e com ombros levantados, abertos e desviados para trás. A estrutura muscular aqui parece a de alguém que vestiu a camisa e esqueceu de retirar o cabide. Entretanto, apesar do tórax volumoso são pessoas que respiram muito mal, pois só aprenderam a inspirar, ou seja, só aprenderam a pôr para dentro. É o típico machão latino que respira fundo e segura o choro, pois "macho que é macho não chora, não dá a mão à palmatória".

A região das costas é marcada por músculos grandes volumosos e tensos, mas não é nem bonita nem agradável para quem vê. Tal pessoa acaba sendo, sem maldade e por pura inexperiência, motivo de brigas entre um casal de namorados. Quando se massageia as costas de um *carvalho* percebe-se que a musculatura é dura e encaroçada. Estes pontos mais densos traduzem uma emoção que foi reprimida com força e permanece acorrentada, encouraçada. Ao tentar massagear esse ponto na tentativa de relaxá-lo, acabamos superficializando a emoção que estava escondida naquele ponto e, quando ela vem à tona, o *carvalho* reage com manifestações de raiva ou de tristeza que ele não consegue compreender. Daí para um bate-boca são dois palitos.

Os braços de uma personalidade tipo *carvalho* tendem a repetir o modelo das pernas, bem como as mãos tendem a copiar o modelo dos pés imitando garras prontas a agarrarem suas presas. Simbolicamente, as unhas e os dentes representam as armas de ataque. Uma pessoa do tipo *carvalho* quando estende a mão para cumprimentar outra pessoa tende a fazê-lo com os dedos em riste apontados para a outra pessoa – inconscientemente dizendo que "se me ameaçar eu te furo" – e aperta a mão do outro com muito mais força, já na intenção de deixar claro quem domina a relação.

Os indivíduos *carvalhos* parecem ser pescoçudos, pois a cabeça é desviada para cima e para frente. Seguindo este mesmo mecanismo, a mandíbula e os olhos também são projetados para frente, o que configura uma queixada proeminente e uma predisposição à hipermetropia. O *carvalho* projeta a mandíbula para frente como quem diz "o que é que foi?; tá olhando o quê?; vai encarar?", e olha para frente como um vigia tomando conta do seu território, para ver se não aparece nenhum concorrente ou inimigo. Uma pessoa cuja personalidade tende a ser do tipo *carvalho* irá desenvolver uma estrutura de caráter marcada pela força e rigidez, com o sacrifício da graça e da leveza.

No outro extremo temos os indivíduos que seguem pela vida como se fossem *trigos*, deixando-se curvar por qualquer vento. As personalidades do tipo *trigo* tendem a ser fracas, excessivamente maleáveis, frágeis, que desistem facilmente dos seus desejos tão logo surjam os primeiros problemas. Os *trigos* tendem a ser pessoas pessimistas, pois superestimam as dificuldades do caminho, desistem muito rapidamente e se deixam dirigir pelas outras pessoas com muita facilidade, inclusive permitindo que os outros façam escolhas que elas próprias deveriam fazer.

Ao longo da vida, os indivíduos do tipo *trigo* se apresentam com discursos cheios de "não posso; não sei; não consigo; você que sabe; tanto faz; para mim qualquer coisa está boa". É justamente por não tomarem uma atitude, que esta personalidade tenderá a desenvolver um tipo físico marcado pela maciez, pela flacidez e pela deformidade.

Este indivíduo poderá ter pés chatos ou planos e, portanto, instáveis, o que torna difícil manter uma posição firme. Na praia, quando estão descalços parecem o 'nojento' fazendo apoio com a borda lateral dos pés e mantendo os dedos levantados, quase sem tocar o solo. São pessoas que pisam devagar, como se estivessem o tempo todo caminhando sobre ovos, que ao andar quase não fazem barulho, e tocam o solo com a região anterior do pé e não com os calcanhares. O *trigo* quase não gasta sapatos.

As pernas do *trigo* são macias e facilmente dobráveis,

sem nenhuma expressão de força ou de resistência. Se, por brincadeira, alguém bater nos joelhos de um *trigo*, por trás, ele cairá facilmente sobre o seu próprio eixo de gravidade pois os joelhos dobrarão sem dificuldades.

Uma personalidade tipo *trigo* tende a possuir uma bacia neutra, ou seja, nem desviada para frente nem para trás. Uma pessoa do tipo *trigo* tende a ter um períneo flácido e a musculatura glútea é frouxa e caída para os lados com uma fenda glútea superficial e relaxada. Na gíria são os modelos denominados de 'bunda mole'. A exemplo do *carvalho,* estes indivíduos podem não conseguir uma expressão sexual sadia.

A musculatura da barriga, independente do seu tamanho é mole, flácida, incapaz de segurar alguma coisa e poderá estar acompanhada de um tórax pequeno, fechado, quase não se movimentando com a respiração. Os ombros tenderão a estarem deslocados para baixo e para frente, fechados sobre o peito. Tem-se a sensação de que uma personalidade tipo trigo carrega todo o peso do mundo sobre os ombros. Uma boa figura para visualizarmos este tipo é observar alguém tentando arrastar um grande peso às suas costas.

A região dorsal ou das costas em um trigo é nitidamente feia, pois não tem músculos para definir ou marcar os seus contornos, deixando as estruturas ósseas bem visíveis, causando a sensação de que está faltando alguma coisa.

Mais uma vez, os braços e as mãos copiam o modelo das pernas e dos pés. O *trigo* quando vai cumprimentar outra pessoa tende a fazê-lo apresentando a mão pendente, com os dedos apontados para o solo, simbolicamente dizendo que ele já depôs as suas armas e que, portanto, não se constitui em ameaça para o outro. Mesmo porque, o desejo inconsciente do *trigo* é o de que o outro resolva tomá-lo sob os seus cuidados. O *trigo* não aperta a mão da pessoa que ele está cumprimentando, causando uma sensação desagradável.

Uma personalidade tipo *trigo* lembra uma tartaruga quando enfia a cabeça para dentro da sua carapaça, e ele o faria se tivesse uma. A cabeça do *trigo* está voltada para o solo, para trás e na maioria dos casos para um dos lados. Ele tende a ter uma mandíbula pequena e retraída, e a ser míope. É aquele que na hora de falar se retira dizendo "eu não tenho nada a falar; não, não, eu não falei nada"; e recua para não ver o que está acontecendo.

Uma pessoa com fortes tendências a se apresentar no campo da vida como uma personalidade tipo *trigo* provavelmente possuirá uma estrutura de caráter caracterizada pela fragilidade, pela fraqueza, pela passividade, sem forças para desenvolver uma ação, incapaz de enfrentar os problemas da sua jornada, deixando-se levar pelo vento.

É óbvio que o esquema apresentado está muitíssimo simplificado. Não se espera encontrar pessoas que sejam 100% *carvalho* ou *trigo*. A observação e a lógica nos ensinam que a imensa maioria das pessoas apresenta configurações híbridas: a metade direita *carvalho* e a outra *trigo*, ou vice-versa; a metade de cima *trigo* e a de baixo *carvalho*, ou o contrário; 70% *trigo* e 30% *carvalho*; 60% *carvalho* e 40% *trigo*, etc.

Uma busca rápida na literatura disponível demonstra toda a complexidade envolvida no estudo das estruturas de caráter. Já vimos que em Stanley Keleman são descritas quatro estruturas fundamentais e mais quatro por combinações; Denys-Struyf propõe cinco modelos primários que evoluíram para seis; Alexander Lowen discute seis estruturas; Jung, dois tipos primários – o extrovertido/*carvalho* e o introvertido/*trigo* – que se desdobram em oito subtipos; e Wilhelm Reich esboça sete tipos de estrutura caracterológica.

Como o previsível é que as pessoas sejam tipos mistos na combinação entre porções *carvalho* e porções *trigo*, interessa-nos neste momento identificar qual seja a porção dominante. O tipo mais presente e que dominar a personalidade do indivíduo é o que irá determinar como essa pessoa se conduzirá pela vida. Muito embora o modelo aqui proposto de apenas duas estruturas seja um exagero de simplificação, veremos que ele se justifica dentro da nossa linha de discussão.

Como vimos no capítulo sobre o sistema nervoso, no critério funcional o sistema nervoso autônomo possui duas qualidades de resposta: simpática e parassimpática. Uma personalidade do tipo *carvalho* apresenta reações simpáticas mais pronunciadas, enquanto no indivíduo *trigo* dominante as reações parassimpáticas tendem a ser as mais presentes e intensas.

O indivíduo predominantemente *carvalho*, em consequência do bloqueio emocional imposto que o impede de vivenciar as reações autonômicas simpáticas ou adrenérgicas, quando adoece é mais propenso a apresentar quadros de enxaqueca, pressão alta, hipertireoidismo, artrites, diabetes, traumas (fraturas e entorses) e outros. Já a pessoa em que as características do tipo *trigo* são dominantes estará mais sujeita a sofrer de estados de fadiga, gastrite, úlcera péptica, colites, diarreia, constipação e asma, como foi descrito no capítulo 'Fisiologia' da parte 2.

Como estruturas de caráter, o *carvalho* e o *trigo* representam simbolicamente o nosso *self*, ou seja, quem nós somos. Assim, são as nossas características psicológicas que determinarão como o nosso corpo irá adoecer.

COMO SE ADOECE

Após havermos estabelecido as características e potencialidades do Espírito e o papel funcional do corpo, podemos aventurar-nos a tentar compreender como se adoece.

Já vimos que a medicina moderna alopática vê a doença como uma condição de ter, ou seja, de posse. Rotineiramente, tanto médicos como pacientes referem-se às doenças como se elas fossem alguma coisa que se pudesse pegar ou possuir. É por isso que ouvimos frases como: "fulano pegou gripe; beltrano tem pressão alta; ou cicrano tem câncer de próstata".

Ora, quem pega ou tem alguma coisa pode deixar de pegá-la ou de possuí-la quando bem quiser. Além disso, pela ótica reducionista da medicina ocidental, é ilógico e incompreensível que alguém, conscientemente, queira pegar gripe, pressão alta ou câncer. A situação fica pior ainda quando nos lembramos que não podemos nos desfazer das nossas doenças por um ato deliberado da nossa vontade.

É provável que alguns de nós gostaríamos da ideia de poder passar na esquina e pegar uma 'gripe forte' no caminho para o trabalho. Chegando lá, comoveríamos o chefe que, num arroubo de bondade, nos dispensaria do trabalho pelo resto da semana. Voltando para casa, jogaríamos aquela gripe forte no lixo, ou então a guardaríamos na gaveta para poder utilizá-la em outra oportunidade, e iríamos ao shopping comprar roupas novas para a festa que vai rolar mais tarde. Contudo, o mais provável é que nós tenhamos uma experiência de vida oposta ao nosso desejo. Estávamos saudáveis no trabalho, mas acabamos ficando gripados bem no dia da festa.

Da mesma forma que não encontramos nenhuma loja ou farmácia vendendo doença para quem quiser ter uma, também não encontramos pessoas doando as suas doenças: "doa-se pressão alta em mau estado e descontrolada; doamos diversos tipos de câncer, todos com direito a cirurgia e a quimioterapia".

Nós podemos pegar uma caneta, ou ter um telefone celular, mas não podemos ter uma doença, pois ela não é alguma coisa, não é mercadoria com a qual se possa negociar. Toda doença é uma condição de ser.

Lembremos que a definição de saúde pela Organização Mundial da Saúde, é um estado de bem-estar biopsicossocial, e a doença é o estado oposto. Portanto, nós não podemos ter uma doença porque ela reflete a maneira como nós somos. Temos que nos conscientizar de que somos doentes.

Mas por que somos doentes?

Somos doentes porque não conseguimos viver em harmonia e em equilíbrio com o meio e com as pessoas à nossa volta. Estamos sempre reclamando. Se faz sol, reclamamos que está muito quente; se chove, protestamos porque está chovendo, e não podemos fazer isso ou aquilo; se faz frio, queixamo-nos mais ainda pelo desconforto. Reclamamos que o chefe é chato e vive nos perseguindo; que o vizinho parece fazer de tudo para nos provocar; que o nosso filho é indisciplinado e não faz nada daquilo que nós mandamos fazer; reclamamos que a nossa esposa ou o nosso companheiro não nos compreende.

Não conseguimos viver felizes e em paz, porque adotamos comportamentos desviados para posições extremas. Ou queremos impor a nossa vontade a tudo e a todos – *carvalho* – ou simplesmente desistimos e largamos tudo pra lá – *trigo*. A paz, a felicidade e a saúde estão no caminho do meio, estão no equilíbrio e na moderação.

Como um *iceberg*, seguimos pela vida apenas com a cabeça para fora d'água sem percebermos que o resto do corpo que está abaixo da superfície é que verdadeiramente nos dirige. Parodiando Sócrates, que usava por lema a inscrição da entrada do templo de Apolo, em Delfos, que recomendava "conhece-te a ti mesmo", é necessário que olhemos para dentro de nós mesmos se quisermos ser pessoas saudáveis.

Adoecemos porque estamos repletos de ódios, rancores, mágoas, culpas, remorsos, ressentimentos, medos e frustrações que não queremos enfrentar. Não conhecemos as nossas próprias emoções e queremos esconder dos outros, e de nós mesmos, os pensamentos e os sentimentos de egoísmo, de orgulho e de vaidade. Não queremos e não gostamos de ver a sombra, o lado feio da nossa personalidade; é por isso que quando nos deixamos fotografar apresentamos o nosso melhor ângulo. Não é por acaso que a indústria de cosméticos faz tanto sucesso; nada melhor do que uma boa maquiagem para esconder os nossos defeitos e nos fazer parecer mais bonitos.

O inconsciente, que ignoramos, está constantemente tentando vir à tona e se mostrar. Quando nós o reprimimos sem ouvi-lo, ele força a porta de entrada e se apresenta na superfície de maneira multifacetada. A doença é apenas uma das formas que o nosso inconsciente pode utilizar para chamar a nossa atenção. A doença é um bilhete, um recado que o inconsciente nos manda avisando que estamos seguindo o caminho errado.

Fazendo uma larga referência ao livro de Dethlefsen e Dahlke, *A doença como caminho*, podemos dizer com os autores que:

> [...] a doença significa a perda relativa da harmonia, ou o questionamento de uma ordem até então equilibrada [...] A perturbação da harmonia, no entanto, acontece na consciência e no âmbito da informação e se *mostra* pura e simplesmente no corpo. (p. 14)

Mais à frente, esses autores nos dizem que a doença:

> [...] se transforma numa espécie de professor que nos ajuda em nosso esforço de nos desenvolvermos e tomarmos cada vez mais consciência de nós próprios. Esse professor também pode ser muito severo e duro, se desprezarmos a nossa lei superior. A doença conhece um único objetivo: tornar-nos perfeitos. (p. 18)

Mas, se somos doentes porque estamos em desarmonia e desequilibrados, como a doença faz para se instalar e se mostrar no nosso corpo?

De grão em grão, assim como a galinha enche o papo, a doença vai se instalando no corpo à medida que vamos caminhando pela vida. Ao nascimento somos apenas possibilidades. À medida que vamos crescendo, vamos estruturando o nosso caráter segundo as nossas tendências íntimas, em primeiro lugar; e em resposta ao meio ambiente à nossa volta, em segundo lugar.

O Espírito que volta à vida num corpo carnal já traz todo um cabedal de conhecimentos e um perfil psicológico próprio. O corpo será apenas o veículo no qual ele irá se manifestar, enquanto permanecer aqui. O Espírito preexiste e sobrevive ao corpo biológico. O Espírito encarnado começa a sua nova existência em um corpo frágil e dependente das outras pessoas a sua volta. Este estado de dependência infantil faz o Espírito experimentar sentimentos de inferioridade que, por sua vez, acionarão mecanismos de protesto contra esta situação em defesa da própria autonomia.

À medida que a criança vai crescendo, precisa se esforçar cada vez mais para conquistar a sua liberdade de ação (andar e falar). Neste momento, o indivíduo começa a entrar em competição com as outras pessoas e com o meio à sua volta, experimentando as primeiras frustrações e limitações. É a partir deste ponto que os traços de personalidade característicos deste ser começam a florescer na sua estrutura de caráter.

Uma personalidade tipo *carvalho* quando começa a competir com tudo e com todos à sua volta, tende a acumular doses progressivas de agressividade que não poderão ser expressas. A hostilidade dispara os mecanismos autonômicos simpáticos que preparam o corpo para brigar ou para correr. Se o ambiente é mais poderoso do que o indivíduo, ele precisa bloquear, impedir, reprimir essas ações para não ser destruído pelo meio à sua volta.

As situações ambientais em torno do indivíduo são os estímulos estressantes que fazem disparar a fase de alarme da *síndrome de adaptação geral* descrita por Selye. O bloqueio emocional que a pessoa se impõe faz com que ela entre na fase de resistência. Nesta fase a doença ainda não se mostra no corpo, mas o indivíduo já se sente doente, em função dos desequilíbrios que a energia emocional represada impõe aos centros de força. Com o aumento do estado de tensão emocional, o perispírito ou corpo espiritual não consegue mais filtrar as energias emocionais reprimidas que, ao extravasarem, acabarão atingindo o corpo biológico nos órgãos mais frágeis deste indivíduo. É a fase de exaustão da síndrome de adaptação geral, caracterizada pela manifestação física visível da doença.

Nas personalidades *trigo* a competição com outras pessoas e com o meio ambiente tende a nutrir os sentimentos de carência e dependência infantil. Essa postura, todavia, acabará gerando estados carregados por sentimentos de ansiedade e de culpa.

A ansiedade, nestes casos, é um estado emocional penoso, no qual o indivíduo se julga indefeso ou impotente perante uma ameaça real ou imaginária, o que o deixa incapaz de reagir. A culpa, por sua, vez, é o sentimento de haver descumprido uma norma social, afetiva ou moral e que causou prejuízo a outra pessoa. A culpa faz nascer o desejo consciente ou inconsciente de ser punido, para que o indivíduo possa se redimir da falta cometida.

Tanto no estado de ansiedade como no de culpa a pessoa espera e deseja que alguém ou alguma coisa venha resolver a situação que a constrange e, assim, ela retoma uma atitude de dependência infantil. A dependência infantil é um estado no qual o indivíduo necessita ser cuidado, ele tem que ser alimentado e protegido. Este estado corresponde aos mecanismos de resposta autonômica parassimpática.

Acontece que nessa fase da vida a pessoa já não é mais um bebê, e os que estão à sua volta esperam que o indivíduo haja por si mesmo. Se ele não encontrar alguém disposto a viver o arquétipo da mãe nutridora, esse indivíduo permanecerá em um estado tônico parassimpático dominante, mas que não se concretiza, configurando o bloqueio parassimpático. Uma vez instalado o bloqueio emocional, este irá desencadear as etapas, já descritas, da síndrome de adaptação geral, com a consequente cristalização da doença no corpo biológico.

Até aqui nossa exposição foi técnica. Vamos pôr a técnica um pouco de lado e contar histórias. Todas elas são fictícias, frutos de exercícios desenvolvidos com os alunos em sala de aula, com o objetivo de auxiliá-los na assimilação do conteúdo. Para o leitor mais interessado recomendamos o excelente livro de Howard e Martha Lewis chamado *Fenômenos psicossomáticos*.

A MÃE DE JÚNIOR

A mãe de Júnior é uma mulher que se considera uma pessoa forte. Ela nasceu em uma família pobre e teve que trabalhar duro desde muito cedo para conseguir alguma coisa na vida. Como consequência, acabou se tornando uma pessoa impaciente e pouco tolerante, que não gosta de esperar e quer fazer tudo a seu modo. Ao ter que lidar com uma realidade cheia de dificuldades e obstáculos, sacrificou sonhos e ideais para conquistar aquilo que estivesse ao alcance das mãos.

A mãe de Júnior fez um curso técnico de secretariado e conseguiu emprego em uma grande empresa. Um colega de trabalho que estava fazendo faculdade apresentou-a àquele que viria a se tornar o seu marido, poucos anos mais tarde. Ela gostava do rapaz, que era de 'boa família e educado', porém, um tanto quanto indeciso, demorando-se muito em tomar decisões.

À medida que o relacionamento foi se firmando, a mãe de Júnior começou a dirigir a vida do casal, determinando o que eles deveriam fazer, escolhendo a maneira como o futuro marido deveria se vestir ou se portar. Após o casamento, ela abandonou o trabalho e passou a ser 'literalmente' a dona de casa. A mãe de Júnior traz até hoje o comando da casa com 'mão de ferro'.

Quando Júnior nasceu, sua mãe o tomou nos braços como se ele lhe pertencesse. Era ela quem sabia qual a hora em que ele deveria mamar e desde muito cedo estipulou os horários para o menino. Mais tarde, determinou quando ele deveria aprender a usar o vaso sanitário e parar de usar fraldas; também foi ela quem definiu quando ele devia largar a chupeta.

Júnior foi crescendo e aprendeu a andar e a correr. E quando começou a se movimentar sozinho, passou a competir com a mãe. Foi assim que, em uma ocasião quando ela deixou o menino no cercadinho, ele acabou caindo e se machucando, tentando pular a grade. Quando a mãe de Júnior teve a atenção despertada pelo choro do menino e viu o que tinha acontecido, a sua primeira vontade foi a de lhe dar uma surra, mas como naquele momento isso de nada valeria, pegou-o no colo, aplicou-lhe gelo na testa, onde estava avermelhado, e depois passou uma pomada. Quando o menino se acalmou, sua mãe o colocou no berço e certificou-se de que ele não aprontaria mais nada.

À medida que Júnior foi crescendo, foi dando mostras de ser muito parecido com a mãe. Não gostava de ser contrariado e sempre tentava fazer as coisas que lhe dessem na cabeça, apesar das medidas repressivas. Por conta disso, Júnior era definido pela mãe como um menino levado e difícil.

Com cerca de dois anos de idade, Júnior caiu e se machucou, ao tentar pegar um brinquedo que a mãe havia tomado de suas mãos e escondido no alto de um móvel. A mãe de Júnior sentiu-se invadida por uma onda de raiva e medo. A raiva pela teimosia do menino em desobedecer-lhe e o medo de perder o seu filho. Não consciente das suas emoções, a primeira atitude da mãe foi lascar-lhe algumas chineladas e depois ver o machucado de Júnior, que não era nada sério.

Na fase pré-escolar, Júnior começou a apresentar episódios repetitivos de estados gripais seguidos de entupimento do nariz, que o obrigavam a respirar pela boca, e de coriza, os quais deixavam a sua mãe muito preocupada e cada vez mais nervosa. Levando o menino aos médicos, ficou sabendo que o menino tinha rinite alérgica. Mesmo tentando todos os tratamentos que os médicos propunham e seguindo as recomendações, as crises com febre e congestão nasal persistiram até mais ou menos os dez anos. Cada nova crise deixava a mãe de Júnior em estado de alerta, tensa e muito preocupada. Nessas ocasiões, o medo e a raiva se alternavam no coração materno.

Durante a infância de Júnior, ele e a mãe acabaram estabelecendo um clima de competição inconscientemente. A mãe tentava por todos os meios controlar e vigiar o menino. Impunha limites que ela considerava importantes e necessários, mas que só atendiam às suas conveniências. Júnior, por sua vez, crescia cada vez mais parecido com ela. Desobedecia-lhe constantemente e desafiava a autoridade da mãe, que era imposta pela força e não conquistada pelo respeito e com amor.

Sem se aperceber, a mãe de Júnior foi lentamente colocando o marido de lado. Dedicando cem por cento do seu tempo a cuidar, mimar, proteger e vigiar o filho; ela já não tinha mais tempo para atender às carências e necessidades do marido. A relação conjugal foi esfriando e a mãe passou a ver o marido apenas como o indivíduo mantenedor do lar. Sem que percebesse, tornou-se uma mulher casada no papel, mas divorciada do marido nos afetos e nos objetivos de vida para o futuro.

Cada vez que Júnior aprontava uma, sua mãe reagia com raiva e medo. Em todas estas situações, sentia que o sangue fervia e subia-lhe à cabeça. Sem perceber, ficava agitada, suava mais que o normal, respirava mais rápido, perdia o apetite e tinha a sensação de que o coração ia sair pela boca.

Quando Júnior foi para a escola, os problemas só fizeram aumentar. Todo dia, a mãe ficava atrás do menino para que ele fosse fazer a lição de casa, enquanto ele tentava fugir para jogar bola com os coleguinhas. Nas reuniões de pais e mestres, sentia novamente o sangue ferver e subir à cabeça e o coração querer sair pela boca, quando a professora reclamava do comportamento irrequieto e voluntarioso do menino. E para piorar mais ainda, ela fazia o maior esforço para não explodir de raiva, quando recebia o boletim de Júnior com algumas notas vermelhas.

Chegando em casa, o 'tempo fechava' e o menino apanhava e ficava de castigo. Enquanto isso, sua mãe ficava irritada e com os nervos à flor da pele durante alguns dias. Nesses períodos, ela mal conseguia dormir, sentindo o coração rápido e irregular, a respiração quase ofegante, não sentindo vontade de comer e queixando--se de dores pelo corpo e na cabeça.

Quando Júnior chegou à adolescência, a situação piorou mais ainda. Cada vez que a mãe tentava impor-lhe a sua vontade, o menino reagia protestando e respondendo. As brigas entre os dois foram se tornando mais frequentes e por motivos cada vez mais tolos. Se iam a uma festa, discutiam porque ela queria que ele vestisse uma roupa e ele queria outra; se estava vendo televisão, sua mãe vinha reclamar, dizendo que o volume estava alto. Se ele desligava a televisão, e ia para a rua, era outro bate-boca.

Com o passar dos anos e com a constante repetição

dos comportamentos briguentos, a mãe de Júnior viu-se cada vez mais dominada pelas sensações de cabeça quente e dolorida, a insônia era quase uma constante, o apetite irregular e o humor instável. Foi quando ela resolveu procurar um médico.

O médico que a atendeu ouviu-lhe todas as queixas físicas de dor de cabeça, insônia e perda de apetite. Para não perder tempo, solicitou uma bateria de exames, que não demonstraram nenhuma irregularidade. O médico disse à mãe de Júnior que ela não tinha nada e a dispensou. Inconformada e julgando não ter sido bem atendida, resolveu procurar outro médico, não sem antes dizer poucas e boas ao primeiro que a atendeu.

Repete-se o mesmo movimento: o segundo médico ouve as queixas da mãe e solicita outra bateria de exames, que também são totalmente normais. Entretanto, o segundo médico diz a ela que o problema dela é nervosismo e receita-lhe um calmante.

Pela primeira vez nos últimos anos, a mãe de Júnior se sente mais calma, dorme melhor e recupera o apetite. Entretanto, como ela não se conscientizou das suas emoções e não mudou o seu comportamento, as brigas com Júnior continuaram no mesmo ritmo.

Júnior já está com 15, 16 anos e é cada vez mais difícil tentar controlá-lo. Repetiu o último ano letivo, passa mais tempo na rua do que em casa, não colabora com nada em casa, sequer arruma a própria cama. Como se já não bastassem todas as brigas e desentendimentos, agora Júnior deu para sair com aqueles moleques da rua de cima, os quais sua mãe não atura. Mais brigas e discussões por causa dos amigos de Júnior.

Num sábado qualquer ele ia sair com os colegas da rua de cima para ir a uma festa e sua mãe resolveu proibir. Os dois começam mais uma discussão e ele quer saber por que não pode sair com os amigos; e sua mãe, demonstrando a mais completa inconsciência, responde que "eu sou a sua mãe e estou dizendo que você não vai e pronto". O menino se revolta e sai de casa para ir ao encontro dos amigos assim mesmo.

Nessa noite a mãe de Júnior passa mal novamente. Sente-se como se o coração quisesse sair pela boca, a cabeça volta a doer, ela não consegue jantar e fica rolando na cama sem dormir. E como se já não tivesse bastado a discussão de horas atrás, quando Júnior chega em casa tem mais discussão.

Agora a mãe de Júnior reclama e briga porque ele está saindo com más companhias, está começando a beber e se enrolando com uns rabos-de-saia quaisquer.

Apesar de a mãe de Júnior continuar tomando os seus calmantes, ela voltou a sentir dores de cabeça, insônia e falta de apetite, além de uma sensação vaga de aperto no peito. Continua indo aos médicos e fazendo exames, que não evidenciam doença alguma. Os médicos se limitam a trocar um calmante pelo outro, dizendo que tudo aquilo é só nervosismo e que ela não tem nada.

E está chegando o dia esperado, Júnior vai completar 18 anos. Mamãe quer fazer uma grande festa e reunir a família, e ele quer ir para a balada com a turma. Depois de muito bate-boca, o pai propõe um churrasco no domingo. A mãe convida alguns parentes e Júnior chama os seus colegas. Mas a mãe não muda e durante o churrasco, começa a reclamar com o filho que ele não está dando atenção para as tias e que só fica com aqueles amigos 'maloqueiros'. Não dá em outra, os dois discutem e Júnior sai com os amigos para acabar de comemorar o seu aniversário.

Agora com 18 anos ele se considera um adulto e pensa que não deve mais satisfação dos seus atos aos pais. As brigas se fazem cada vez mais frequentes. Para complicar ainda mais a situação, ele tirou carteira de habilitação para dirigir.

No fim de semana, quando sai com o carro para a balada, sua mãe fica apreensiva, esperando-o no portão e, é claro, sempre pensando o pior. À medida que as horas vão passando, ela começa a sentir-se cada vez mais angustiada, com o coração batendo rápido e forte, querendo sair pela goela, a cabeça volta a doer, não consegue conciliar o sono e perde o apetite. Como a atitude materna se repete toda semana, isso contribui para tornar crônico o seu mal-estar.

Mas nem tudo é desventura. Júnior passou no vestibular para o curso de administração, o que satisfaz sua mãe. No segundo ano da faculdade, consegue um emprego em um banco. Mas apesar das conquistas, os dois ainda brigam muito por coisas infantis.

Um dia, Júnior chega em casa acompanhado de uma garota. Antes que ele a apresente, sua mãe já fecha o cenho e sente que o sangue vai ferver. Júnior apresenta a menina como sua namorada e a mãe faz de conta que gosta da moça.

Agora as brigas entre o filho e a mãe são por causa da namorada. Certo dia, Júnior chega em casa um pouco constrangido e comunica aos pais que vai casar. Sua mãe começa mais uma discussão, ouvindo o filho dizer que vai casar porque a sua namorada está grávida. Mais uma vez, a mãe de Júnior sente raiva e medo. Agora o objeto da sua raiva é a namorada de Júnior e o medo é porque ela se sente ameaçada: Júnior vai sair de casa para ficar com a 'outra'.

No casamento de Júnior a mãe se sente completamente derrotada. Chora o tempo todo, mal sorri para as fotos, não tem vontade de comer nada e se sente cansada. Após a cerimônia do casamento, quando volta para casa e vê a cama de Júnior arrumada e o seu guarda-roupa vazio, experimenta um aperto forte no peito.

Volta aos médicos queixando-se de dor de cabeça, insônia, perda de apetite e uma sensação de aperto no coração. É solicitada mais uma bateria de exames. Mas desta vez o médico diz a ela que está com pressão alta e que tem que se cuidar, senão poderá ter um enfarte. Desta vez, junto com o calmante, vai uma receita com medicamentos para controlar a pressão alta e uma dieta sem sal.

O PAI DE JÚNIOR

O pai de Júnior nasceu e foi criado em um ambiente com estabilidade econômica e com muito zelo, no qual os seus pais jamais deixaram faltar-lhe o que quer que fosse e acabaram superprotegendo-o. Em tal meio, ele acabou crescendo de forma pacata e tranquila, não tendo que enfrentar muitos obstáculos. Por sua vez, ele mesmo se define como alguém tímido e introvertido, que não gosta de ambientes barulhentos e agitados, que tem dificuldades em lidar com mudanças, com pessoas estranhas e com novidades inesperadas.

Durante a infância e a adolescência, o pai de Júnior foi um jovem arredio que não gostava de se envolver com esportes competitivos, e de contato físico. Evitava, também, de forma sistemática os tumultos e sofria calado e sem reagir às importunações e provocações dos outros garotos da sua idade.

O pai de Júnior conheceu sua esposa por intermédio de um amigo comum aos dois, quando ele ainda estava na faculdade. Ele gostava da conversa dela, espontânea e livre, e começou a admirar a independência e a força de vontade daquela moça, muito diferente dele, e que estava sempre pronta para lutar e brigar por aquilo que ela queria.

A futura mãe de Júnior não apenas foi a primeira como também sua única namorada. Muito discretamente, ainda durante o namoro, ela gostava de escolher o que o futuro pai de Júnior deveria vestir e com quem ele deveria andar. Os dois se casaram pouco tempo após ele ter se formado na faculdade, dedicando-se ela a cuidar da casa e do marido, embora sempre com muita firmeza e autoridade.

Durante os três anos de casamento que antecederam o nascimento de Júnior, o seu pai sentia-se como se ainda estivesse na casa dos pais. A esposa cuidava de tudo em casa e o cobria de atenção, separando a roupa que ele deveria vestir para ir ao trabalho ou fazendo-lhe o prato durante as refeições. Não deixava que nada lhe faltasse. Ele não se apercebera de que ele não havia encontrado uma verdadeira companheira, mas uma imitação da sua própria mãe.

Apesar das aparências, o pai de Júnior não se sentia totalmente à vontade no casamento. Embora ele amasse a esposa, ela constantemente estava a exigir, por meio da sedução ou por cobrança direta, móveis novos ou uma reforma na casa. Queria que ele fizesse alguma coisa para que eles pudessem ter um estilo de vida mais confortável e uma vida social mais intensa. Nessas ocasiões, o pai de Júnior começava a sentir-se angustiado com uma sensação de vazio na barriga.

Trabalhava numa grande empresa e era considerado, pelos seus superiores, um bom funcionário. Todavia, a sua dificuldade em lidar com as pessoas, aliada a uma carência de ousadia e à tendência de ser sempre muito subserviente, acabaram limitando a sua progressão dentro da empresa. Como consequência, viu-se subordinado a um gerente autoritário, pouco compreensivo, exigente e que não oferecia nada como retorno.

Quando Júnior nasceu, deixou-se envolver numa teia da qual ele não consegue sair: de um lado, a esposa e o filho, que necessitam dele como o elemento mantenedor do lar, do outro lado, um superior que não tolera erros e que exige o máximo dos seus funcionários. Ele deseja poder fugir do chefe, mas se sair do emprego, como ele vai fazer para sustentar sua família? O dilema íntimo do pai de Júnior faz com que ele se sinta inferiorizado por não ter a coragem de enfrentar o chefe e culpado por não poder oferecer à esposa o que ela deseja.

Com o passar dos anos, à medida em que Júnior foi crescendo, ele começou a sentir que sua esposa já não lhe dedicava mais o mesmo tempo e atenção de antes. Além disso, o clima de disputa entre mãe e filho o deixava muito pouco à vontade, pois não gostava e não queria tomar o partido de nenhum dos dois. Sem uma percepção clara dos movimentos domésticos, sente que sua esposa o relegou ao segundo plano, prestando cada vez mais atenção ao filho que, por sua vez, anseia e cobra receber do pai mais amor, dedicação e proteção.

No trabalho, a sua timidez e introversão não o ajudavam a superar os problemas profissionais. A falta de amigos em quem ele confiasse e pudesse se sentir seguro causava-lhe uma profunda sensação de solidão, e a atitude do seu chefe exigindo sempre mais e melhores resultados só servia para fazer aumentar a sensação de que ele estava em perigo.

Tendo sido acostumado a ser o centro das atenções e dos cuidados dos outros durante a vida, agora ele se sentia acuado e abandonado. Espremido entre a família e o trabalho, 'entre a cruz e a espada', ele se sentia frustrado e desamparado.

Não conseguia se posicionar e tomar uma atitude. Não se queixava à esposa pelo seu descaso para com ele, tampouco pelo excesso de dominação que ela queria impor ao filho. Não conseguia fugir e muito menos suprir as cobranças do filho, não se sentindo capaz de protegê-lo e, por fim, ainda tentava engolir todos os dissabores no trabalho, porque não encontrava em si mesmo nem a força nem a coragem para enfrentar o chefe. Em meio a este caos emocional, foi perdendo a capacidade de se sentir gratificado.

Quando Júnior estava com cerca de seis anos, a empresa em que trabalhava passou por momentos difíceis, que motivaram várias demissões. Esse estado de coisas exigiu que o pai de Júnior mobilizasse suas reservas emocionais para manter-se em pé. Foi quando ele começou a se queixar de uma sensação de vazio na barriga, que piorava com o passar do tempo. Passou a sentir um forte desconforto na região da boca do estômago, que o incomodava sobremaneira no período da tarde e em casa, à noite. Para mitigar o desconforto, ele começou a beliscar doces e biscoitos nessas horas, experimentando alguma melhora.

Com o passar do tempo, a manutenção da rotina em casa e no trabalho deu ensejo a que ele começasse a alternar alguns períodos de calmaria intercalados com outros nos quais a sensação de desconforto na região da boca do estômago recrudescia. A cada nova crise o desconforto era maior, até que se transformou numa sensação de dor e que se fez acompanhar de 'arrotos' frequentes e de um gosto metálico na boca. Para aliviar a dor, o pai de Júnior comia alguma coisa, o que o fazia sentir-se melhor.

Como a situação não se resolveu naturalmente, o pai de Júnior procurou um médico, que acabou diagnosticando um quadro de gastrite de fundo nervoso, e lhe receitou alguns comprimidos de antiácidos, uma dieta sem gorduras e sem alimentos picantes, além de um calmante.

Com o tratamento, o pai de Júnior voltou a se sentir bem. Contudo, toda vez que surgia um novo problema, a azia e a queimação retornavam. Com a nova crise, o pai de Júnior voltava a usar os remédios que o médico lhe prescrevera, e assim ele foi se transformando num paciente com gastrite crônica.

Os últimos anos da adolescência de Júnior foram bem

difíceis para o seu pai, que teve de 'engolir muitos sapos' e sofria para digeri-los. As constantes brigas em casa entre a esposa e o filho e as exigências profissionais causavam no pai de Júnior um forte desejo de fugir de tudo aquilo e buscar um local onde ele se sentisse seguro e em paz. Entretanto, um senso de responsabilidade apurado e a aversão que sentia por novidades impediram-no de mudar o que quer que fosse.

Nesse período, ele teve crises de gastrite muito intensas e que foram acompanhadas de episódios de cólicas, diarreias e uma intensa sensação de cansaço. Os médicos submeteram-no a inúmeros exames e tratamentos, com resultados paliativos.

Foi mais ou menos por essa época que o pai de Júnior foi transferido para outro departamento da empresa e promovido a gerente. O novo cargo exigia muito dele, pois tinha que cobrar resultados dos subordinados, manter entrevistas e reuniões frequentes com os clientes e fornecedores da empresa e ainda devia prestar contas aos diretores da empresa.

Pouco tempo depois de Júnior começar a trabalhar, o seu pai teve uma crise de dor muito intensa acompanhada de grande mal-estar que acabou determinando a necessidade de interná-lo. Foi quando os médicos diagnosticaram uma úlcera gástrica perfurada, que necessitou de uma cirurgia de urgência para o seu tratamento.

A internação hospitalar afastou-o do trabalho e de toda a pressão que sentia. Também fez com que sua esposa voltasse a lhe dedicar mais atenção e cuidados. Quando saiu do hospital, foi para casa ainda sob o regime de licença médica até completar o tratamento da úlcera. Ao retornar ao trabalho, conseguiu ser realocado em outra função onde ele não tivesse que lidar com tanta pressão, e se estabilizou.

JÚNIOR

Depois de uma gestação tranquila e sem maiores problemas, Júnior nasceu forte e saudável sem sinais de doenças congênitas ou genéticas. Segundo a avaliação da pediatra que o acompanhou nos dois primeiros anos de vida, ele se desenvolveu dentro dos critérios de normalidade.

No período pré-escolar, Júnior continuava a crescer sem dar mostras de que teria problemas com a saúde, até que por volta dos três anos, ele começou a apresentar quadros de rinite alérgica. Nos anos seguintes, de tempo em tempo, tinha estados gripais (resfriados) com febre alta, durante um ou dois dias, aos quais se seguiam uma dificuldade respiratória com o nariz entupido e muita coriza. A mãe o levou a diversos médicos, buscando uma solução para o problema do menino. Nessa tentativa, trocou-se o piso da casa, retiraram-se as cortinas e compraram-se vaporizadores, seguindo as recomendações médicas.

Embora Júnior continuasse a crescer sem dar mostras de que havia problemas, os quadros de rinite alérgica se mantinham como uma constante. Mais uma vez, segundo as recomendações médicas, a mãe de Júnior o matriculou na escolinha de natação. Com a atividade física regular, Júnior ganhou massa muscular e passou a se alimentar melhor, mas os episódios de febre seguidos de congestão nasal e coriza continuavam a se repetir, apesar de todas as medidas já adotadas.

Cada vez mais ansiosa e nervosa, a mãe de Júnior continuava levando-o a consultas com médicos das mais diversas especialidades. Alguns deles, depois de o submeterem a exames de laboratórios e a raios x, diziam que ele não tinha nenhuma doença, na sua esfera de atuação, e o encaminhavam, para outro especialista. De médico em médico, Júnior foi levado até a um especialista em alergias, que depois de vários testes entregou à mãe uma lista com diversos produtos que ele deveria evitar entrar em contato, para melhoraria do seu quadro alérgico. A lista do médico era extensa e incluía pelos de gatos, solventes e tintas acrílicas, picadas de mosquitos ou de abelhas, camarão e outros frutos do mar e algumas substâncias químicas. Também receitou uma série de vacinas.

Apesar de tudo, os quadros de rinite alérgica persistiam e Júnior continuava sofrendo com gripes e congestão nasal. Por volta dos seis anos, foi proposta uma cirurgia para retirada das amígdalas e de adenoides. A cirurgia foi rápida e simples, de tal modo que Júnior pouco se incomodou. Mas, apesar dos esforços, os quadros de rinite alérgica continuaram se repetindo. A partir dos nove, dez anos os quadros alérgicos de Júnior foram naturalmente diminuindo de frequência e de intensidade e, aos doze anos, no início da adolescência ele já não tinha mais crises.

Entretanto, a própria adolescência traz os seus obstáculos. Júnior agora já era um garoto forte, bem desenvolvido e dono de uma personalidade vivaz, arrojada, impetuosa e independente. Mesmo durante a infância e a fase escolar pré-adolescente, ele já era uma criança dita levada. Na adolescência, esta característica se revestiu de um comportamento aventureiro e cada vez mais autônomo.

No âmbito afetivo Júnior sentia-se perdido e sem chão em casa. Constantemente ele se via envolvido em brigas com a mãe e, por outro lado, sentia-se esquecido pelo pai. Enquanto sua mãe tentava controlá-lo, tentando transformá-lo em um 'homem decente', segundo as palavras dela, seu pai era distante e omisso. Nos momentos de conflito em casa, Júnior aprendeu que não deveria esperar por nenhuma atitude por parte do pai.

Por conta das traquinagens e dos excessos, começou a sofrer pequenos acidentes de forma mais intensa do que na primeira década de vida. Entre os 12 e os 18 anos de idade, Júnior caiu da bicicleta, dos patins, do skate. Quase toda semana sofria um ferimento novo, um corte, um arranhão. Perdeu a conta das vezes em que teve de ir ao pronto-socorro para fazer um curativo ou tomar alguns pontos. Torceu o tornozelo em pelo menos duas ocasiões, tendo que ficar imobilizado durante algumas semanas. Com 13 anos, fraturou o punho, que teve de ser engessado e aos 16 teve uma pequena fratura nos ossos da perna.

Queria fazer medicina veterinária, mas sua mãe queria que ele estudasse administração como o pai e que se transformasse em um empresário de sucesso. Pressionado pela mãe e deixando-se envolver pelo lado profissional do pai, Júnior acabou aquiescendo e foi estudar administração. Quando passou no vestibular e pouco depois começou a trabalhar, o menino entrou numa fase de estabilidade e relativo equilíbrio que perdurou durante pouco tempo.

No emprego em um banco, conheceu uma estagiária da qual se enamorou. Quando estava no terceiro ano do curso, ficou sabendo que a sua namorada estava grávida. Embora sentindo-se desconfortável com a situação, preferiu se casar.

Aos 22 anos, quando voltava para casa depois de mais um dia de trabalho, Júnior sofreu grave acidente de carro. Levado para o hospital, é submetido a uma cirurgia para a drenagem de uma grande hemorragia no tórax, causada pela fratura de algumas costelas e para a instalação de placa com parafusos para uma fratura do fêmur. Em consequência do acidente, permanece internado por três semanas e fica ainda licenciado do trabalho por mais oito meses.

O que podemos aprender com as estórias da família de Júnior?

Vejamos. A mãe de Júnior demonstra ser uma personalidade do tipo *carvalho*. Ela é autoritária e controladora, domina o marido sem grandes dificuldades, mas não alcança o mesmo sucesso com o filho. O fato de não conseguir dobrar Júnior a deixa em constante estado de tensão, pois ela tem que se manter sempre preparada para a próxima disputa.

Como *carvalho*, sua tendência é a de manifestar um tônus simpático dominante. Cada vez que discute com o filho, que ele lhe desobedece ou que ele se machuca ou adoece, ela quer fazer alguma coisa, ela quer agir, tomar

tudo em suas mãos e determinar como as coisas vão ser.
Entretanto, ela não consegue atingir o seu objetivo. Isto significa que a mãe de Júnior se preparou para a luta, ela está pronta para agir, para brigar, para lutar e defender com unhas e dentes as suas ideias e a sua vontade. Mas não pode. Ela não encontra os meios para extravasar as suas emoções. Como o seu estado emocional é predominantemente simpaticotônico, ela permanece em constante estado de alerta. Não relaxa, não baixa os escudos, não depõe as armas. Ela nem completa o ciclo das suas descargas emocionais vivenciando-as de forma plena como, também, não se permite transformar, transcender as suas emoções para outros objetos ou outras atividades mais elevadas.

Este estado de tensão que se tornou crônico, ao longo de mais de duas décadas de vida, fez com que ela mantivesse seu corpo em um estado de funcionamento visceral autonômico simpático exaltado, cumprindo, assim, a fase de resistência descrita por Selye na sua *síndrome de adaptação geral*.

Quando Júnior saiu da casa dos pais, em função do casamento, este movimento quebrou a resistência de sua mãe e, então, ela entra na fase de exaustão da *síndrome de adaptação geral*. Neste momento, a doença que já existia no Espírito, como emoções inconscientemente desequilibradas, e no perispírito, como uma sobrecarga energética ao nível do centro de força cardíaco, se mostra no corpo físico como pressão alta.

O pai, por sua vez, faz o mesmo movimento só que na direção oposta. Ele é uma personalidade marcadamente do tipo *trigo*, o que significa dizer que sustenta de forma mais prolongada um estado visceral autonômico parassimpático. Ele ansiava encontrar na esposa a figura materna que se incumbiria de cuidar dele e de nutri-lo segundo as suas necessidades. Em sua postura carente, seu desejo inconsciente era de que a sua esposa estivesse sempre pronta e apta a satisfazer-lhe as vontades. Mas a realidade é que ela não está disposta a satisfazê-lo e ainda cobra dele uma série de atitudes mais audaciosas.

Na sua profissão, ele se vê em ambiente agressivo e muito competitivo, com cada um defendendo o seu e, quando possível, devorando o outro. A dificuldade de se ajustar a este meio reforça no pai de Júnior o seu desejo de ser protegido e nutrido.

Inconscientemente, ele se mantém na posição de uma criança indefesa esperando que cuidem dela. Esse estado de dependência infantil é vivenciado corporalmente por reações parassimpáticas muito intensas e que vão sendo reforçadas e sustentadas ao longo dos anos. Assim como sua esposa, o pai de Júnior nem satisfaz as suas necessidades emocionais como também não consegue transcendê-las em objetivos mais nobres.

Depois de vários anos sentindo fome de amor, de carinho, de atenção, o pai de Júnior desenvolve uma úlcera gástrica, pois não conseguiu receber os mimos e o amor desejado nos seus contatos com as outras pessoas. A transferência para outro departamento e a promoção a gerente foram a gota d'água que lhe quebraram a resistência, fazendo-o entrar na fase exaustão da *síndrome da adaptação geral* de Selye.

A doença do pai de Júnior já havia se anunciado com anos de antecedência pelos sintomas dispépticos (a gastrite), que não foram devidamente compreendidos. É interessante observar que a mãe de Júnior também foi avisada de que estava no caminho errado pelos seus quadros de mal-estares, com insônia e perda de apetite. Vivendo inconscientes de si mesmos, não percebendo a necessidade de reformarem suas posturas perante a vida, os pais de Júnior mantiveram suas respectivas doenças em estado latente durante algum tempo. Ao ignorarem os avisos do inconsciente, acabaram se convertendo em artífices involuntários das próprias doenças que, finalmente, acabaram materializando-se em seus corpos físicos.

Agora é preciso deter a nossa atenção em Júnior. Ele ainda é jovem e, portanto, pode romper com os padrões familiares, inaugurando uma nova fase. Durante a infância não compreendia o movimento dentro de casa, mas intuitivamente sentia que algo de estranho pairava no ar. Sem poder identificar o que estava errado, ele reagiu de forma agressiva, acionando o seu sistema imunológico com muita intensidade, por isso os quadros alérgicos.

Nas alergias, o nosso sistema imunológico reage contra uma substância denominada alérgeno, palavra de origem grega, formada por *al(o)*, mais *-erg-*, mais *-geno*, onde o antepositivo *állos* significa 'outro, estranho, diferente'; *-erg* deriva do interpositivo *érgon* que significa 'obra, trabalho, ação' e o pospositivo *-geno* transmite a ideia de 'nascimento, origem, descendência, raça'. Assim, alérgeno é simbolicamente um 'trabalho estranho', uma 'ação diferente'. O alérgeno é alguma coisa estranha contra a qual o nosso sistema imunológico reage tentando destruí-la.

O inconsciente de Júnior tentava protegê-lo de 'alguma coisa estranha no ar' que nada mais era do que a atmosfera doméstica carregada de emoções desequilibradas, e da baixa qualidade, tais como frustrações, decepções, mágoas, ressentimentos e carência afetiva. À medida que Júnior foi crescendo, foi se distanciando do seu inconsciente, perdendo a inocência infantil, e permitindo que alguns aspectos da sua personalidade aflorassem.

Os aspectos da personalidade de Júnior que começaram a aparecer eram do mesmo quilate que os da sua mãe. Eram traços marcantes do tipo *carvalho*. Não é a hora, e não é este o nosso objetivo, mas poderia ser o caso de questionarmos à mãe de Júnior o porquê de ela brigar e se desentender tanto com o filho, uma vez que ele apenas refletia os mesmos traços psicológicos básicos da própria personalidade dela, tal como num espelho!

Durante a adolescência, os traços do tipo *carvalho* inatos da personalidade de Júnior puderam emergir e acabaram se estruturando de forma rápida e consistente. Tal evolução explica por que ele tendia a se envolver tão frequentemente em acidentes. Como o *carvalho*, da parábola contada no capítulo anterior, Júnior adotava uma atitude de entrar em conflito aberto com a tempestade. Tendo que respeitar um limite nos conflitos com a mãe, extravasava o restante da sua energia emocional reprimida nos esportes e nas brincadeiras, onde ele podia tentar superar os limites de uma forma socialmente aceita.

Até este momento, Júnior é um bom exemplo do que acontece em muitas famílias em que uma *doença familiar* permeia o ambiente como um espectro maligno. Os traços da personalidade de Júnior são os mesmos da sua mãe, ou seja, ambos são *carvalho*. Quando olhamos para um familiar, filho, neto, sobrinho, e dizemos que ele é igual ao pai, ao avô ou ao tio significa que ele muito provavelmente irá se conduzir na vida como o seu antecedente.

Ora, quando repetimos uma mesma ação ao longo do tempo o previsível é que obtenhamos sempre o mesmo efeito, ou a mesma resposta. Quando os membros de uma família adotam posturas emocionais muito semelhantes e previsíveis é natural que venham a alcançar os mesmos resultados. Embora os detalhes da vida de cada um sejam necessariamente diferentes eles tenderão a apresentar a mesma estrutura de caráter central. Consequentemente, o desenvolvimento de uma mesma doença é um evento natural e esperado.

Se eu sigo pela vida me corroendo com culpas, ressentimentos e mágoas sem fim, muito provavelmente terei um câncer a consumir e a corroer o meu corpo. Se meu filho edificar a sua vida com o mesmo modelo, envenenando-se com outras tantas culpas, ressentimentos e mágoas, tenderá a desenvolver um câncer, assim como eu. Como esperar resultados diferentes se repetimos os mesmos atos, as mesmas ações, se promovemos as mesmas causas? Como posso esperar colher tomates se plantei abóboras?

Mas, voltemos a Júnior. Assim como o *carvalho* da parábola, Júnior estava em franco pé de guerra com a vida. Como se não bastassem todas as brigas com a mãe, ele ainda estava brigando consigo por causa da sua vida profissional, o oposto do que ele desejara e sonhara.

Todo dia tinha de lutar e brigar consigo mesmo, obrigando-se a ir para o banco. E, para completar, sentia-se mal dentro do casamento.

Ele adorava o filho e amava a sua esposa, entretanto, não conseguia deixar de sentir que aquele era o momento errado. Esposa e filhos não faziam parte de seus sonhos àquela altura da sua vida.

Júnior estava nesse estado de tensão quando se acidentou com o carro. O acidente, naquele momento da vida, pode ser considerado um evento muito positivo para o seu futuro. Foi a forma do inconsciente dizer a ele que estava seguindo pela vida no caminho errado, que ele precisa fazer desvios, que já havia passado do ponto onde deveria ter virado à direita ou à esquerda e seguido um novo rumo. Foi a forma que o inconsciente usou para alertar, para chamar a atenção para o fato de que se ele não corrigir sua trajetória a tempo, irá se perder completamente.

Júnior tem a oportunidade de mudar o enredo da sua vida e de romper com os padrões familiares. Se ele persistir em seguir o exemplo de sua mãe, brigando com tudo e com todos à sua volta, irá igualmente adoecer. Assim, em poucos anos, ele começará a ter quadros de distúrbios simpaticotônicos, que por uma série de fatores psicológicos e orgânicos muito provavelmente irão desembocar em um diagnóstico médico de hipertensão arterial.

O tempo que Júnior vai passar de molho deverá ser usado para meditar sobre sua vida e sobre seu futuro. Com serenidade, coragem, determinação e muita força de vontade poderá traçar planos diferentes para o seu futuro. Meses depois do acidente poderemos encontrá-

-lo bem mais feliz e animado, fazendo a sua matrícula em um curso pré-vestibular com o objetivo de se preparar para os processos seletivos dos cursos de veterinária.

Com a mesma determinação, poderá convocar a sua esposa para uma conversa franca e aberta sobre a vida conjugal, propondo novos rumos, novos movimentos, novas diretrizes. E ele precisará ter muita serenidade e coragem para enfrentar uma separação, caso a sua esposa não tenha condições de acompanhá-lo nesta nova fase da sua vida. Não importa o que Júnior vai a fazer, mas ele só tem três possibilidades: primeiro, deixar tudo como está; segundo, mudar tudo à sua volta; ou, terceira possibilidade, tentar transformar os seus sonhos e desejos em outros que se harmonizem com a sua realidade.

Se ele deixar as coisas como estão, continuará brigando com tudo e com todos à sua volta. Verá seus sonhos murcharem e se transformarem em grandes e pesadas frustrações, difíceis de serem carregadas, que vão lhe tirar a alegria de viver, porque desistiu deles. Envelhecerá com tristeza e cheio de doenças.

Se optar por mudar tudo à sua volta, poderá alcançar os seus sonhos. Entretanto, a mudança terá um alto custo. Fatalmente terá que desistir de algumas coisas que lhe agradam para buscar outras. Nessa mudança, nem todas as pessoas que ele ama estarão dispostas a seguir com ele. Haverá separações, despedidas, protestos, brigas, algumas farpas e muitas lágrimas derramadas.

Depois de algum tempo, Júnior estará em paz com ele mesmo, com a sua consciência, e isso fará dele um homem mais feliz do que antes. Nesse momento, ele estará em condições de vivenciar novos encontros, chegadas e descobertas com alegria e espontaneidade. Mas o alto custo das mudanças poderá se fazer ver no corpo. Pequenos problemas de doença talvez acompanhem Júnior ao longo dos anos, nada que vá tirar-lhe o sono, mas que servirá para lembrá-lo dos caminhos que escolheu percorrer. Não existe caminho sem pedras.

> No meio do caminho havia uma pedra,
> havia uma pedra no meio do caminho.
>
> CARLOS DRUMOND DE ANDRADE

Para a terceira possibilidade, Júnior terá que executar um grande trabalho de reforma íntima. Ele deverá aprender a substituir os seus sonhos e desejos, precisará descobrir em si mesmo novos motivos e novas aspirações pelas quais ele se deixará orientar. Substituir os sonhos não é a mesma coisa que desistir deles.

Para realizar o trabalho de reforma interior, ele precisará amadurecer espiritualmente, adquirindo uma compreensão mais elevada do porquê da sua vida. Lenta e cuidadosamente começará a revisar, uma a uma, as suas ideias, as suas opiniões e os seus valores. Identificará as imperfeições e as deficiências da sua antiga forma de pensar e com muito discernimento separará o que é bom e útil do que é mau e fútil. Então, aquilo que foi considerado mal será descartado, dispensado, jogado fora, e novas ideias, novos conhecimentos e novos valores serão colocados no lugar.

Sua reforma íntima será muito mais lenta e demorada do que a mudança da possibilidade anterior, contudo possui algumas vantagens. O custo da reforma íntima será pago em doses homeopáticas ao longo do tempo e Júnior ganhará ao economizar nas separações, nas brigas e nas lágrimas. No fim, ele será ainda mais feliz do que na segunda possibilidade, e junto com a felicidade virá a saúde.

CONVERSANDO COM A DOENÇA

No livro A *doença como caminho,* os autores[38] nos dizem que

> É a doença que torna os homens passíveis de cura. A doença é o ponto de mutação em que um mal se deixa transformar em bem. Para que isto possa ocorrer, temos de baixar a guarda e, em vez de resistir, ouvir e ver o que a doença tem a nos dizer. (p. 60)

Portanto, é preciso conversar com a nossa doença.

Classicamente, quando estamos doentes, reclamamos e praguejamos contra a doença, considerando-a como nossa inimiga. Pensamos nas nossas doenças como se fossem alguma coisa estranha que invade a nossa vida, perturba nossa rotina, estraga nossos planos, nossos sonhos e objetivos sem a nossa permissão. A doença é vista como aquele penetra que estragou a nossa festa. É por isso que deve ser eliminada, combatida, expurgada e exorcizada da nossa vida.

A medicina ocidental também vê a doença como alguma coisa que deve ser combatida e eliminada. Tal

---

38 Dethlefsen, T. & Dahlke, R.

postura se evidencia na maneira como os médicos falam da doença e dos tratamentos que estão sendo propostos ao paciente: "Vamos combater esta infecção, vamos retirar este tumor, vamos erradicar esta moléstia".

A mesma visão está presente nas campanhas públicas de 'combate e prevenção' às doenças. Neste sentido, são particularmente significativas as campanhas brasileiras de combate e de erradicação da dengue, que convoca a população a formar um exército de combatentes contra o mosquito transmissor, e a campanha de combate ao câncer da mama que utiliza um alvo como a sua marca registrada.

A medicina ocidental, quanto à perspectiva filosófica é mecanicista-reducionista/monista, como já o dissemos. Uma outra maneira de nos referirmos a ela se relaciona com a sua abordagem terapêutica que é denominada de alopática ou alopatia.

Etimologicamente alopatia deriva do grego *állos* – outro, estranho mais *páthos* – sofrimento. A palavra foi supostamente criada por Hahnemann para designar os métodos terapêuticos opostos aos da homeopatia, que ele desenvolvera. *Alopatia* designa os métodos de tratamento em que se empregam medicamentos que provocam efeitos contrários aos da doença que o paciente manifesta.

A palavra grega *páthos* indica a ideia de sofrimento como aquilo que se sofre, a sensação, o que estimula o sentimento de piedade, de tristeza ou de melancolia. Na antiga arte grega, *páthos* indicava uma qualidade do que era transitório e emocional, opondo-se ao permanente e ideal. Durante a Idade Média, a palavra teve um teor pejorativo de afetação ou de exagero, que já não existia no século 18.

Na medicina, a palavra *páthos*, com a significação de sofrimento, foi associada à palavra *logia*, que significa a exposição sistemática de um tema, o tratado, a ciência, formando a palavra *patologia* que designa a especialidade médica que estuda as doenças e as alterações que elas provocam no organismo. Patologia também designa qualquer desvio do que é considerado normal ou fisiológico e, por extensão de sentido, pode designar uma doença em si mesma.

Além dessas palavras há na língua portuguesa vários outros vocábulos compostos que utilizam o substantivo *páthos*:

Antipatia: Derivada do grego *antipátheia*, significando uma afeição contrária a uma emoção ou a uma experiência.

Apatia: Derivada do grego *apátheia*, indicando um estado de indiferença, falta de interesse e de atividade, insensibilidade mocional, falta de ânimo, abatimento, indolência.

Empatia: De derivação mista, com o prefixo latino *in*, significando o que está no meio da sensação ou da emoção. Correntemente significa a capacidade ou a habilidade de se identificar com alguma coisa ou com alguém, de sentir o que outra a pessoa sente.

Homeopatia: Do grego *homoiopátheia* significando o que está de conformidade com os sentimentos. Também designa um modelo médico.

Simpatia: Do grego *sumpátheia* indicando a participação no sofrimento de outra pessoa. Também se diz da afinidade moral, da semelhança no sentir e no pensar que aproxima as pessoas. Designava, na Antiguidade, uma afinidade entre corpos, elementos ou humores. Mais tarde, o derivado *simpático* passou a designar a integração entre determinados estados emocionais e as respectivas reações fisiológicas que as acompanhavam.

Parassimpático: Termo exclusivamente médico que antepôs a simpático o prefixo grego *pará*, que significa ao lado de, para indicar as manifestações fisiológicas que acompanhavam estados emocionais diferentes do conjunto anterior.

Quando discutimos as estruturas de caráter, dissemos que as personalidades do tipo *carvalho* apresentavam reações viscerais simpáticas dominantes. A personalidade desses indivíduos vivencia as suas emoções por meio de atitudes em que a intenção do movimento é de dentro para fora. *Carvalhos* tendem a se comportar de uma forma muito assertiva, querendo fazer valer as suas vontades, na medida do possível.

Paralelamente, as personalidades do tipo *trigo* apresentam reações viscerais predominantemente parassimpáticas. Estes indivíduos tendem a se movimentar de fora para dentro, adotando comportamentos de autoproteção e conservação, evitando o conflito. *Trigos* adotam comportamentos passivos e condescendentes, na grande maioria das situações.

As personalidades *carvalho* e *trigo* quando adoecem o

fazem manifestando sintomas condizentes com a sua estrutura de caráter. Os *carvalhos* irão apresentar doenças do tipo simpático, enquanto os *trigos* exibirão doenças com o padrão parassimpático.

Contudo, a grande maioria das pessoas vive inconsciente de si mesmas. Poucos são os que se questionam sobre as suas emoções e sobre os seus pensamentos e, por isso, reagimos instintivamente aos mais diversos estímulos. Falamos, sem pensar, a primeira coisa que nos vem à cabeça. Tomamos atitudes impensadas num momento, que acabam gerando consequências para o resto da vida. E isso acontece porque não conhecemos a nós mesmos.

Esse comportamento instintivo e impensado fica muito evidente quando adoecemos. Nossa postura frente às doenças é de contestação e de rebeldia. Fomos educados a acreditar que a doença é sempre uma coisa ruim, negativa, deplorável, que vem de fora contra a nossa vontade.

É justamente por acreditar que a doença vem de fora e que é uma coisa ruim que queremos nos livrar dela o mais rápido possível. Quando doentes, o nosso primeiro e com frequência único desejo é o de tomarmos um remédio que acabe com a doença de uma vez por todas e que nos deixe livres para continuarmos nossa vida do nosso jeito.

Remédio é uma palavra de origem latina que designa uma substância ou um recurso que é utilizado com o objetivo de combater uma doença, de aliviar uma dor, de aplacar os sofrimentos morais atenuando os males da vida. Um remédio pode ser tudo aquilo que serve para eliminar uma inconveniência, um transtorno, um mal.

Quando não conseguimos nos livrar da doença com os nossos próprios meios, acabamos indo buscar alguém que possa fazê-lo.

Por diversas vezes fizemos uso de uma imagem na qual colocamos o Espírito como sendo o motorista e o corpo físico como sendo o veículo. Vejamos, mais uma vez, o porquê desta comparação. É o motorista que, segundo as suas condições, escolhe o carro que utilizará; não o contrário, não é o carro que escolhe o motorista.

É o motorista que decide por onde e para onde ele vai. É o motorista que escolhe o caminho a ser percorrido e, portanto, ele tem responsabilidades perante os obstáculos e problemas encontrados durante o percurso e que são inerentes ao caminho escolhido.

É o motorista que decide se vai sair mais cedo para viajar com calma e aproveitar a luz do dia, ou se vai deixar tudo para a última hora. É ele quem decide se vai seguir o caminho certo para chegar ao seu destino, ou se vai tentar pegar um atalho para encurtar o percurso.

O carro não tem nenhum destino a cumprir, por isso não tem para onde ir; não tem compromissos a atender e, portanto, não tem obrigações com o horário, e como não tem vontade própria, não pode escolher os caminhos por onde ir.

Como é o motorista quem dirige o carro, é ele quem será multado por desobedecer às leis de trânsito. É o motorista que é 'barbeiro', indisciplinado, mal-educado, que avança o sinal vermelho, ultrapassa os limites de velocidade, faz conversões proibidas e manobras na contramão. O veículo apenas se deixa levar por ele, pois o carro não tem vontade própria.

É obrigação do motorista cuidar do carro e conservá-lo. Quando o carro não funciona direito, por falta de cuidados com o motor, com os freios, com a parte elétrica e demais, ele não poderá reclamar por ficar a pé.

Um veículo velho pode ser fora de moda e obsoleto, mas não deverá ter problemas de mau funcionamento se tiver sido bem cuidado, e dirigido com bom senso. Um carro novo e moderno pode passar muito tempo na oficina se o seu motorista for imprudente e irresponsável.

Finalmente, o motorista evolui e progride e ao longo da sua existência vai ter vários carros diferentes para poder usufruir. O motorista permanece, enquanto os carros vêm e vão. Ele pode trocar de carro, mas isso não implica que ele mude sua maneira de dirigir.

Da mesma forma que procuramos um mecânico para consertar um defeito em nosso carro, buscamos um médico para nos livrar da doença. Como o carro é uma propriedade nossa, queremos e exigimos que o mecânico o conserte imediatamente, sem nos causar outros aborrecimentos – pois não podemos ficar sem o carro justo no feriado em que iríamos viajar – sem cobrar os 'olhos da cara', e que o conserto seja definitivo. Não queremos ter de voltar à oficina por causa do mesmo problema e nem por outro qualquer.

Assim, quando estamos doentes queremos, se é que não exigimos, que o médico nos livre da doença o mais rápido possível, sem internações, cirurgias ou outras medidas que interfiram em nossa rotina, sem custo, sem complicações e sem recidivas. Mas esquecemos que o nosso corpo é o veículo que utilizamos para expressar o nosso estado de espírito, enquanto seguimos pela estrada da vida.

Esquecemos que somos nós que dirigimos o carro, que é nossa obrigação abastecer o veículo com o combustível adequado ao tipo de motor, verificar e completar o nível da água e do óleo, que temos de fazer manutenção preventiva e que devemos usar o carro com responsabilidade e moderação. Esquecemos que o carro e as várias peças que o compõem se deterioram com o tempo. Mas, e isto é o mais importante, esquecemos que o bom ou mau estado de conservação do carro depende essencialmente de como o motorista o dirige.

Se eu sou uma pessoa impaciente, que quero tudo do meu jeito, que não aguento ver as coisas que me desagradam sem protestar ou sem tomar uma atitude, que fico nervoso e irritado com as contrariedades do dia a dia, eu sou um mau motorista. Como eu dirijo a minha vida de forma desequilibrada é natural e previsível que o meu veículo venha a ter muitos problemas.

As nossas doenças são os sinais amarelos piscantes que Deus colocou na grande avenida da vida que estamos percorrendo para alertar-nos dos perigos à frente. Se formos motoristas cautelosos, diminuiremos a velocidade até pararmos, iremos observar a via à nossa frente e as outras possibilidades do caminho e faremos as correções necessárias, para continuar a nossa viagem com segurança e tranquilidade, alcançando o nosso destino sãos e salvos.

Mas, se formos motoristas imprevidentes e irresponsáveis, não prestaremos a devida atenção aos sinais amarelos. Continuaremos a nossa jornada no mesmo rumo e velocidade totalmente alheios a qualquer necessidade de mudanças. E, já que desrespeitamos alguns sinais amarelos, não teremos maiores pudores em avançar alguns sinais vermelhos que surjam mais à frente.

Quando avançamos o primeiro sinal vermelho, sentimos alguma apreensão. Entretanto, como passamos por ele e nada de pior nos aconteceu, acabamos não dando a devida atenção ao episódio. Pior ainda, nos convencemos de que somos um sujeito de sorte e, já que assim é, por que não avançar o próximo sinal vermelho também? Com muita ousadia e nenhuma responsabilidade, avançamos o segundo sinal vermelho, e o terceiro, e o quarto e o próximo.

Mas um dia, a sorte acaba e ao avançarmos um sinal vermelho somos colhidos em cheio por um caminhão que vem na transversal. E não adianta querer reclamar. Quem está errado sou eu, que desrespeitei os sinais. Fossem quais fossem os motivos que julguei serem suficientemente importantes para violar as leis de trânsito, agora eles já não significam mais nada.

Com o carro destruído, dado como perda total, e eu em cima de uma cama, todo machucado, cheio de dores e fazendo de tudo para tentar recuperar a saúde, os objetivos de antes agora já não têm mais nenhum valor.

Todas as nossas doenças simples e passageiras, como um sinal amarelo, ou graves e preocupantes, como um sinal vermelho, são alertas de que estamos caminhando pela estrada da vida de forma inadequada, irresponsável, seguindo caminhos perigosos e equivocados.

Assim sendo, depreendemos que as nossas doenças derivam direta e inexoravelmente do nosso comportamento. Se relembrarmos a definição proposta pela OMS, conforme anotamos na Introdução, veremos que a doença é um estado de mal-estar. A condição implícita nessa definição é a de 'ser' e não a de 'ter'. O comportamento é sempre uma condição de ser. Nós podemos ser bem ou mal-comportados, conforme a nossa vontade, todavia deveremos estar preparados para aguentar as consequências da nossa maneira de ser.

Os problemas de doença que eu vou ter ao longo da minha vida foram criados por mim e, portanto, são de responsabilidade minha. A minha doença é a consequência natural e previsível da minha maneira de ser, das minhas atitudes irresponsáveis, dos meus excessos, da minha intemperança, do meu desequilíbrio emocional, da minha falta de harmonia para com Deus e as pessoas. Aqui se aplica integralmente o ditado popular que diz que: "quem semeia vento colhe tempestade".

Uma vez que eu sou a causa das minhas doenças, somente eu posso me curar. Assim como a doença vem de dentro para fora, o único tratamento verdadeiramente curativo é aquele que vier também de dentro para fora. Quando muito, posso recorrer a outras pessoas, em determinadas situações, na intenção de obter conselhos, orientações e prescrições que me ajudem a remediar, a contornar os desconfortos que a doença ocasiona. Eu preciso entender o que eu devo fazer para alcançar a minha cura.

Da mesma forma que eu não posso doar, emprestar, transferir ou vender as minhas doenças para outra pessoa, eu também não posso esperar que outra pessoa assuma a responsabilidade do tratamento delas.

Entretanto, quando eu passo a me conhecer, torno-me consciente de quem eu realmente sou. Conhecer a mim mesmo implica assumir o compromisso de olhar para dentro de mim e enxergar-me como eu verdadeiramente sou.

Gostamos de ter uma imagem idealizada a nosso respeito, contudo bem poucas vezes essa imagem corresponde à nossa realidade. Para que eu me veja como realmente sou, é preciso que eu olhe para mim com os olhos do outro. Preciso desenvolver um grau mínimo de empatia para colocar-me no lugar da minha esposa, dos meus filhos, da minha mãe, dos meus alunos para ver como eles me enxergam.

É evidente que o que as pessoas veem de nós são as nossas atitudes e as nossas falas. Quando eu tentar me enxergar pelos olhos da minha esposa, será absolutamente imperativo que eu me abstenha das minhas opiniões e 'achismos', para tentar perceber, apreender, intuir como ela vê e interpreta o meu comportamento. Aos olhos da minha esposa, como será que ela vai interpretar o fato de eu continuar prestando mais atenção ao *replay* do jogo do time para o qual torço do que naquilo que ela está falando?

No O *livro dos espíritos* existe um ensinamento de Santo Agostinho na resposta à pergunta 919a explicando como nós podemos vir a conhecer a nós mesmos. Diz ele:

> No fim de cada dia interrogava a minha consciência, passava em revista o que havia feito e me perguntava a mim mesmo se não tinha faltado ao cumprimento de algum dever, se ninguém teria motivo para se queixar de mim. [...] indagai o que fizestes e com que fito agistes em determinada circunstância, se fi-

zestes alguma coisa que censuraríeis nos outros, se praticastes uma ação que não ousaríeis confessar. [...] Mas, direis, como julgar a si mesmo? Não se terá a ilusão do amor-próprio, que atenua as faltas e as torna desculpáveis? [...] mas tendes um meio de controle que não vos pode enganar. Quando estais indecisos quanto ao valor de uma de vossas ações, perguntai como a qualificaríeis se tivesse sido praticada por outra pessoa. Se a censurardes em outros, ela não poderia ser mais legítima para vós, porque Deus não usa de duas medidas para a justiça.

Se eu fosse perfeito e verdadeiramente bom não teria que me preocupar com as doenças, pois não as teria. Mas porque sou ignorante sobre muitas coisas, sou imperfeito. Imperfeito que sou, cometo erros, e ao errar eu faço o mal. Se faço o mal, consciente ou inconscientemente, isso é um detalhe menor que, neste momento, não vem ao caso.

A mente ou a personalidade estouvada que sente o sangue ferver e subir à cabeça, tanto quanto o indivíduo que, segundo se diz, tem sangue de barata estão longe do estado de equilíbrio mental necessário para promover e sustentar a saúde. O primeiro, personalidade do tipo *carvalho*, adoece com manifestações tipicamente simpáticas e o segundo, que representa o modelo *trigo*, apresentará doenças parassimpáticas. O corpo doente é apenas o reflexo visível da mente desequilibrada.

O equilíbrio emocional não é um mantra ou um ideal esotérico a ser alcançado, pois a nossa atitude mental não apenas influi como é a força diretora primordial, que determina como o nosso sistema neuroendocrino-imunológico deve funcionar. O estado de equilíbrio emocional é a consequência natural advinda da maturidade psicológica, na qual o indivíduo conhece a si mesmo tal como ele realmente é. É o estado emocional que permite a cada indivíduo saber identificar com precisão as suas verdadeiras emoções, quando elas ocorrem e conseguir expressá-las de forma adequada.

Importa considerar que cada indivíduo é o único senhor da própria vida mental. Quando os anos se acumulam e os cabelos branqueiam, percebemos que colhemos na maturidade os frutos da nossa maneira de proceder na mocidade. Se trocarmos a palavra motorista por Espírito e a palavra carro por vidas, existências ou encarnações, teremos uma visão bastante razoável do que significa sermos os herdeiros de nós mesmos.

CÉREBRO X ESPÍRITO

TAL COMO FOI pontuado na Introdução, o conjunto do que sabemos constitui o enorme edifício do saber humano. Naquele momento dizíamos que este edifício possuía proporções faraônicas nos dias atuais, o que torna muitíssimo difícil, se não impossível, conhecê-lo integralmente. Acresça-se o fato de que o edifício do saber humano ainda se encontra em plena construção, e podemos imaginar como é complexo qualquer tipo de avaliação deste ou daquele aspecto particular dessa construção.

Havíamos comentado, também, que alguns operários que participam ativamente da construção do edifício do saber humano trabalham exclusivamente dentro de um determinado setor e, por causa disso, acabam se transformando em especialistas nesse conteúdo. Ser um especialista em qualquer assunto é uma faca de dois gumes, pois apresenta vantagens e desvantagens. Uma anedota antiga diz que "um especialista é o sujeito que sabe cada vez mais sobre cada vez menos".

Na construção de um 'edifício inteligente' é necessário contarmos com especialistas de diferentes matizes.

Todavia, quando especialistas diferentes perdem contato e começam a falar de forma incompreensível uns com os outros, instala-se a confusão, a desarmonia e os desentendimentos. Vemos, então, o caos descrito no mito da Torre de Babel.

Em um dos muitos cenários, na atualidade, do mito da Torre de Babel, vemos sociólogos, historiadores, filósofos, teólogos, médicos e psicólogos brigando entre si, cada qual tentando puxar a 'brasa para a sua sardinha', quando o tema é o ser humano. Foi esse conflito ideológico que gerou ao longo dos últimos séculos escolas e doutrinas que não se entendem.

Uma doutrina ideológica é o conjunto de conhecimentos, princípios ou crenças com valor de verdade absoluta para os seus profitentes e que, no entender deles, é o único saber aceitável e merecedor de crédito. Ela reúne o saber de um ramo do conhecimento, devidamente formulado em uma teoria que se fundamenta em fatos, ou que não seja por eles invalidada, e que recebe a sanção de uma autoridade naquele assunto.

Para minimizarmos os prejuízos que podem advir de uma visão doutrinária especializada, mas dissociada de outras correntes ideológicas, são necessárias duas coisas: em primeiro lugar, é imprescindível uma postura aberta e isenta de qualquer tipo de preconceito e de intolerância para ouvirmos com atenção o que outras correntes de pensamentos têm a dizer; em segundo lugar, precisamos desenvolver habilidades que nos capacitem a reunir e integrar o produto do trabalho de especialistas diferentes e separados, gerando um resultado final superior à simples soma das partes.

O nosso problema particular começou quando doutrinas diferentes se dedicaram ao estudo de um mesmo objeto. O objeto que temos mantido em análise nestas páginas é o homem, e a particularidade sob a qual focamos a nossa atenção foi o binômio saúde-doença. Por fim, centramos a nossa especificidade na relação entre a mente e a causa das doenças.

Todavia, apesar das ideias já expostas em capítulos anteriores, quando o assunto envolve a mente, o psiquismo, a discussão se torna acalorada. Como torcedores de futebol, cada 'escola' abraça uma determinada teoria, que é examinada sob uma ótica particularizada, e defende de forma apaixonada as suas ideias, suas opiniões, suas crenças. Tivemos uma amostra de tal problemática quando discutimos o problema mente-corpo.

Embora pudéssemos citar várias correntes ideológicas, cada qual com a configuração que lhe é característica, que se dedicam a estudar a mente, tentando responder, de forma inequívoca e absoluta, perguntas como o que é a mente, qual a sua natureza, quando ela surge, como ela é estruturada ou como ela funciona, vamos optar aqui por uma análise das consequências sociais e comportamentais que diversas correntes poderão manifestar. Assim sendo, considerando suas consequências, poderemos agrupar as diferentes escolas dedicadas ao estudo da mente em três grandes grupos: as dogmáticas materialistas, as parapsicológicas e a da doutrina espírita.

O dogmatismo doutrinário na medicina pós-hipocrática, notadamente na medicina ocidental contemporânea, se traduz pela adoção do pressuposto absoluto de que apenas o corpo biológico constitui a totalidade do ser humano. Nessa visão organicista-reducionista/monista da medicina ocidental, nós somos reduzidos ao conjunto das atividades metabólicas que ocorrem em nosso corpo biológico. A primeira grande consequência dessa maneira de pensar é que todas as qualidades e potencialidades daquilo que denominamos mente, psiquismo ou 'eu' são simplesmente transformadas no efeito do metabolismo proteico no interior das nossas células, mais especificamente dos nossos neurônios.

Nesse dogmatismo científico, uma vez excluídas as variáveis externas, as diferenças de inteligência e de personalidade entre dois indivíduos semelhantes seriam determinadas por pequeníssimas diferenças genéticas. É o corpo biológico, o conjunto dos seus órgãos, tecidos e células, com o seu metabolismo intrínseco, que determina se um indivíduo é inteligente ou um bobo da corte. Nesse ponto, remetemos o amigo leitor à página 103 e seguintes, quando comentamos o trabalho do dr. António Damásio.

Essa doutrina tem o ônus de ser francamente determinística, suprimindo ao indivíduo o livre-arbítrio e a responsabilidade pelos seus atos. Esse tipo de ideia, embora aceita sem maiores questionamentos, é muitíssimo perigosa e prejudicial para a sociedade. Vejamos um exemplo: o jornal *Folha de São Paulo* publicou no dia 13 de fevereiro de 2005, no caderno 'Mundo', página A 18, uma matéria sobre comportamento com o sugestivo título: "Pesquisa mostra as várias faces do mal". O subtítulo da matéria informava que "estudioso usa escala para classificar crueldades que não têm explicação na medicina nem na psicologia".

O estudioso referido na matéria é o dr. Michael H. Stone, professor de clínica psiquiátrica da Columbia University em Nova York. A autora da matéria, a jornalista Luciana Coelho, classificou com acerto o dr. Stone, já citado no capítulo sobre o Espírito, como um proeminente psiquiatra e estudioso da personalidade. Entretanto, ao lermos a referida matéria não pudemos deixar de sentir boa dose de medo ao vermos que um profissional de alto quilate e respeitado pelos seus pares defende a ideia de que alguns criminosos tenham uma predisposição no cérebro que os induzem a cometerem atos violentos, independentemente da sua vontade, para explicar o comportamento desses indivíduos.

Só a título de curiosidade, o dr. Stone foi um dos psiquiatras que avaliaram o motoboy Francisco de Assis Pereira, que recebeu a alcunha de 'Maníaco do Parque', que estuprou, torturou e matou pelo menos seis mulheres no Parque do Estado, da cidade de São Paulo, no ano de 1998.

As teorias que tentam explicar o comportamento como uma consequência do funcionamento cerebral não têm nada de novo e talvez, por isso mesmo, sejam tão perigosas. Durante séculos, o comportamento humano foi uma discussão para filósofos e religiosos, até que no século 16, Giralomo Cardano (1501-1576) propôs que se podia avaliar o caráter de uma pessoa pela inspeção de sua testa.

Tais ideias ganharam muito prestígio e conquistaram a adesão de muitos médicos no século 19, por conta do trabalho de um médico alemão chamado Franz Gall (1758-1828), que popularizou uma teoria denominada de *frenologia*. Segundo tal teoria, o cérebro seria constituído por vários 'órgãos' que determinariam os traços de personalidade de um indivíduo. Quanto maior o suposto 'órgão' mais forte seria a característica da personalidade ou da mente a ele relacionada, e aquele 'órgão' imprimiria relevos no crânio, que o profissional habilitado poderia identificar pela palpação da cabeça da pessoa.

A ideia de que criminosos apresentassem traços fisionômicos que permitissem a sua identificação, desenvolvia-se à sombra das ideias localizacionistas da personalidade humana. Nesse campo, o nome mais notável foi o do professor italiano de antropologia Cesare Lombroso (1836-1909), que classificava indivíduos portadores de certas configurações faciais como 'homens inferiores'. Foram ideias dessa espécie que nutriram as teorias de eugenia e de supremacia racial, que culminaram nos campos de extermínio da Segunda Guerra Mundial e nas atrocidades étnicas recentes na Sérvia e no Iraque.

Em 1861 o francês Pierre Paul Broca (1824-1880) identificou uma área no cérebro intimamente associada com a fala. Tal descoberta expôs alguns dos absurdos da frenologia do dr. Gall, mas, por outro lado, abriu uma nova linha de pesquisa que buscava correlacionar as áreas do cérebro com funções específicas.

Na atualidade, são muitos os neurocientistas e as escolas de pensamento que defendem, com unhas e dentes, a ideia de que a atividade mental e o comportamento humano sejam controlados e determinados pela ação de alguns genes ou pelo efeito do metabolismo cerebral. Tais ideias precisam ser refutadas de todas as maneiras possíveis, pois são deletérias. Se começarmos a admitir que uma parcela qualquer do comportamento humano possa estar fora do nosso controle, estaremos dando carta de alforria para os excessos de todos os matizes.

O argumento da reportagem da *Folha de São Paulo* é, no mínimo, frustrante quando se pode ter em vista um livro do próprio dr. Stone intitulado *A cura da mente*, no qual o autor faz minucioso relato da história da psiquiatria, inclusive analisando de forma crítica pseudoteorias científicas como a frenologia e os trabalhos de Lombroso.

Se, como está colocado na reportagem, o comportamento violento foi determinado por uma predisposição fisiológica cerebral para o crime, então alguém poderá alegar que é portador de uma predisposição fisiológica cerebral para roubar, para mentir, para ser preguiçoso, e daí por diante. Quem acompanhou os noticiários sobre o 'valerioduto'[39], possivelmente assistiu a alguma reportagem em que profissionais médicos defendiam a ideia de que alguns indivíduos eram corruptos não porque quisessem, ou porque possuíssem um caráter deficiente, mas sim porque o metabolismo cerebral os induzia a adotar tais comportamentos.

Se a mente é o resultado do metabolismo cerebral, então a diferença entre um aluno estudioso e bem-comportado e outro aluno, irresponsável e indisciplinado, é um problema médico e não educacional. O primeiro não tem nenhum mérito, pois já nasceu privilegiado pela natureza, e o segundo não pode ser responsabilizado nem penalizado, porque ele é portador de um distúr-

---

[39] Valerioduto – denominação criada e utilizada pela mídia brasileira para se referir a um dos maiores escândalos de corrupção no governo federal no ano de 2005.

bio neurológico ainda não completamente compreendido e que deve ser tratado pelos médicos. Triste sina para os professores em sala de aula.

Nos últimos anos tem vindo à tona um grande número de reportagens e de artigos científicos defendendo a ideia de que os indivíduos nascem com uma predisposição genética para quase tudo. De infidelidade conjugal a viciação em jogos de azar é possível encontrarmos literatura especializada defendendo a ideia de que os traços da nossa personalidade estejam determinados em nosso genoma. Para os pessimistas não há nada a fazer, para os otimistas algumas tendências talvez possam ser parcialmente controladas com medidas que restrinjam os fatores desencadeantes.

O grande problema da visão dogmática organicista-reducionista/monista na medicina ocidental, relacionada às causas das doenças está no fato de ela reduzir uma situação clínica patológica à obra do acaso, ou a uma condição determinada geneticamente. Obviamente que o resultado será o mesmo nas duas situações.

Se o meu índice de massa corpórea indica uma condição de sobrepeso, e se o meu perfil lipídico apresenta valores bem acima da normalidade, tal condição ou é uma ocorrência fortuita ditada pelo acaso, ou é por causa da minha herança genética. As minhas manias e os meus hábitos alimentares indisciplinados não têm nada a ver com o problema, até porque é a genética que determina e controla o meu psiquismo.

Simplesmente, eu me transformo numa vítima indefesa, uma marionete na mão de forças desconhecidas. Nada, nem ninguém pode me responsabilizar por eu estar com colesterol alto, ou por me tornar um diabético, ou por enfartar. Portanto, 'nem ninguém' pode exigir que eu assuma compromissos que não me agradam, para ajustar-me à proposta terapêutica.

Dethlefsen e Dahlke, além de vários outros autores, nos informam que aproximadamente um terço dos pacientes simplesmente ignoram completamente as recomendações médicas, outro terço atende parcialmente as prescrições médicas, cumprindo apenas aquilo que lhes convém, e o último terço segue de forma fiel o tratamento proposto.

A questão que devemos vislumbrar por trás desses números é: por que os indivíduos apresentam um índice tão baixo de adesão ao tratamento (33%) se partimos do princípio de que ninguém conscientemente quer ficar doente? Por que teimamos em fumar, se sabemos que o cigarro causa câncer e mata? Por que continuamos enchendo o caneco até travarmos as pernas, se sabemos que bebida alcoólica causa cirrose hepática? Por que continuamos comendo picanha mal passada com batata frita, se sabemos que gordura em excesso entope as artérias e provoca infarto?

Resposta: porque o dogmatismo científico na medicina ocidental transformou o psiquismo, a mente, em um mero efeito. O agente causal, a força motriz, o ponto de partida é o corpo biológico com os seus órgãos, tecidos e células. Transformaram a mente, a nossa personalidade, em um efeito secundário das reações químicas de oxidação, metilação, hidroxilação e outras que se processam em nossos neurônios.

Uma vez que o nosso psiquismo, o nosso "eu" foi reduzido a um efeito secundário, isso significa que não temos autonomia para fazer escolhas. Quem não é independente para fazer suas escolhas não pode ser responsabilizado pelas suas consequências. Assim, seguindo o mecanismo do efeito dominó, chegaremos a um ponto no qual quem está doente é visto como vítima indefesa e, portanto, não pode ser responsabilizado.

A ideia dominante na nossa sociedade é a de que ninguém é responsável pelas suas próprias doenças. O doente é visto como uma vítima e as doenças foram transformadas em alguma coisa estranha, que assalta a nossa vida de forma intempestiva, ou em alguma herança familiar via transmissão genética. Não se pode exigir nada de uma vítima indefesa e sem culpa. Antes, é obrigação da sociedade – médicos, enfermeiras e familiares – prover os recursos e meios necessários para dirimir ou aliviar o sofrimento do doente.

O dogmatismo científico pós-iluminismo, caracterizado pela centralidade da ciência e da racionalidade crítica no questionamento filosófico e teológico, causou, pelos seus excessos, desconforto em muitos indivíduos. Isso motivou uma reação de igual intensidade, mas de direção oposta, na busca de uma visão de mundo, ou de uma ideia para além dos limites da física. Entram, então, em cena as doutrinas de cunho metafísico para descrever a mente humana.

Foi assim que a partir da segunda metade do século 19, físicos, químicos, médicos e outros pesquisadores sérios se empenharam em estudar e desvendar os mistérios que envolviam o psiquismo humano e os fenômenos mentais supranormais. Pesquisas sérias realizadas, com todo o rigor metodológico e coragem, por estudiosos provenientes de universidades europeias e americanas, que concebiam a mente como uma estrutura autônoma não física deram o ensejo necessário ao desenvolvimento dos estudos sobre a fenomenologia anímica.

Fenomenologia, segundo William Hamilton (1788-1856), diz respeito à descrição imediata dos fatos psíquicos. Já para Edmund Husserl (1859-1938), é um método de caráter estritamente científico para a descrição e análise da consciência. Anímico, por sua vez, é aquilo que é relativo ou próprio da alma. Assim, por fenomenologia anímica devemos compreender o método filosófico que se propõe a descrever as experiências da alma propriamente dita.

Entre 1840 e 1870 as pesquisas sobre os fenômenos anímicos estavam fortemente imbuídas de uma visão espiritualista, o que desagradava em muito os pesquisadores com formação científica ortodoxa. Adotou-se, então, em um primeiro momento a expressão *fenomenologia paranormal*.

Entretanto, a expressão *fenômenos paranormais*, bem como os resultados que começavam a vir à tona, reforçavam a tese espiritualista, o que desencadeou uma sutil e lenta reação contra estas pesquisas, contra os seus resultados e os seus autores. Tais reações começaram a surtir efeitos de tal modo que os termos espirituais e paranormais foram substituídos por pesquisa psíquica.

Entre 1870 e 1882 a expressão 'pesquisas psíquicas' passou a ser usada de forma ostensiva e oficial com a fundação da Society for Psychical Research[40] ou Sociedade de Pesquisa Psíquica. O professor Hernani Guimarães Andrade nos informa com o artigo publicado na *Revista Internacional de Espiritismo* que:

> [...] Em seguida, Emile Boirac, Max Dessoir e outros adotaram o termo parapsicologia. Houve, assim, uma hábil mudança de rótulo e, consequentemente, no conceito acerca da natureza desses fenômenos. O prefixo 'para' colocava uma conotação nova, evocando a paranormalidade, tanto dos fenômenos quanto das funções psíquicas correlatas. Os referidos fenômenos e respectivas funções foram subtraídos ao seu enquadramento como categoria metafísica ou espiritualista. (n. 38, jan./fev./mar. de 1998)

Mais tarde, Charles Richet (1850-1935) propôs o uso da palavra *metapsíquica* para designar a ciência que estuda os fenômenos anímicos, quando ele era o presidente da Society for Psychical Research, em 1905.

O adjetivo 'metapsíquico' é utilizado para designar qualquer manifestação que não pode ser explicada pela psicologia ortodoxa e que parece anormal ou incompreensível. Por sua vez, coube a Sigmund Freud a criação do termo 'metapsicologia' para se referir à pesquisa especulativa que visava, esclarecer a dinâmica, a topografia (id, ego, superego) e a economia (quantidade de energia psíquica) dos processos psíquicos, sendo este um dos marcos do advento da psicanálise.

---

40 Ver Apêndice - Nota 4.

Na mesma fonte supracitada, o professor Hernani Guimarães ainda informa que:

> A aceitação maior, hoje, é para o vocábulo parapsicologia, sem embargo de que ainda existam na Inglaterra e Estados Unidos alguns setores persistindo em usar a designação Psychical Research (pesquisa psíquica).
> Embora o objetivo declarado das sociedades de parapsicologia tenha sido rotulado cuidadosamente para não se confundir com o do espiritualismo, a existência e sobrevivência do espírito após a morte continuaram a ser uma preocupação subjacente de grande número de parapsicólogos.

Como já foi dito, a existência da alma e a sua sobrevivência após a morte do corpo físico é uma ideia que acompanhou o ser humano desde que ele se tornou uma criatura que 'sabe que sabe'. A ideia anímica esteve presente em todas as culturas e civilizações que caminharam sobre a Terra, da mais remota Antiguidade até os dias atuais.

Então, por que não estudá-la? Quais seriam as razões para negarmos a alma como objeto de estudo da ciência? Porque os químicos não podem determinar a sua composição! Porque os físicos não podem submetê-la a mensurações nem definir as suas características! Porque os biólogos não podem dissecá-la, analisá-la sob as lentes dos seus poderosos microscópios e conservá-la em frascos com formol!

Uma boa resposta nos é dada no livro *Fundamentação*

da ciência espírita, no qual o autor, Carlos Friedrich Loeffler, nos diz que:

> [...] Muito embora o conhecimento científico possa não ter aplicação direta e depois revelar importante utilização, a estrutura de pesquisa orientada ao cumprimento de uma finalidade imediata é incentivada por diversas maneiras, destacando-se primeiramente o aspecto do retorno financeiro. Mas também vigora ostensivamente a concepção de que é interessante e eficiente perseguir a solução ou o aperfeiçoamento de um determinado problema concreto, seja qual for, enquanto é contraproducente e oneroso investigar coisas abstratas, que podem não trazer qualquer proveito. (p. 98)
>
> Esse ponto abre espaço para justificar o relativo atraso no reconhecimento, produção e formalização científica das questões relacionadas à realidade transcendente do ser. [...] Assim, deve-se creditar o atraso na introdução das ciências psíquicas no rol das disciplinas oficiais, por força da ausência de uma massa crítica de estudiosos que forcem a comunidade científica a aceitar suas teorias, argumentos e evidências, formadas sobre bases conceituais e fenomênicas consistentes.

A metapsíquica/parapsicologia provou sobejamente a realidade dos fenômenos anímicos e, por extensão, a realidade do Espírito ou alma. Todavia, apesar deste aparente sucesso, a parapsicologia ainda é mantida longe dos holofotes que iluminam as ciências acadêmicas oficiais.

Se os defensores das ideias dogmáticas materialistas renegam um conhecimento produzido cientificamente, por puro espírito de sistema, como esperar, então, que tais indivíduos sequer se prestem a ouvir os argumentos que traduzem o produto do saber popular, do saber teológico e do saber filosófico?

Apesar das dificuldades encontradas e dos resultados, aparentemente incongruentes dos estudos metapsíquicos e parapsicológicos, é preciso uma dose muito elevada de preconceito, de teimosia e de verdadeiro sectarismo ideológico para renegar os resultados acumulados ao longo dos últimos 120 anos, mesmo os apenas pela Society for Psychical Research.

Importa atentarmos para o fato de que quando falamos dos estudos conduzidos por metapsiquistas e por parapsicólogos, estamos falando de estudos científicos que foram realizados em ambientes universitários, em diferentes países da Europa e das Américas e por profissionais de grande envergadura na própria comunidade científica. Entretanto, apesar dos méritos da metapsíquica/parapsicologia na comprovação da realidade dos fenômenos anímicos, seus arautos cometeram alguns excessos. O primeiro deles foi tentar aplicar os métodos de pesquisa científica, comprovados e aceitos pela comunidade acadêmica, nos estudos sobre a mente. Na ânsia de se ajustarem às exigências metodológicas das ciências acadêmicas, os metapsiquistas e parapsicólogos acabaram adotando uma atitude procustiana, amarrando a mente ou Espírito e cortando o que excedia o tamanho dos seus leitos de ferro.

Ao desconsiderar que o objeto dos estudos em tela, a

mente ou Espírito é o próprio homem, os pesquisadores esqueceram que não poderiam ter controle completo sobre as suas experiências. Homens têm vontades próprias, um dia querem, no outro já não querem mais, um dia estão bem-dispostos e no outro estão de mau humor. Allan Kardec já nos alertava na Introdução de *O livro dos espíritos* que:

> As ciências comuns se apoiam nas propriedades da matéria, que pode ser experimentada e manipulada à vontade; os fenômenos espíritas se apoiam na ação de inteligências que têm vontade própria e nos provam a todo instante não estarem submetidas ao nosso capricho. (p. 32)

O segundo erro foi transformar a mente ou Espírito em um objeto de estudos e de pesquisa, em uma 'coisa'. Ao rebaixarem a mente do status de ser pensante, inteligente e com vontade própria para a condição de alguma coisa que pudesse ser submetida ao controle do aparato experimental, na tentativa de obter resultados reprodutíveis, a mente foi despida dos seus qualificativos morais.

As escolas metapsíquicas e parapsicológicas provaram à exaustão a existência do Espírito, a sua sobrevivência após a morte do corpo físico com preservação da sua individualização, e a veracidade de todos os fenômenos chamados de paranormais ou espirituais, inclusive a capacidade de comunicação entre os planos físico e metafísico. Puderam documentar que a mente ou Espírito existe e se manifesta independentemente do corpo biológico. Todavia, ainda que de forma involuntária e inconsciente, eliminaram todos os aspectos morais pertencentes à mente ou à alma.

Ora, ao despirmos a mente ou alma humana dos seus predicados morais, acabaremos colhendo os mesmos resultados sociais do dogmatismo materialista, ao menos em termos de comportamentos humanos. Muito embora a metapsíquica/parapsicologia represente um avanço ideológico em relação às doutrinas materialistas, ela ainda não é uma doutrina que satisfaça os anseios humanos em relação ao futuro, quando tudo à nossa volta parece desabar e a esperança tende a fugir entre os nossos dedos. É preciso mais. Este algo a mais de que precisamos implica uma escola dedicada ao estudo da mente, que conjugue a um só tempo ciência e moralidade. Entra em cena a doutrina espírita.

A doutrina espírita foi sistematizada e organizada por Allan Kardec, que lhe imprimiu uma ordem lógica e racional, segundo o método científico. O nosso ponto de partida é *O livro dos espíritos*, que já no item I da Introdução – 'Espiritismo e espiritualismo' – situa a doutrina como *Filosofia espiritualista*. Ora, a palavra *filosofia* é derivada do substantivo grego *philosophía* que, segundo Houaiss, significa:

> amor da ciência, do saber, do conhecimento', de *phílos* 'amigo, amante' e *sophía* 'conhecimento, saber'; significava no período pré-socrático o estudo teórico da realidade, o saber do sábio, amor e conhecimento do *lógos* 'verbo, palavra', que tudo rege e unifica, em contraposição à *polymathía, polymátheia* 'saber de coisas desconexas, saber que não ensina a ter compreensão'.

Portanto, não é de surpreender que Kardec conclua essa Introdução afirmando que só poderemos verdadeiramente conhecer a doutrina espírita mediante o estudo sério e perseverante. Além disso, convém termos em mente que quando Kardec fala do espiritismo, utiliza regularmente as palavras ciência e doutrina, vocábulos que nos remetem à necessidade do estudo para que a doutrina espírita possa ser bem aprendida.

No livro *O que é o espiritismo*, Kardec coloca, com toda a precisão que lhe caracteriza a obra, que:

> O espiritismo é, ao mesmo tempo, ciência experimental e doutrina filosófica. Como ciência prática, tem a sua essência nas relações que se podem estabelecer com os espíritos. Como filosofia, compreende todas as consequências morais decorrentes dessas relações. (p. 8)

Na sequência do livro, ao estabelecer uma hipotética discussão com um crítico e com um cético, Allan Kardec deixa bem claro que o estudo sério e perseverante das matérias que compõem o corpo doutrinário do espiritismo é uma exigência absolutamente imprescindível, para quem pretenda conhecê-lo.

Muitas são as correntes ideológicas que tentam subtrair ao espiritismo o seu status como ciência. Nesse contexto, remetemos o leitor ao livro do professor Carlos Friedrich Loeffler – *Fundamentação da ciência espírita* – para maiores esclarecimentos sobre este ponto específico.

Mas a doutrina espírita não é apenas uma ciência experimental, ela é, também, uma filosofia de cunho moral elevadíssimo. Este é o grande diferencial da doutrina espírita em relação às outras ciências. O homem descobriu e desenvolveu a ciência da metalurgia e, como consequência, fabricou lanças, espadas e revólveres; descobriu e desenvolveu a energia nuclear e, como consequência, fabricou bombas que pulverizaram milhares de vidas em segundos.

Isso aconteceu porque as ciências acadêmicas formais não geram consequências morais como produto das suas pesquisas. Já a pesquisa e a experimentação científica do espiritismo têm como seu mais importante produto um conjunto de ilações éticas sem comparação na história das ciências.

Foi a compreensão de que a comprovação científica da existência do Espírito impunha ao homem uma percepção mais apurada das consequências morais do seu comportamento que permitiu a Allan Kardec afirmar no livro A *gênese* que:

> Do mesmo modo que a ciência, propriamente dita, tem por objeto o estudo das leis do princípio material, o objeto especial do espiritismo é o conhecimento das leis do princípio espiritual; ora, como este último princípio é uma das forças da Natureza, que reage, incessantemente, sobre o princípio material, e reciprocamente, disso resulta que o conhecimento de um não pode estar completo sem o conhecimento do outro. "O espiritismo e a ciência se completam um pelo outro"; a ciência sem o espiritismo se encontra

na impossibilidade de explicar certos fenômenos unicamente pelas leis da matéria; ao espiritismo, sem a ciência, lhe faltaria apoio e controle. (p. 20, item 16)

A terceira parte de *O livro dos espíritos* apresenta um conjunto de leis morais que derivaram de forma natural do aspecto científico da doutrina espírita. A questão 799 pergunta de "que maneira o espiritismo pode contribuir para o progresso?", tendo sido fornecida a seguinte resposta:

> Destruindo o materialismo, que é uma das chagas da sociedade, ele faz os homens compreenderem onde está o seu verdadeiro interesse. A vida futura não estando mais velada pela dúvida, o homem compreenderá melhor que pode assegurar o seu futuro através do presente. Destruindo os preconceitos de seita, de casta e de cor, ele ensina aos homens a grande solidariedade que os deve unir como irmãos.

A corporação das ciências ortodoxas que rejeitaram as pesquisas metapsíquicas/parapsicológicas também, e com maior furor, renegaram a doutrina espírita, com todo o seu cabedal de conhecimento, como se esta fosse uma erva daninha. Várias décadas mais tarde, Albert Einstein diria que "é mais fácil quebrar um átomo do que um preconceito".

Posteriormente, o conteúdo dos ensinamentos morais contidos na parte terceira de *O livro dos espíritos* foi ampliado e rediscutido de forma mais abrangente em outro livro intitulado *O evangelho segundo o espiritismo*.

Nesse livro, Allan Kardec deixa muito bem posto no primeiro parágrafo da Introdução que o objetivo dele é o ensino moral das matérias contidas nos evangelhos, remetendo-nos mais uma vez à necessidade de estudar. O ensino moral calcado no conhecimento científico, em que o indivíduo passa a acreditar, porque sabe, permitiu que Kardec afirmasse que "só é inabalável a fé que pode enfrentar a razão face a face, em todas as épocas da humanidade".

O espiritismo, assim como a metapsíquica/parapsicologia, comprova a existência do Espírito, a sua sobrevivência após a morte do corpo físico com preservação da sua individualização e a veracidade de todos os fenômenos chamados de paranormais ou espirituais, incluindo a, assim chamada, comunicação entre os vivos e os mortos. Mas ele teve a ousadia de ir além e dar um passo à frente ao se dedicar a estudar quais seriam as consequências morais e comportamentais destes fatos.

Somos um Espírito, uma alma, um ser pensante, um ente psíquico que preexistia e sobreviverá à morte do nosso corpo biológico. Se somos um ser pensante, obrigatoriamente deveremos resgatar o *cogito* cartesiano, portanto nós somos o que pensamos.

Parafraseando um ditado popular que diz que "o vício do cachimbo deixa a boca torta", a doutrina espírita entende que não existem doenças, existem doentes. É o Espírito, a mente, que em função dos seus 'vícios' psicológicos faz a 'boca entortar'.

Na visão da doutrina espírita não existe espaço para o acaso; tudo tem que ter uma causa, porque não há efeito sem causa. As verdadeiras causas daquilo que chamamos de doenças são as nossas emoções, os nossos pensamentos, as nossas ideias e opiniões. O nosso perfil psicológico define o nosso caráter, tal como vimos no capítulo 'O carvalho e o trigo'. É o nosso caráter que determinará a forma do nosso corpo e as 'doenças' que nele se desenvolverão.

Agora podemos compreender todas as etapas e aparentes digressões que percorremos nos capítulos anteriores. A qualidade da nossa atividade psíquica, consciente e inconsciente, determinará o nosso nível de consciência. Consequentemente, iremos interagir com o nosso corpo físico em função do nível de consciência que possuímos.

Ser *carvalho* ou ser *trigo* traduz um nível de consciência imaturo e falível, portanto imperfeito. Tanto o *carvalho* quanto o *trigo* manifestam comportamentos, atitudes, posturas inadequadas perante o que é moralmente bom, certo e justo. O nosso corpo biológico, como o veículo de expressão do Espírito ou mente, é totalmente passivo e amoral.

O Espírito em pleno uso dos seus atributos essenciais, o pensamento, o sentimento e a vontade, cria para si um campo de influências ou atmosfera psíquica que o caracteriza. Este seu caráter repercute no meio à sua volta, fazendo vibrar os elementos derivados do princípio material em escalas progressivamente decrescentes, desde os estados mais fluídicos e etéreos da matéria até os estados mais densos. Nesse processo, o conjunto das atividades mentais conscientes e inconscientes reverbera ao longo da interface perispirítica até atingir o corpo físico. O corpo físico é, então, o palco onde a nossa qualidade moral se apresenta.

A doutrina espírita quando bem estudada e compreendida tem a capacidade de levar o indivíduo a refletir sobre si mesmo. Ao promover o autoconhecimento, ela induz aquele que a estuda a trabalhar pela sua transformação moral, não por dogmatismo religioso, mas por incitá-lo a conquistar um nível de consciência mais elevado, adquirindo comportamentos mais saudáveis e éticos.

A doutrina espírita, amparada pelo conhecimento científico e filosófico, orienta cada indivíduo a trabalhar pela sua transformação moral, expurgando de si os vícios que lhe entortam a saúde. As emoções negativas que ainda nutrimos são os nossos vícios. Adoecemos por causa das mágoas, dos ressentimentos, do orgulho, do egoísmo, das vaidades que carregamos.

Quando estudamos o espiritismo, somos chamados a fazer uma reforma interior em nossa forma de pensar e de ver o mundo à nossa volta. O espiritismo nos convida a caminhar pela vida com doçura e amor, a sermos mais mansos e pacíficos, mais tolerantes e indulgentes, mais compreensivos e solidários, despojados de todos os empecilhos gerados pela arrogância e pelo personalismo que nos impedem de ver, de ser e de estar com o outro.

O estudo e a vivência da doutrina espírita promovem a transformação do indivíduo em uma pessoa melhor, voltada para a família e para o seu grupo social. Nesse processo, passamos a adotar comportamentos cada vez mais benignos, voltados para o bem-estar coletivo. Então o nosso caráter se ajusta ao que é bom, justo e correto. Livres dos vícios, conquistamos a saúde.

CONCLUSÃO

ANTEVENDO O FUTURO: UMA MEDICINA ESPIRITUAL

A LITERATURA E a indústria cinematográfica nos têm apresentado uma medicina do futuro totalmente erigida em termos tecnológicos. Nesses sonhos, os grandes astros são máquinas maravilhosas que reconstroem ou substituem órgãos e membros doentes ou gravemente afetados em acidentes. Apresenta-se a propaganda de uma farmacologia fantástica que, a partir de um banco de dados *on-line*, no qual pode ser digitada a sequência de genes do paciente, podem-se produzir medicamentos específicos para a constituição fisiológica de cada paciente em particular.

Nesses sonhos, a medicina do futuro é alguma coisa muito rápida, muito eficiente e limpa. Todavia é preciso ter em mente que tal modelo de medicina, em parte já presente nos recursos tecnológicos de ponta da medicina mecanicista-reducionista ocidental, é estruturado sobre três pilares críticos: despersonalização do paciente, excessiva dependência da tecnologia e a inevitável mercantilização da medicina. Isso ocorre porque este sonhado modelo médico olha única e exclusivamente para as doenças, como se elas fossem pragas em uma lavoura que devem ser eliminadas a todo e qualquer custo, mas não olha para o campo onde elas se manifestam, o homem.

É evidente que uma medicina apoiada nessas bases se caracterizará por ser impessoal, fria, segregacionista e desumana. É impessoal porque elimina a arte da relação humana entre aquele que sofre – o paciente – e o terapeuta (ou seja, aquele que encaminha a Deus). É fria porque reduz o processo de cura a um mero conserto mecânico realizado pela tecnologia. É segregacionista porque os altíssimos custos acabariam por limitar o acesso da parcela mais carente da população aos recursos tecnológicos de ponta. E é desumana porque não considera as necessidades íntimas do paciente, do ser humano.

As críticas ao modelo médico ocidental vigente são quase tão antigas quanto as teorias nas quais ele se apoia. Lá pelos idos de 1842, Hahnemann escrevia no prefácio de *Organon da arte de curar* que:

> A velha medicina (alopatia) [...] agride o corpo com grandes e, muitas vezes, amiúde, reiteradas doses de fortes medicamentos, cujos efeitos prolongados, não raro terríveis, ela desconhece e que ela [...] aplica-se em tornar desconhecidos, através da mistura de várias dessas substâncias desconhecidas em uma fórmula medicamentosa, provocando, assim, no corpo doente [...] novas doenças medicamentosas, em parte ainda mais impossíveis de ser erradicadas. (p. 19)

Outro autor que se posicionou contra o paradigma biomédico que começava a dominar o modelo médico ocidental em fins do século 19 foi Claude Bernard, que defendia a ideia de que as doenças eram a consequência da perda do equilíbrio na manutenção do meio interno provocada por fatores externos ou internos. Todavia, as novas descobertas no campo da patologia celular pós--Virchow, da infectologia pós-Pasteur, o aprimoramento da anestesia e a sofisticação cirúrgica que lhe seguiu, o desenvolvimento de vacinas e de antibióticos no tratamento das doenças causadas por agentes microbianos, e a invasão dos recursos de diagnóstico instrumental por meio da tecnologia contribuíram de forma decisiva para o triunfo de um sistema cada vez mais mecanicista--reducionista na medicina alopática.

Após algumas décadas de aparente sucesso, novas vozes se levantaram para denunciar a fragilidade dos pés de barro sobre os quais se tenta edificar o gigante sistema médico ocidental e a sua indústria farmacêutica. É assim que desde as últimas décadas do século 20, de uma forma mais ostensiva, eminentes acadêmicos como Fritjof Capra, Ian Kennedy, Ivan Illich, Rick Carlson, Robert Mendelsohn, Thomas Mckown e Frank Furedi têm se manifestado denunciando as deficiências da medicina alopática.

Não é objetivo deste trabalho deter-se numa análise das causas e dos descaminhos seguidos pela medicina alopática. Desde o início, a nossa meta era a de propor uma teoria para o entendimento das doenças sob a ótica da doutrina espírita, com vistas a alcançar uma medicina espiritual, como pontuamos na Introdução. Nós acreditamos que, no futuro, a medicina será exercida dentro de um paradigma muito diferente, caracterizado pela primazia do Espírito sobre o corpo. Tratar-se-á de um sistema médico espiritual, orientado para o homem quanto ser pensante e não para o corpo, para a doença ou para a tecnologia. Todavia, há que se questionar por que precisamos de um novo sistema médico?

Uma resposta seria porque o modelo atual já dá sinais de ser incapaz e insatisfatório, para atender as necessidades íntimas dos seres humanos. Esta, entretanto, seria uma resposta muitíssimo simplista, para a realidade dos dias atuais.

O estudo das ciências humanas – história, filosofia, sociologia, pedagogia, antropologia, teologia – demonstra que o homem é um ser complexo e multifacetado que ultrapassa em muito as dimensões do biológico. A física, pós-Einstein e Max Planc, transformou a nossa maneira de ver e de pensar o que venha a ser a matéria e a energia. Inevitável é que os avanços nessas áreas do conhecimento exerçam, mais cedo ou mais tarde, o seu efeito sobre as ciências biológicas.

É cada vez mais forte o clamor das vozes daqueles que dizem que a medicina moderna tecnicista está doente. Se nada for feito em tempo hábil, esse paciente sucumbirá inexoravelmente. Um sistema médico que permaneça encastelado nos seus dogmas conceituais e que se recuse a reavaliar os seus alicerces, não executando as reformas que se mostrarem necessárias frente às evidências, está fadado ao fracasso. É imperativo que a medicina se renove, adotando novos paradigmas e uma nova atitude frente ao ser humano, se ela pretender conhecer o futuro.

Uma medicina espiritual é muito mais uma mudança de ideologia do que de métodos. Entendemos que tal medicina será erigida sobre a educação e a psicologia, estando o ser humano no epicentro de todas as atenções. Na medicina espiritual, a educação moral do homem será a pedra de toque que fornecerá ao indivíduo os meios para que ele possa se precaver ante o erro, a queda e a doença. A psicologia será a ferramenta que auxiliará o homem a conhecer a si-mesmo, conforme a orientação socrática, e a bússola que o ajudará a distinguir o certo do errado, o bem do mal, a saúde da doença.

Uma medicina espiritual não é um retorno a antigas práticas mágicas. É, antes de tudo, um sistema médico que leva em consideração a dimensão espiritual do homem. Contudo é necessário bem compreendermos que quando falamos em dimensão espiritual do ser humano, não estamos nos referindo a um estado de introspecção meditativa ou de um sentimento de fé religiosa. A medicina espiritual não é uma nova lente sob a qual observaremos conceitos e ideias antigas. Não se trata de aplicar uma nova camada de tinta sobre paredes velhas. Não é reciclagem, é evolução. As ideias só se transformam de forma lenta e com o tempo.

A sociedade moderna, de forma geral, e a medicina, em particular, carecem de uma atitude ideológica favorável à adoção de uma nova concepção espiritual do ser humano. Durante séculos a medicina esteve submetida ao tacão de um senhor absoluto, que lhe tolheu qualquer forma de manifestação espontânea que não se ajustasse à vontade do senhor. Quando, finalmente, pôde romper os grilhões e fugir do seu cativeiro ideológico, ela executou um movimento pendular em direção oposta buscando expurgar de si qualquer marca, qualquer lembrança do seu cativeiro. Este efeito ainda é muito forte e presente na comunidade médica, atual e as teorias que objetivam alguma aproximação da medicina com ideias espirituais são imediatamente rejeitadas.

Já vimos, em capítulos anteriores, que a medicina tradicional chinesa e a medicina ayurvédica, embora originárias de modelos espirituais, não conseguiram se adaptar aos avanços científicos dos últimos séculos e permaneceram cristalizadas no passado. A medicina ocidental mecanicista e tecnicista cometeu o grave erro de excluir o Espírito das suas ilações, na intenção de seguir os passos de uma ciência cada vez mais apoiada na matemática e na física newtoniana. Atrelada a ideias antigas ela corre o risco de cristalizar-se, assim como os modelos da MTC e ayurvédica. Sobrou-nos a homeopatia.

Embora a medicina homeopática tenha nascido no mesmo berço que a medicina alopática, ela optou por seguir outro caminho sendo, por isso, pintada com as cores do patinho feio. A homeopatia comunga com a alopatia os fundamentos da anatomia, da fisiologia, da patologia, da semiótica e da clínica básica, todavia afasta-se dessa ao abordar o ser humano de forma integral, considerando as características psicológicas de cada paciente, a sua maneira peculiar de se relacionar com as outras pessoas à sua volta, os seus hábitos de vida e as circunstâncias socioambientais nas quais o paciente está inserido.

É evidente que a homeopatia apresenta muitas vantagens sobre a medicina acadêmica ocidental. Tanto assim que ela vem ocupando um espaço cada vez maior dentro da própria medicina reducionista, sendo reconhecida como especialidade médica oficial e constante dos recursos médicos oferecidos à população pelo Sistema Único de Saúde (SUS); embora a alopatia continue negando e contestando os princípios funcionais e metodológicos da homeopatia.

Um sistema médico preocupado mais com o homem do que com a doença será caracterizado por uma prática clínica essencialmente preventiva e educacional. Nesse caso, a saúde tornar-se-á realmente um estado de bem-estar biopsicossocial e espiritual que o indivíduo conquistará por meio dos próprios méritos, convertendo-se no 'médico de si mesmo'.

A homeopatia é uma medicina espiritualizada, tal como foi postulado por Hahnemann na seção 9 do seu *Organon*; todavia, ela não constitui toda a medicina espiritual, embora seja, sem sombra de dúvida, um dos seus mais importantes instrumentos de ação. A medicina espiritual, para ser completa, necessita de uma psicologia e de uma teologia que estão sendo construídas.

Em um sistema médico espiritual a mente é a primadona absoluta no palco da existência. O corpo físico e a sua biologia são adereços complementares do cenário. O ponto de partida da medicina espiritual é a mente humana, ou seja, o próprio Espírito. A psicologia fornece o material que permite compreender o motivo por trás de cada ação e de cada palavra do ser humano, ao se dedicar ao estudo do comportamento de um indivíduo, de uma geração, de uma comunidade ou de um povo.

O objeto de estudo e de cuidados de um sistema médico espiritual é o ser espiritual, a alma; o ser senciente, que preexiste ao corpo biológico, vem habitá-lo durante períodos encarnatórios e retorna ao mundo espiritual após a morte do corpo biológico. Implica a adoção de uma nova postura do profissional perante o paciente não sendo, portanto, pura e simplesmente uma nova modalidade da práxis médica.

Essa nova postura exige que possamos ver o outro de forma integral, considerando que um homem é uma equação complexa, na qual devem ser computados todos os aspectos inerentes ao ser-em-si (intrapsíquicos), as interações com as outras pessoas (interpsíquicos) e o ambiente à sua volta. O objetivo passa a ser a compreensão de como estes diferentes fatores conjugados repercutem no vestuário, que é o corpo biológico.

Mas não pode existir uma medicina espiritual sem uma teologia. Entre as teologias conhecidas a que satisfaz as condições mínimas para compor um dueto com a ciência médica é a doutrina espírita ou espiritismo. Isso porque na teologia espírita não existe espaço para dogmas religiosos. O espiritismo é científico porque busca compreender Deus, o homem e a natureza a partir do pensamento racional e do estudo dos fenômenos e das leis que regem o mundo natural. A doutrina espírita rompe a teia da ignorância, que pretende ver Deus apenas através das lentes embaçadas e astigmáticas de uma revelação divina sobrenatural.

Como já vimos, o espiritismo é uma ciência de experimentação e uma doutrina filosófica, que contribuirá para o progresso geral da humanidade ao destruir o materialismo. E a doutrina espírita pode cumprir esse desiderato porque não aceita a fé dogmática do crer por crer.

No espiritismo, primeiro é necessário saber para crer e, na sequência, acredita-se porque se sabe. Parafraseando Albert Einstein, "a espiritualidade sem a ciência é cega e a medicina sem a espiritualidade é manca".

Na medida em que a doutrina espírita se converter em uma ferramenta de uso comum por parte dos homens, em geral, e dos cientistas, em particular, estes poderão despir-se das atitudes procustianas, que emperram o verdadeiro progresso ao submeterem a ciência aos interesses comerciais de alguns grupos. A doutrina espírita poderá fornecer à bioética o trampolim necessário para que possamos atingir paragens mais elevadas, visto que ajuda o homem a compreender o bem e o mal, libertando-o da ignorância, do orgulho e do egoísmo.

O espiritismo oferece à medicina um novo paradigma, que lhe permite enxergar muito além do corpo físico. Alargando horizontes, ele permite que os médicos atinjam a essência do ser humano e que, por extensão, possam identificar as verdadeiras causas do sofrimento humano e, em especial, das doenças. Em vez de nos perdermos num mar de teorias etiológicas que mais confundem do que auxiliam, a doutrina espírita elucida as verdadeiras causas das doenças, ao abrir os nossos olhos para a realidade espiritual do ser humano.

O espiritismo também nos oferece uma nova ética, na qual podemos vislumbrar o milagre da vida, não em termos de quantidade, como se afigura nos meios dominados pelo materialismo. Na ética do espiritismo o homem julga a sua vida pela qualidade das suas ações e das suas palavras.

Para que possamos usufruir de um sistema médico onde sejamos atendidos em função das nossas necessidades espirituais, teremos de reconhecer as deficiências do sistema vigente e nos conscientizarmos da necessidade de reformas verdadeiramente transformadoras. Todavia, não podemos esquecer que o interesse em manter determinada situação faz com que aqueles que estejam no controle da situação recusem, sistematicamente, toda e qualquer mudança, que poderia enfraquecer-lhes o poder.

Para ajustarmos a ciência moderna com as ideias propostas pela medicina espiritual, deveremos começar reavaliando os princípios básicos da nossa ciência, relembrando que ela é apenas o produto da nossa história. De uma forma muito sucinta, vimos no capítulo anterior que dispomos de base científica para atestar a realidade do Espírito. A parapsicologia veio demonstrar a perpetuidade da mente após a falência do corpo físico, e poderá vir a ser a carta de alforria que há de libertar-nos da prisão da alienação de nós mesmos imposta pelo leito de ferro da visão materialista do mundo.

Para termos uma medicina espiritual ao alcance de todos, bastaria corrigirmos algumas distorções atuais nos currículos universitários. Quando discutimos a relação entre fé e saúde, pudemos entrever algumas mudanças que se fazem necessárias. O ponto crucial no ajuste curricular seria uma mudança de ótica que priorizasse uma leitura mais humanística e psicológica do homem, ao invés da atual leitura mecanicista exclusivamente biológica.

Todo o conhecimento sobre fisiologia e patologia que a ciência médica acumulou através dos tempos permaneceria válido e útil. O que mudaria com a medicina espiritual seria a maneira como essas informações serão interpretadas e validadas na hora de se fazer o diagnóstico e na maneira de se conduzir o tratamento médico-espiritual.

A diferença nos processos fisiológicos e patológicos que ocorrem no corpo biológico em relação ao Espírito é simplesmente uma questão de forma e não de essência. Se pusermos de lado a forma e prestarmos atenção na função, veremos que o problema é muito menor do que parece ser. Relembremos a lição de O pequeno príncipe de que "o essencial é invisível aos olhos". Enquanto caminharmos pela vida com o complexo de São Tomé – é preciso ver e tocar para acreditar – o nosso campo de ação continuará limitado pela mediocridade dos nossos sentidos. É preciso ter "olhos de ver e ouvidos de ouvir" para nos libertarmos das ideias antigas que nos mantêm presos aos erros do passado.

Na medicina espiritual os processos fisiológicos e patológicos são observados a partir do Espírito e da sua dinâmica existencial. O corpo biológico com os seus órgãos e tecidos físicos é, já o dissemos e tornamos a repetir, apenas o vestuário que o Espírito utiliza para representar os seus dramas no teatro da vida.

As peças teóricas que comporiam a grande base de apoio deste novo currículo estão divididas e dispersas por vários setores, muito diferentes, do edifício do saber humano. O que significa dizer que já dispomos de conteúdo teórico lógico, organizado e suficientemente estruturado para tal.

Em se mantendo as disciplinas básicas essenciais para a habilitação do profissional médico, seria necessário incluir disciplinas voltadas para o estudo da espiritualidade, algo praticamente inexistente na maioria das escolas médicas, como foi bem documentado pelo dr. Harold Koenig.

Simultaneamente, seria imprescindível resgatarmos o estudo da psicologia no currículo médico. O grande equívoco da medicina ocidental mecanicista-reducionista/monista foi ter expulsado do seu meio a psicologia clínica, esquecendo-se de que os grandes nomes dessa abordagem terapêutica eram todos médicos. Toda a monumental obra de Freud, Jung e Reich, a bioenergética, a gestalt-terapia e a psicologia transpessoal mostram que nós somos muito mais do que uma posta de carne pensante. Somos um *psyché* com habilidades e potencialidades muito maiores do que aquilo que o vaso carnal pode abarcar. Precisamos de um grande esforço de vontade coletiva para reunir todas essas *logias* em um consenso único, isento dos preconceitos de todos os tipos e matizes.

A adoção de uma atitude madura, responsável e consciente perante a psicologia, a parapsicologia e a teologia espírita bastaria para que pudéssemos resgatar o Espírito do misticismo, colocando-o no centro dos nossos estudos e pesquisas.

O norte da medicina espiritual seria o entendimento e a aceitação de que todas as doenças procedem do Espírito, o ser pensante. "Nós somos o que pensamos". Pelo pensamento gozamos de uma liberdade sem limites, livre de todo e qualquer constrangimento, porque o pensamento não conhece entraves. Todavia, perante a teologia espírita, somos responsáveis pelo nosso pensamento perante Deus, a causa primária de todas as coisas[41].

---

41 Ver *O livro dos espíritos*, perguntas 1, 833 e 834.

Mas a doença não é um castigo de Deus nem, muito menos, uma ocorrência fortuita ditada pelo acaso ou por causas que estejam fora do nosso alcance. Deus, que é soberanamente bom e justo, para nos salvar e permitir que nós venhamos a nos redimir dos erros cometidos e dos males que eles geraram, nos manda recados e avisos para chamar a nossa atenção. Os recados de Deus são as nossas doenças.

Elas sinalizam a necessidade de parar e refletir sobre o rumo que estamos seguindo. Cada doença traz em si mesma o simbolismo do que estamos fazendo de errado e o que devemos corrigir. As doenças são as formas ou as ferramentas de que se serve o nosso inconsciente para chamar a nossa atenção de que estamos nos desviando do caminho que nos levaria em segurança à paz e à felicidade, que tanto queremos. Foi por essa razão que Dethlefsen e Dahlke puderam afirmar com convicção que a doença tem um único objetivo: "o de nos tornar melhores", "o de nos tornar perfeitos". (p. 18 e 88)

Jesus de Nazaré, cognominado o Cristo, que foi por excelência o maior médico de homens e de almas de todos os tempos, alertava-nos para que entrássemos na vida pela porta estreita da prudência, da temperança, da justiça, da esperança, da fé e da caridade, pois "largo e espaçoso é o caminho que conduz à perdição[42]."

Depois das palavras de instrução e de consolo, ele procedia às curas, contudo ele mesmo alertava aos homens e às mulheres que o buscavam de que fora a fé em Deus que os curara e para que não pecassem mais, de

---

42 Mateus (7: 13) e Lucas (13: 24).

modo a evitarem que coisas piores se lhes acontecessem[43].

As lições de Jesus são sábias e justas, porque conhecendo a natureza dos corpos humanos[44] e o Espírito que os animava, ele ensinava-os a seguirem o caminho do meio, que não é o *carvalho* nem o *trigo*, mas a *macieira*.

Como vimos nas páginas anteriores tanto o *carvalho* como o *trigo* são alegorias que ilustram como nós podemos ser na vida. A maneira de procedermos implica a construção característica do nosso corpo e na fisiologia, desenvolvendo alterações funcionais e morfológicas que, depois de longos anos de reforço, manifestar-se-ão no corpo físico como doenças.

Ser *carvalho* ou *trigo* é uma questão de foro íntimo, diz respeito apenas ao Espírito, portanto não é um destino irremediavelmente traçado. O corpo físico caracteristicamente construído quer como *carvalho*, quer como *trigo*, não é uma herança genética transmitida pelos nossos pais.

A macieira cresce forte e viçosa. Quando chega à maturidade começa a dar frutos. Quando a tempestade chega ao campo da macieira, esta se põe a enfrentá-la, protegendo os seus frutos. Todavia, quando a tempestade se faz furiosa e destruidora, a macieira permite-se curvar e sacrifica alguns frutos imaturos e os ramos mais delgados de modo a preservar a sua integridade. Depois que a tempestade se vai, encontramos a macieira ainda em pé e em condições de gerar novos frutos no amanhã, para alimentar os famintos.

---

43 Mateus (4: 23, 9:2) Marcos (1: 34) e João (5:14).
44 Do pó viestes, ao pó voltarás (Gênesis, 3:19).

Ser *carvalho* ou *trigo* depende única e exclusivamente de nós mesmos. Pela mesma razão, está exclusivamente em nossas mãos o poder de mudarmos nossa maneira de ser e o nosso destino. Quando o desejarmos, poderemos deixar de ser *carvalho* ou *trigo* para sermos *macieira*. Na vida, compete a cada um de nós encontrarmos a nossa estrada de Damasco[45], para que na renovação das nossas atitudes e dos nossos comportamentos possamos encontrar o caminho do meio, o caminho do equilíbrio, o caminho da perfeição.

As nossas doenças são o convite que Deus nos faz para que venhamos a ser *macieiras*, permitindo sermos curvados perante a tempestade que arrancará de nós os frutos imaturos do orgulho, da vaidade e do egoísmo. Dessa forma, amanhã estaremos em condições de distribuir os frutos doces e maduros do amor, da solidariedade e da caridade com os quais poderemos alimentar os nossos irmãos.

No livro *A doença como caminho,* os autores nos dizem que as nossas doenças são o caminho que nos conduz à perfeição, com o que concordamos plenamente. Cada doença, cada dor, cada sintoma traz uma mensagem única e exclusiva para nós e apenas para nós. Quando estivermos prontos para aceitá-las e compreendermos o que as nossas doenças querem tanto nos dizer, estaremos aptos a trilhar o caminho da nossa perfeição. O que as nossas doenças significam e têm a nos dizer é conversa para outra oportunidade.

DAVID MONDUCCI

---

45 Atos dos Apóstolos, cap. 9.

APÊNDICE

NOTA 1 – Dr. Augusto Militão Pacheco

O presente trabalho foi desenvolvido sob a orientação e a supervisão dos companheiros do plano espiritual que trabalham no GEEVA – Grupo de Estudos Espíritas Vozes do Além – sob a gerência do dr. Augusto Militão Pacheco. Coube-me o trabalho braçal de desenvolver as ideias que me foram inspiradas pela espiritualidade superior.

O dr. Augusto Militão Pacheco nasceu em 13 de junho de 1866, filho de José Silvestre Pacheco e Gertrudes Pacheco, e faleceu em 7 de julho de 1954. Formou-se pela Faculdade de Medicina do Rio de Janeiro em 1894.

No mesmo ano da sua formatura foi para o Estado do Maranhão ao lado de outros quatro médicos combater um surto de peste bubônica que grassava na região norte do país, conseguindo debelar a epidemia, apesar de a região não dispor das mínimas instalações desejáveis.

Foi convidado para ser o diretor do Serviço Sanitário do Estado do Maranhão, todavia renunciou ao cargo e voltou para São Paulo oito meses mais tarde, por não ver atendidas as reivindicações imprescindíveis para o bom andamento do serviço.

Em 23 de julho de 1896, através de decreto assinado pelo então presidente do Estado de São Paulo e por Gustavo de Oliveira Godoy, Militão Pacheco é nomeado para exercer o cargo de inspetor sanitário do Estado de São Paulo. Entre outros, prestou relevante contribuição à campanha contra a febre amarela no mesmo estado. Permaneceu na função até 1920, quando se aposentou.

Durante mais de cinquenta anos exerceu o ofício médico na capital paulista com apurado senso humanitário no trato com os seus pacientes. Tendo se formado dentro da alopatia, abandonou-a apenas cinco anos após sua formatura, devotando-se, desde então, à homeopatia, após a cura da sua esposa de um quadro crônico de cefaleia que já houvera esgotado as possibilidades terapêuticas da alopatia sem nenhum resultado positivo.

Sua conversão ao espiritismo ocorreu entre 1901 e 1902, quando compareceu a uma reunião espírita na qual recebeu inesperada comunicação de um membro da sua família já falecido e de todo o seu afeto. A partir de então, dedicou o seu tempo ao estudo e à vivência dos postulados de doutrina espírita.

Foi um dos fundadores da Associação Espírita São Pedro e São Paulo tendo ocupado com abnegação e critério a função de presidente de instituição, além de manter um dispensário gratuito para atendimento dos pobres por recursos próprios. Foi, também, um dos fundadores da Federação Espírita de São Paulo – FEESP – e o seu primeiro vice-presidente. Ao seu tempo, foi uma das mais destacadas figuras do espiritismo em São Paulo.

NOTA 2 – Uma leitura descuidada da Bíblia pode induzir-nos a pensar que nos tempos bíblicos, a lepra, atualmente denominada de mal de Hansen ou hanseníase, fosse uma doença epidêmica muito comum. A confusão pode ser atribuída a três causas: uma semântica, uma religiosa e outra científica.

Em termos semânticos, o vocábulo *lepra*, em grego e em latim designava a ideia de escama, uma estrutura laminar que pode ser óssea ou cerosa, que recobre o corpo ou partes do corpo de animais. Por extensão de sentido, foi utilizado na Antiguidade para designar placas e crostas sobre a superfície da pele.

Em termos religiosos, os hebreus de então professavam a crença na existência de elementos puros e impuros. Entre os impuros figuravam as cobras que, por sua vez, são recobertas por escamas. Daí associar que alguém com placas espessas ou com crostas estivesse impuro era uma consequência natural. Quando o indivíduo estivesse novamente limpo, ele deveria se apresentar ao templo, que comprovaria o fato e prescreveria um sacrifício religioso segundo a lei de Moisés.

Por último, na época ainda não existiam conhecimentos médicos precisos sobre as doenças dermatológicas e sobre as doenças infectocontagiosas. A falta desses conhecimentos levava-os a considerar que todas as manifestações cutâneas fossem uma única e mesma doença. Muito provavelmente o termo lepra na ocasião deveria ser indistintamente utilizado para se referir a um número grande de doenças, que poderiam incluir de sarna a cânceres de pele, de psoríase a hanseníase.

Embora as prescrições moisaicas de isolamento social não se justifiquem na atualidade, importa considerar que a mais de vinte séculos, em meio a uma sociedade com pouquíssimos conhecimentos de higiene, elas se faziam intuitivamente necessárias.

NOTA 3 – O português é uma língua de origem indo-europeia, derivada do latim e rica de palavras gregas. Acontece que o latim, o grego, e o sânscrito também são línguas de origem indo-europeias. A consequência dessa origem comum se reflete no fato de possuirmos palavras diferentes, mas que traduzem uma mesma ideia. Assim, não é por acaso que as palavras 'espírito', 'alma', 'pneumo' e 'psique' possuem o mesmo significado, segundo o *Dicionário eletrônico Houaiss da língua portuguesa*.

Espírito: substantivo masculino, a parte imaterial do ser humano; alma.
➤Rubrica: religião – mesmo que *alma* ('parte imortal').
➤Rubrica: religião – para o espiritismo, a alma da pessoa que viveu na Terra ou em outros mundos, fora do seu envoltório material; entidade sobrenatural ligada ao bem ou ao mal.
➤Rubrica: religião – sopro criador de Deus (nos textos bíblicos). princípio vital, superior à matéria; sopro; substância imaterial, incorpórea, inteligente, consciente de si, onde se situam os processos psíquicos, a vontade, os princípios morais.
➤Latim: *spirìtus*, 'sopro, exalação, sopro vital, espírito, alma', ligado ao verbo latim *spiráre* 'soprar, respirar';

Alma: substantivo feminino, princípio de vida no homem ou nos animais.

➤Rubrica: filosofia – conjunto formado por todas as atividades características da vida (pensamento, afetividade, sensibilidade etc.) compreendidas como manifestações de uma substância autônoma ou parcialmente autônoma em relação à materialidade do corpo.

➤Rubrica: religião – para os cristãos, parte imortal do homem, dotada de existência individual permanente, e que, após a morte do corpo, tem como destino a felicidade ou a danação eternas, conforme os atos que praticou durante a existência terrestre; espírito.

➤Rubrica: religião – mesmo que *espírito*, fonte da vida, da vitalidade, da ação; personalidade, psique; o eu total de uma pessoa em sua unidade e inteireza vitais conjunto das afeições, dos sentimentos, da vida afetiva; natureza moral e emocional do homem; índole do seu caráter; ser humano; pessoa.

➤Latim: *anìma,ae* 'sopro, ar; alento, o princípio da vida; a alma, por oposição ao corpo'.

Pneumo: substantivo masculino.

➤Derivação: por extensão de sentido. Rubrica: filosofia. Entre os antigos pensadores gregos, sobretudo os estoicos, designativo do espírito, sopro animador ou força criadora, usado pela Razão Divina para vivificar e dirigir todas as coisas.

➤Derivação: por extensão de sentido. Rubrica: história da medicina. Princípio anímico e vivificante através do qual o *pneumatismo* explicava a vida humana e as diversas atividades orgânicas.

➢ Grego: *pneûma, atos* 'sopro, vento, ar; sopro divino, espírito, o Espírito Santo'.

Psique: substantivo feminino, a alma ou o espírito, distintos do corpo; mente.

➢ Rubrica: psicologia, psicanálise: a estrutura mental ou psíquica de um indivíduo.

➢ Rubrica: filosofia, psicologia, psicanálise, teologia: termo teológico, filosófico e científico que designa a essência ou personificação do princípio de vida considerado como sistema de referência ou base das funções psíquicas, da ação e do comportamento; alma, espírito.

➢ Grego: *psukhê,ês* 'sopro', donde 'sopro de vida, alma, como princípio de vida, alento, ser vivo, pessoa; alma por oposição a corpo; alma, como sede dos desejos; alma de um morto, sombra, espírito', 'personificação da companheira de Eros'.

NOTA 4 – A Society for Psychical Research (SPR), ou Sociedade de Pesquisa Psíquica, foi fundada em 20 de fevereiro de 1882, com o desejo de estudar e pesquisar os fenômenos que ultrapassam os limites usuais da atividade mental. Dito com outras palavras a SPR dedicou-se a pesquisar e investigar toda a extensa fenomenologia paranormal.

Os objetivos da SPR, constantes da ata de lançamento dos trabalhos, propõem o:

1 - Exame da natureza e extensão de qualquer influência que possa ser exercida por uma mente sobre outras, à parte de qualquer modo de percepção geralmente reconhecido.

2 - Estudo do hipnotismo e das formas do chamado transe

mesmérico, com a sua alegada insensibilidade à dor; clarividência e outros fenômenos correlatos.

3 - Revisão crítica das pesquisas de Reichenbach com certas organizações chamadas 'sensitivas' e um inquérito se tais organizações possuem qualquer poder de percepção além de uma sensibilidade altamente exaltada dos órgãos sensoriais conhecidos.

4 - Cuidadosa investigação de quaisquer relatórios apoiando-se em forte testemunho, concernentes a aparições no momento da morte, ou de outra forma, relativos a perturbações em casas com fama de serem mal-assombradas.

5 - Inquérito acerca dos vários fenómenos comumente chamados espiritualistas, com tentativas para descobrir as suas causas e leis gerais.

6 - Coleta e coleção de materiais de apoio à história dessas questões.

O estatuto da SPR também determina que os assuntos estudados devem ser abordados de forma séria, imparcial e sem preconceito de qualquer espécie.

A SPR conquistou respeito e reconhecimento pela alta qualidade dos seus trabalhos e pela grande envergadura científica dos seus membros. Entre eles são contados três laureados com Prêmio Nobel (Lord Raleigh – física, 1904; Charles Richet – medicina, 1913 e Henri Bérgson – literatura, 1927), um Primeiro-Ministro (Arthur Balfour) e uma plêiade de professores universitários, especialmente físicos (William Crookes, William Barrett e Oliver Lodge) e filósofos (William James, Frederic Myers e C.D. Broad).

LÂMINA 1 – NÍVEIS DE CONSCIÊNCIA

TEORIA/ AUTOR	1ª NÍVEL	2ª NÍVEL	3ª NIVEL
Comte	Estágio teológico	Estágio metafísico	Estágio positivo
Função neuropsíquica	Sensitivo motor	Perceptivo motor e operacional	Função simbólica e cognitiva mais estruturada
Paul MacLean	Cérebro reptiliano ou visceral	Cérebro límbico, emocional ou paleomamífero	Cérebro cognitivo, neocórtex ou neomamífero
Wallon	Dados interoceptivos	Dados proprioceptivos	Dados exteroceptivos
Milner*	Comportamentos inatos, não aprendidos e compartilhados com mamíferos inferiores	Comportamentos aprendidos e compartilhados com os primatas	Comportamentos aprendidos e exclusivamente humanos
Luria*	1ª UF** - regulação tônica, alerta e estados mentais	2UF - recepção, análise e armazenamento da informação	3ªUF - programação, regulação e verificação
Piaget	Fase sensório-motora	Fase de operações concretas	Fase de operações formais
Ouspensky	Estado de consciência do sono	Estado de consciência relativa ou de sono desperto	Estado de consciência de si mesmo
André Luiz	Porão - impulsos automáticos e instintos	2ª andar - o esforço e a vontade no hoje, aqui e agora	Sótão - o trabalho para o futuro

Quadro 1: Comparação entre as diferentes propostas para os níveis de consciência.
* ver Vitor da Fonseca.
** UF – Unidade funcional.

LÂMINA 2 – QUALIDADES DO YANG E DO YIN

YANG	YIN
Masculino	Feminino
Positivo	Negativo
Quente	Frio
Seco, cálido	Úmido, fresco
Claro, dia	Escuro, noite
Céu, sol	Terra, lua
Duro	Macio
Ativo, movimento	Passivo, estase
Racional	Intuitivo
Analítico	Sintético
Competitivo	Cooperativo
Agressivo	Receptivo
Exigente	Conservador
Expansivo	Contrátil
Ascendente, alto	Descendente, baixo
Progressivo	Regressivo
Esquerdo	Direito
Primavera/verão	Outono/inverno
Anabolismo	Catabolismo
Hiperfunção, excesso	Hipofunção, deficiência
Fluxo sanguíneo aumentado, hiperemia	Fluxo sanguíneo inadequado, isquemia
Infecção	Degeneração
Acima da cintura	Abaixo da cintura
Exterior do corpo	Interior do corpo
Dorsal, superior e lateral	Ventral, inferior e medial
Voz alta	Voz baixa

LÂMINA 3 – OS CINCO ELEMENTOS

	MADEIRA	FOGO	TERRA	METAL	ÁGUA
SABOR	azedo	amargo	doce	picante	salgado
COR	verde	vermelho	amarelo	branco	preto
MUDANÇA	geminar, nascer	crescer	transformar, mudar	colher	estocar, tranquilidade
CLIMA	vento	calor	umidade excessiva	falta de umidade	frio
ESTAÇÃO	primavera	verão	fim do verão	outono	inverno
DIREÇÃO	leste	sul	centro	oeste	norte
SENTIDOS	olho	língua	boca	nariz	orelha
TECIDOS	músculo	vasos sanguíneos	tecido conjuntivo	pele e cabelo	ossos e articulações
ÓRGÃO	fígado e vesícula biliar	coração e intestino delgado	baço, pâncreas e estômago	pulmões e intestino grosso	rins e bexiga
EMOÇÃO	nervoso, cólera	alegre	pensativo, preocupação	melancólico, tristeza	medo
SOM	grito	risada	canto	choro	lamento

LÂMINA 4 – OS *DOSHAS* E SUAS QUALIDADES

	VATTA	PITTA	KAPHA
Elementos	ar e espaço	fogo e água	água e terra
Qualidade	irregularidade, frio e seco	irritabilidade, quente e oleoso	estabilidade, frio e molhado
Cor	negro, castanho azulado, redução da cor normal	vermelho, verde, púrpura, amarelo, enfumaçado	branco e pálido
Dor	intensa, latejante, variável, batendo	média e queimando	suave, pesada, aborrecida e constante
Febre	moderada e variável	muito alta, queima, dá sede, transpira e delira	baixa ou alta constante e monótona
Corrimentos	com som (estalar de juntas e gases)	sangramento, pus e bile	muco e salivação
Boca	seca e com gosto adstringente	amarga, ardente e com salivação	seca, áspera e dor ao engolir
Garganta	seca, áspera e dor ou aperto	inflamação ou queimação	inchaço, edema e dilatação
Estômago	apetite irregular, soluços e arrotos	apetite excessivo e vômito amargo	digestão lenta e vômito com muco
Fígado	atividade irregular	excesso de bile e macio à apalpação	aumento de tamanho e com cálculos biliares
Intestinos	constipados, com gases e distendidos	inflamação, câncer, sangramento	obstrução, edema, distensão e com muco
Evacuação	dolorosa, seca, difícil e pouca quantidade	diarreica, rápida, frequente e moderada	sólida, abundante, com muco e coceira
Urina	escassa, sem cor e com dificuldade	profusa, amarela, avermelhada e ardor	profusa, branca e pálida, com grumos
Suor	escasso e irregular	profuso com cheiro	moderado e constante
Mente e sentidos	apatia, mágoa, medo, desilusão, insônia	inquietações delírios, desmaio, vertigem,	letargia, torpor, falta de desejo

LÂMINA 4 – OS *DOSHAS* E SUAS QUALIDADES
(CONTINUAÇÃO)

	VATTA	PITTA	KAPHA
Ataque da doença	rápido, variável e irregular	médio e com febre	vagaroso e constante
Período do dia	aurora e crepúsculo	meio-dia ou meia-noite	meio da manhã ou da noite
Estação do ano	outono e começo do inverno	verão e final da primavera	final do inverno e primavera
Fatores externos	vento, frio e secura	calor, sol e umidade	úmido e frio

LÂMINA 5 – OS HUMORES E SUAS CARACTERÍSTICAS

ELEMENTO	HUMOR	ÓRGÃO	TEMPERAMENTO	QUALIDADE	ESTAÇÃO	IDADE
Terra	bile negra	baço	melancólico, desanimado, inquieto, depressivo, complexo	frio-seco	outono	velhice
Ar	sangue	coração	maníaco, alegre, prestativo, amoroso, resistente	quente-úmido	primavera	juventude
Fogo	bile amarela	fígado	colérico, irritadiço, agressivo, corajoso	quente-seco	verão	adulta
Água	fleuma	cérebro	fleumático, moderado, frio, indiferente, diplomático	frio-úmido	inverno	infância

LÂMINA 6 – FACE MEDIANA DO ENCÉFALO E PRINCIPAIS ESTRUTURAS ANATÔMICAS

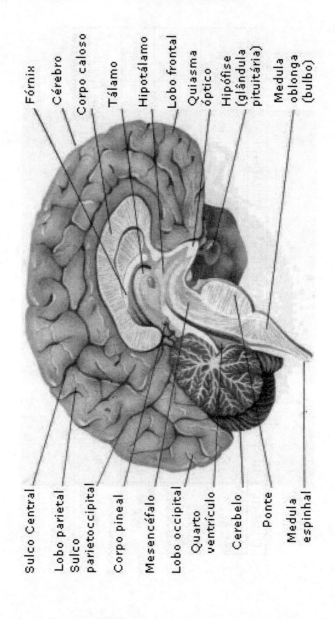

LÂMINA 7 – SISTEMA LÍMBICO

Visão mediana do cérebro. Em cinza vemos a representação do sistema límbico, segundo a descrição de Papez, incluindo-se a amígdala cerebral.

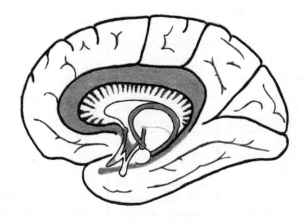

LÂMINA 8 – EFEITOS DO SISTEMA NERVOSO AUTÔNOMO

ÓRGÃOS	SIMPÁTICO	PARASSIMPÁTICO
ÍRIS	dilatação da pupila (midríase)	constrição da pupila (miose)
GLÂNDULA LACRIMAL	vasoconstrição: pouco efeito sobre a secreção	secreção abundante
GLÂNDULAS SALIVARES	vasoconstrição: secreção viscosa e pouco abundante	vasodilatação: secreção fluída e abundante
GLÂNDULAS SUDORÍPARAS	secreção copiosa (fibras colinérgicas)	inervação ausente
MÚSCULOS ERETORES DOS PELOS	ereção dos pelos	inervação ausente
CORAÇÃO	aceleração do ritmo cardíaco dilatação das coronárias	diminuição do ritmo cardíaco e constrição das coronárias
BRÔNQUIOS	dilatação	constrição
TUBO DIGESTIVO	diminuição do peristaltismo e fechamento dos esfíncteres	aumento do peristaltismo e abertura dos esfíncteres
BEXIGA	pouco ou nenhuma ação	contração da parede promovendo o esvaziamento
GENITAIS MASCULINOS	vasoconstrição; ejaculação	vasodilatação; ereção
GLÂNDULA ADRENAL	Secreção de adrenalina	nenhuma ação
VASOS SANGUÍNEOS	vasoconstrição	nenhuma ação; inervação possivelmente ausente

LÂMINA 9 – SISTEMA ENDÓCRINO: AS GLÂNDULAS

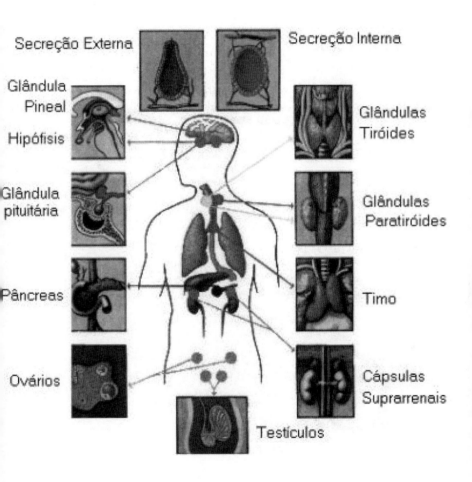

LÂMINA 10 – RELAÇÃO DOS BLOQUEIOS EMOCIONAIS E AS DOENÇAS SEGUNDO FRANZ ALEXANDER

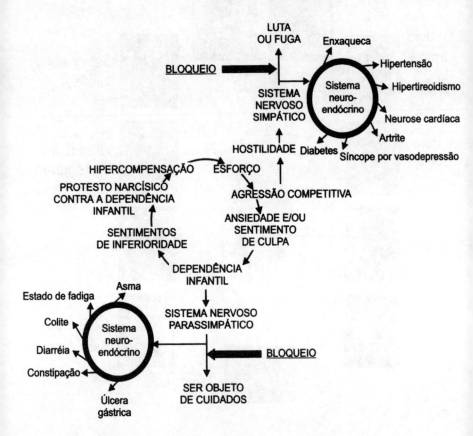

LÂMINA 11 – OS CENTROS DE FORÇA

Como não existe unanimidade entre os diversos autores no que tange à exata correlação entre os centros de força e as vísceras, sugerimos uma consulta ao artigo do dr. Elzio Ferreira de Souza, constante do livro *Saúde e espiritismo*, editado pela Associação Médico-Espírita do Brasil, São Paulo – 1998.

CENTRO DE FORÇA	NOME HINDU	SISTEMA NERVOSO	SISTEMA ENDÓCRINO	LOCALIZAÇÃO
CORONÁRIO	Sahasrara	Córtex cerebral	Pineal	Topo da cabeça
FRONTAL	Ajna	Hipotálamo	Hipófise	6 cm atrás das sobrancelhas
LARÍNGEO	Vishuddha	—	Tireoide e paratireoide	Na região da garganta
CARDÍACO	Anahata	Plexo cardíaco	Timo	Na região do coração
UMBILICAL	Manipura	Plexo celíaco	Adrenal e pâncreas	Na região do umbigo
ESPLÊNICO	Svadhishthana	Plexo mesentérico	Baço	Do lado esquerdo na altura do baço
BASE	Muladhara	Plexo sacro	Gônadas	Entre o ânus e os genitais

GLOSSÁRIO

ACETILCOLINA – neurotransmissor que atua nas sinapses colinérgicas.

AFERENTES – qualidade das fibras que levam as informações da periferia para o centro.

ADRENALINA – neurotransmissor que atua nas sinapses adrenérgicas; hormônio sintetizado e liberado pelas glândulas suprarrenais em situações de estresse físico e emocional.

AMÍGDALA – do latim medieval *amygdae*, importado do grego *amugdale*, significando amêndoa. A acepção médica da palavra é metafórica pela sua forma.

AMÍGDALA CEREBRAL – massa de substância cinzenta localizada no lobo temporal.

ANABOLISMO – fase de um processo metabólico caracterizado pela produção.

BRADICARDIA – diminuição dos batimentos cardíacos.

CÁLCULO – condensação pétrea que se forma em diversas partes do corpo do homem e de animais por precipitação de certas substâncias e sais minerais (cálcio, colesterol, uratos etc.).

CATABOLISMO – fase de um processo metabólico caracterizado pelo consumo.

CÍNGULO – parte do sistema límbico situado na face inter-hemisférica de cada hemisfério cerebral.

CÓRTEX CEREBRAL – camada de substância cinzenta que recobre toda a superfície cerebral e que controla as funções mais complexas do organismo, especialmente as funções cognitivas.

DIENCÉFALO – porção do encéfalo entre o telencéfalo e o mesencéfalo e que compreende o tálamo, o hipotálamo e a maior parte do terceiro ventrículo.

DISTONIA – perturbação das funções normais.

DOGMA – um pressuposto teórico que considera a possibilidade da obtenção de verdades absolutamente certas e seguras no seu campo de atuação e que pode ser identificada em várias correntes teológicas e científicas. Em termos mais restritos, uma ideologia dogmática se caracteriza por qualquer pensamento ou comportamento que seja dirigido pela adesão irrestrita a princípios que considera incontestáveis.

DOUTRINA – conjunto das ideias básicas contidas num sistema filosófico, político, econômico etc., ou das opiniões de um pensador, de um filósofo.

DUALISMO – padrão recorrente de pensamento desde os primórdios da filosofia, que busca compreender a realidade e a condição humana, dividindo-as em dois princípios básicos, antagônicos e dessemelhantes.

EFERENTES – qualidade das fibras que levam os estímulos do centro para a periferia.

EPISTEMOLÓGICO – relativo à epistemologia, ou seja, o ramo da filosofia que estuda os postulados, as conclusões e os métodos dos diferentes ramos do saber; uma reflexão em torno da natureza, das etapas e dos limites do conhecimento.

ESPIRITISMO – doutrina de cunho filosófico-religioso, de aperfeiçoamento moral do homem, mercê de ensinamentos transmitidos por Espíritos mais aprimorados, que se comunicam com os vivos por intermédio de médiuns.

ESSÊNCIA – a mais importante característica de um ser, ou de algo. Conjunto de qualidades, propriedades e atributos que caracterizam a natureza própria de um indivíduo em oposição às circunstâncias. Na Escolástica, somente em Deus essência e existência coincidem inteiramente.

EVOLUÇÃO – processo de lenta modificação das espécies por mutação genética e seleção natural.

EVOLUÇÃO FILOGENÉTICA – processo pelo qual as espécies inferiores, através dos tempos, evoluem para as mais elevadas.

EVOLUÇÃO ONTOGENÉTICA – processo pelo qual os seres de uma mesma espécie evoluem entre si mesmos.

FENÓTIPO – é a manifestação visível do genótipo de um indivíduo.

FIBRAS COMISSURAIS – conjunto de fibras nervosas que unem estruturas neurais semelhantes em lados diferentes do cérebro.

GÂNGLIOS – aglomerados de corpos celulares de neurônios fora do encéfalo.

GENÓTIPO – é a composição genética de um indivíduo.
HEDONISMO – teoria ética que coloca o prazer pessoal como objetivo de todo comportamento.
HIPOCAMPO – formação nervosa situada no lobo temporal e que pertence ao sistema límbico e que participa do controle das emoções e das memórias.
HIPOTÁLAMO – formação nervosa pertencente ao diencéfalo, importante no controle das emoções e das funções de vida vegetativa.
HOLÍSTICO – em senso restrito designa uma doutrina médica e psicológica que considera os fenômenos biológicos e psicológicos como totalidades irredutíveis à simples soma de suas partes. Em sentido amplo é uma abordagem das ciências humanas e naturais que prioriza o entendimento integral dos fenômenos, em oposição ao procedimento analítico das partes.
HOMEOSTASE – capacidade do organismo de manter a fisiologia dentro de limites constantes.
HUMORES – líquido secretado pelo corpo e que era tido como determinante das condições físicas e mentais do indivíduo na Antiguidade Clássica.
IDIOSSINCRASIA – predisposição particular do organismo que faz com que um indivíduo reaja de maneira pessoal à influência de agentes exteriores (alimentos, medicamentos etc.); característica comportamental peculiar a um grupo ou a uma pessoa. Derivado do grego *idiosugkrasía* – temperamento particular.
INAPETÊNCIA – ausência de apetite, de vontade de comer.
INTERACIONISMO – conjunto das ações e relações de elementos ou substâncias diferentes.

MESMERISMO – método criado pelo médico alemão Franz Anton Mesmer (1734-1815) que defendia a tese da existência de um magnetismo animal que poderia ser transferido de uma pessoa para outra e utilizado como método de cura.

MIDRÍASE – dilatação da pupila.

MIOSE – contração da pupila.

MONISTA – concepção filosófica na qual a realidade é constituída por um princípio único.

MOXA – palavra de origem japonesa – *moe kusa* > *mokusa* – significando 'erva de queimar'. Por neolatinismo – *mogusa* – variedade de artemísia de uso medicinal. Por se tratar de um neolatinismo, a pronúncia correta deveria ser *mocsa*, mas a que tem curso, no Brasil, é *mocha*. Trata-se de um cone diminuto, composto de plantas ou folhas de artemísia, aplicadas e queimadas para minimizar irritações, geralmente sobre os mesmos pontos da acupuntura.

NEURÔNIO – célula nervosa, constituída de corpo celular e seus prolongamentos.

NEUROTRANSMISSORES – ou neuromediadores ou mediadores químicos. São produtos sintetizados pelos neurônios e liberados na sinapse para a transmissão do impulso nervoso.

NÚCLEOS – massa de substância cinzenta dentro da substância branca, ou um grupo de neurônios com aproximadamente a mesma função e estrutura, no encéfalo.

OMS – Organização Mundial da Saúde.

ONU – Organização das Nações Unidas.

POTENCIAÇÃO – derivado da operação matemática que eleva um número a uma potência. Durante a preparação dos medicamentos homeopáticos indica o número de vezes que uma substância é diluída e agitada; o mesmo que dinamização.

PRINCÍPIO – em filosofia é uma proposição que serve de fundamento a uma dedução; essência própria de cada elemento.

PROPEDÊUTICA – é o conjunto de estudos introdutórios ou básicos para uma disciplina ou para uma ciência.

REENCARNAÇÃO – crença de que após a morte, a alma de um ser humano volta à vida em outro corpo.

SELF – sentimento da unidade da personalidade.

SEMIOLOGIA – conjunto de técnicas usadas pelos profissionais da área da saúde para examinar um paciente com o objetivo de se verificarem os sinais e sintomas de uma doença manifesta.

SENCIENTE – que percebe pelos sentidos, o que recebe impressões.

SINAPSE – é a região de contato entre os neurônios.

SISTEMA LÍMBICO – conjunto de estruturas cerebrais que coordenam os aspectos emocionais do comportamento e a memória.

SISTEMA NERVOSO AUTÔNOMO – conjunto de estruturas neurais que se ocupa do controle das funções vegetativas.

SUBSTÂNCIA – em filosofia é a realidade que se mantém permanente, aquilo que subsiste por si com autonomia e independência em relação às suas qualificações e estados, aquilo que não depende de nada para a sua existência. Para Descartes apenas Deus é verdadeiramente uma substância (*Meditação III*), entretanto logo depois ele diz que a alma humana e a matéria são substâncias criadas por Deus e que só podem ser destruídas por Ele.

SUCUSSÃO – ato ou efeito de sacudir, de abalar.

TAQUICARDIA – aumento da frequência dos batimentos cardíacos.

TREPANAÇÃO – técnica cirúrgica que consiste em perfurar um osso, especialmente os do crânio. Usualmente designa a maneira como os neurocirurgiões modernos acessam cirurgicamente o conteúdo do crânio.

ÚNCUS – estrutura em forma de gancho que se localiza na extremidade do hipocampo.

VEDA – aprendizado; Ayurveda – Veda da longa vida. Também designa os livros mais antigos da Índia, representando o pensamento religioso dos povos faladores do Indo. Em sentido mais restrito, aplica-se a quatro coleções mais os comentários que formam os Upanishades.

BIBLIOGRAFIA

ALEXANDER, F. *Medicina psicossomática*: princípios e aplicações. Porto Alegre: Artes Médicas, 1989.

AME-BR. *Medicina e espiritismo*. Associação Médico-Espírita do Brasil. São Paulo, 2003.

_____. *Saúde e espiritismo*. Associação Médico-Espírita do Brasil. São Paulo, 1998.

AME-MG. *Por que adoecemos*. Associação Médico-Espírita de Minas Gerais, 3ª ed. Belo Horizonte: Fonte Viva, 1996. v. 1-2.

ANADARAJAH, G. *Spirituality and medical practice*: using the HOPE. Questions as a practical tool for spiritual assessment. American Family Physician, v. 63, p. 81-8, 2001.

ANDRADE, G. *Doenças, cura e saúde à luz do espiritismo*. 7ª ed. Capivari: EME, 2000.

ANDRADE, H. G. *A mente move a matéria*. São Paulo: FE Editora, 2005.

_____. *Espírito, perispírito e alma*. 8ª ed. São Paulo: Pensamento, 2000.

ANDRÉA, J. *Visão espírita nas distonias mentais*. 3ª ed. Rio de Janeiro: FEB, 1999.

AUTORES DIVERSOS. *Bíblia de Jerusalém*. Editora Paulus. São Paulo, 2002.

BARSANULFO, E. *O livro dos fluidos*. São Paulo: DPL, 2001.

BENACERRAF, B. & UNANUE, E. *Imunologia*. 2ª ed. Rio de Janeiro: Interamericana, 1986.

BOZZANO, E. *Pensamento e vontade*. 9ª ed. Rio de Janeiro: FEB, 1995.

BRANDÃO, M. L. *Psicofisiologia*. Rio de Janeiro: Atheneu, 1995.

BRÓLIO, R. *Doenças da alma*. 3ª ed. São Paulo: FE Editora, 1997.

_____. *Psicologia da alma*. São Paulo: FE Editora, 1998.

BUI, J. J. *Estudo da filosofia espírita*. São Paulo: FEESP, 1996.

BYRD, R. *Positive therapeutic effects of intercessory prayer in a coronary care unit population*. Southern Medical Journal, v. 81, nº 7, p. 826-9, 1988.

CALVIN, W. *Como o cérebro pensa*: a evolução da inteligência, ontem e hoje. Rio de Janeiro: Rocco, 1998.

CAPRA, F. *O ponto de mutação*: a ciência, a sociedade e a cultura emergente. São Paulo: Cultrix, 1982.

CARVALHO, V. *Atualidade do pensamento espírita*. Salvador: Alvorada, 1998.

CASTRO, O. *Homeopatia, alopatia e espiritismo*: Princípios. São Paulo: CEU, 2001.

CHALLAYE, F. *As grandes religiões*. 6ª ed. São Paulo: IBRASA, 1998.

CHOPRA, D. *A cura quântica*: o poder da mente e da consciência na busca da saúde integral. 12ª ed. São Paulo: BestSeller, 1989.

CIAMPONI, D. *A evolução do princípio inteligente*. São Paulo: FEESP, 1995.

_____. *Perispírito e corpo mental*. São Paulo: FEESP, 1999.

DAMÁSIO, A. *O erro de Descartes*: emoção, razão e o cérebro humano. São Paulo: Companhia das Letras, 1996.

_____. *O mistério da consciência*. São Paulo: Companhia das Letras, 1999.

_____. *Em busca de Espinosa*: prazer e dor na ciência dos sentimentos. São Paulo: Companhia das Letras, 2003.

DELANNE, G. *Evolução anímica*. 8ª ed. Rio de janeiro: Editora FEB, 1995.

DENIS, L. *Depois da morte*. 23ª ed. Rio de Janeiro: FEB, 2004.

DENYS-STRUYF, G. *Cadeias musculares e articulares:* o método. São Paulo: G.D.S. Summus, 1995.

DESCARTES, R. *Discurso sobre o método*. 9ª ed. São Paulo: Hemus, 1995.

DETHLEFSEN, T. & DAHLKE, R. *A doença como caminho*. São Paulo: Cultrix, 1983.

DOSSEY, L. *Reencontro com a alma*. São Paulo: Cultrix, 1992.

DUMAS, M. *A psicossomática*: quando o corpo fala ao espírito. São Paulo: Loyola, 2004.

DURANT, W. *A história da filosofia*. São Paulo: Nova Cultural, 1996.

DYCHTWALD, K. *Corpomente*. 14ª ed. São Paulo: Summus, 1977.

ECCLES, J. *Cérebro e consciência, o self e o cérebro*. São Paulo: Instituto Piaget, 1994.

EDDE, G. A medicina ayurvédica: como tratar a si mesmo pelas terapias tradicionais da Índia. 3ª ed. São Paulo: IBRASA, 1993.

FACURE, N. A ciência da alma. São Paulo: FE Editora, 2000.

_____. O cérebro e a mente. São Paulo: FE Editora, 2001.

FADIMAN, J. & FRAGER, R. Teorias da personalidade. São Paulo: Harbra, 1979.

FARRINGTON, K. História ilustrada da religião. São Paulo: Manole, 1999.

FIGUEIREDO, P. Mesmer, a ciência negada e os textos escondidos. Bragança Paulista: Lachâtre, 2005.

FONSECA, V. Da filogênese à ontogênese da motricidade. Porto Alegre: Artes Médicas, 1988.

_____. Manual de observação psicomotora: significação psiconeurológica dos fatores psicomotores. Porto Alegre: Artes Médicas, 1995.

FRANCO, D. P. Joanna de Ângelis (espírito). Dias gloriosos. 2ª ed. Salvador: Alvorada, 1999.

GERBER, R. Medicina vibracional. 6ª ed. São Paulo: Cultrix,1999.

GOLEMAN, D. Inteligência emocional. 11ª ed. Rio de Janeiro: Objetiva, 1995.

GREENFIELD, S. O cérebro humano: uma visita guiada. Rio de Janeiro: Rocco, 2000.

GUYTON, A. & HALL, J. Tratado de fisiologia médica. 9ª ed. Rio de Janeiro: Guanabara Koogan, 1997.

HAHNEMANN, S. Organon da arte de curar. 6ª ed. São Paulo: Robe, 2001.

HARRIS, W. & COLS. A randomized, controlled trial of the

effects of remote, intercessoty prayer on outcomes in patients admitted to the coronary care unit. Arch. Intern. Med., v. 159, p. 2273-78, 1999.

HAYNAL, A. & PASINI, W. & ARCHINARD, M. *Medicina psicossomática:* abordagens psicossociais. 3ª ed. Rio de Janeiro: MEDSI, 2001.

IANDOLI JR., D. *Fisiologia transdimensional.* São Paulo: FE Editora, 2001.

JUNG, C. G. *Fundamentos de psicologia analítica.* Petrópolis: Vozes, 1985.

_____. *O homem e seus símbolos.* 10ª ed. (Especial brasileira) Rio de Janeiro: Nova Fronteira, 1987.

JUNQUEIRA, L. & CARNEIRO, J. *Histologia básica.* 6ª ed. Rio de Janeiro: Guanabara Koogan, 1985.

JUNYING, G. & ZHIHONG, S. *Medicina tradicional chinesa:* teoria e princípios básicos. São Paulo: Roca, 1996.

KANDEL, E. & SCHWARTZ, J. & JESSELL, T. *Fundamentos da neurociência e do comportamento.* Rio de Janeiro: Prentice-Hall do Brasil, 1995.

KARAGULA, S. *Os chakras e os campos de energia humanos.* 6ª ed. São Paulo: Pensamento, 2001.

KARDEC, A. *A gênese.* 10ª ed. Araras: IDE, 1996.

_____. *O evangelho segundo o espiritismo.* 14ª ed. São Paulo: FEESP, 1998.

_____. *O livro dos espíritos.* 9ª ed. São Paulo: FEESP, 1997.

_____. *O que é o espiritismo.* 24ª ed. São Paulo: CEAK, 1992.

KELEMAN, S. *Anatomia emocional.* São Paulo: Summus, 1992.

KOENIG, H. *Does religious attendance prolong survival?* A

six-year follow-up study of 3.968 older adults. *Journal of Gerontology*, v. 54 a, nº 7, p. 370-7, 1999.

_____. *Espiritualidade no cuidado com o paciente*. São Paulo: FE Editora, 2005.

_____. Religion, spirituality and medicine: application to Clinical practice. *JAMA*, v. 284, nº 13, p. 1708, 2000.

_____. Religiosity and remission of depression in medically Ill older patientes. *Am. J. Psychiatry*, v. 155, p. 536-42, april, 1998.

KOESTLER, A. *As razões da coincidência*. Rio de Janeiro: Nova Fronteira, 1972.

KURTZ, R. & PRESTERA, H. *O corpo revela*: um guia para a leitura corporal. 2ª ed. São Paulo: Summus, 1989.

LAKATOS, E. & MARCONI, M. *Fundamentos de metodologia científica*. 3ª ed. São Paulo: Atlas, 1991.

LEADBEATER, C. W. *Os chakras*: os centros magnéticos vitais do ser humano. São Paulo: Pensamento, 1992.

LEÃO, F. C. *Uso de práticas espirituais em instituição para portadores de deficiência mental*. Dissertação de mestrado em ciências pelo Departamento de Psiquiatria da Universidade de São Paulo – USP. São Paulo, 2004.

LEDOUX, J. *O cérebro emocional*. Rio de Janeiro: Objetiva, 1996.

LELOUP, J. *O corpo e seus símbolos*. 12ª ed. Petrópolis: Vozes, 1998.

LEWIS, H. R. *Fenômenos psicossomáticos*. 5ª ed. Rio de Janeiro: José Olympio, 1999.

LOEFFLER, C. F. *Fundamentação da ciência espírita*. Niterói: Lachâtre, 2005.

LOUREIRO, C. B. *Perispírito, natureza, funções e proprieda-*

des. São Paulo: Mnêmio Túlio, 1998.

LOWEN, A. *O corpo em terapia*: a abordagem bioenergética. São Paulo: Summus, 1977.

_____. *O corpo traído*. São Paulo: Summus, 1979.

LYONS, A. & PETRUCELLI, J. *História da medicina*. São Paulo: Manole. 1997.

MACHADO, A. *Neuroanatomia funcional*. 2ª ed. Rio de Janeiro: Atheneu, 1993.

MARINO JR., R. *A religião do cérebro*. São Paulo: Gente, 2005.

_____. *Fisiologia das emoções*. São Paulo: Sarvier, 1975.

MARTY, P. *A psicossomática do adulto*. Porto Alegre: Artes Médicas, 1993.

MEIRA, R. P. *O perispírito, atualidade de Allan Kardec*. 2ª ed. São Jose do Rio Preto: Nova Editora, 1995.

MELLO FILHO. J. et al. *Psicossomática hoje*. Porto Alegre: Artes Médicas, 1992.

MITHEN, S. *A pré-história da mente*: uma busca das origens da arte, da religião e da ciência. São Paulo: Unesp, 2002.

MOTOYAMA, H. *Teoria dos chakras*: ponte para a consciência superior. 5ª ed. São Paulo: Pensamento. São Paulo, 2001.

NAVARRO, F. *A somatopsicodinâmica, sistemática reichiana da patologia e da clínica médica*. São Paulo: Summus, 1995.

_____. *Caracterologia pós-reichiana*. São Paulo: Summus, 1995.

_____. *Somatopsicopatologia*. São Paulo: Summus, 1996.

NITRINI, R. *Neuropsicologia:* das bases anatômicas à reabilitação clínica neurológica do Hospital das Clínicas – FMUSP. São Paulo: Hamburg, 1996.

OLIVER, M. *História ilustrada da filosofia.* São Paulo: Manole, 1998.

OUSPENSKY, P. D. *Psicologia da evolução possível ao homem.* 9ª ed. São Paulo: Pensamento-Cultrix, 2004.

PAIVA, L. M. & SILVA, A. M. P. *Medicina psicossomática.* 3ª ed. Porto Alegre: Artes Médicas, 1994.

PINHEIRO, L. G. *O perispírito e suas modelações.* 2ª ed. Capivari: EME, 2001.

PINHEIRO, R. Joseph Gleber (espírito). *Além da matéria.* 5ª ed. Contagem: Casa dos Espíritos, 2005.

_____. *Medicina da alma.* 6ª ed. Contagem: Casa dos Espíritos, 1999.

PIRES, J. H. *O espírito e o tempo.* 7ª ed. Brasília: Edicel, 1995.

_____. *Os filósofos.* São Paulo: FEESP, 2000.

_____. *Parapsicologia hoje e amanhã.* 10ª ed. São Paulo: Paideia, 2004.

PLATÃO. *A república.* Coleção "Os pensadores". São Paulo: Editora Nova Cultural, 1997.

POPPER, K. *O conhecimento e o problema corpo-mente.* Lisboa: Edições 70, 1996.

_____. *O eu e seu cérebro.* Brasília: UNB, 1991.

RAMOS, D. G. *A psique do corpo.* 2ª ed. São Paulo: Summus, 1994.

REICH, W. *A função do orgasmo.* 19ª ed. São Paulo: Brasiliense, 1995.

_____. *Análise do caráter.* Lisboa: Publicações Dom Quixote, 1979.

REIS, A. *Teorias da personalidade em Freud, Reich e Jung.* São Paulo: EPU,1984.
SANVITO, W. *O cérebro e suas vertentes.* 2ª ed. São Paulo: Roca, 1991.
SÃO MARCOS, M. P. *Filosofia espírita e seus temas.* São Paulo: FEESP, 1993.
_____. *Noções de história da filosofia.* São Paulo: FEESP, 1997.
SCHUBERT, S. C. *Transtornos mentais, uma leitura espírita.* Araguari: Minas Editora, 2001.
SEARLE, J. *Mente, cérebro e ciência.* Lisboa: Edições 70, 1984.
SELL, J. S. *Perispírito – origem, características, funções.* São Paulo: DPL, 2001.
SELYE, H. *Stress and the general adaptation syndrome.* British Medical Journal, v. 17, jun., 1950.
_____. *The general adaptation syndrome and the diseases of adaptation.* American Journal of Medicine, v. 10, may, 1951.
SERVAN-SCHREIBER, D. *Curar o stress, a ansiedade e a depressão sem medicamento nem psicanálise.* 2ª ed. São Paulo: Sá Editora, 2004.
SHARON, J. *Imunologia básica.* Rio de Janeiro: Guanabara Koogan, 2000.
SILVA, M.A. *Quem ama não adoece.* 13ª ed. São Paulo: BestSeller, 1994.
STONE, M. H. *A cura da mente.* Porto Alegre: Artmed, 1999.
STUX, G. & POMERANZ, B. *Bases da acupuntura.* 4ª ed. São Paulo: Premier, 2004.
TEPPERWEIN, K. *O que a doença quer dizer:* a linguagem

dos sinais. São Paulo: Ground, 2002.

WEIR, D. & STEWART, J. *Imunologia básica aplicada*. Rio de Janeiro: Revinter, 2002.

XAVIER, F. C. André Luiz (espírito). *Ação e reação*. 18ª ed. Rio de Janeiro: FEB, 1997.

_____. *Entre a terra e o céu*. 17ª ed. Rio de janeiro: FEB, 1997.

_____. *Evolução em dois mundos*. 14ª ed. Rio de Janeiro: FEB, 1995.

_____. *Mecanismos da mediunidade*. 14ª ed. Rio de janeiro: FEB, 1995.

_____. *No mundo maior*. 19ª ed. Rio de Janeiro: FEB, 1994.

_____. *Os mensageiros*. 28ª ed. Rio de Janeiro: FEB, 1995.

XAVIER, F. C. Emmanuel (espírito). *O consolador*. 17ª ed. Rio de Janeiro: FEB, 1995.

ZIMMERMANN, Z. *Perispírito*. Campinas: Editora Allan Kardec, 2000.

Esta edição foi impressa nas gráficas da Assahi Gráfica e Editora, de São Bernardo do Campo, SP, sendo tiradas três mil cópias, todas em formato fechado 140x210mm e com mancha de 93x163mm. Os papéis utilizados foram o ofsete Chambril Book (International Paper) 75g/m² para o miolo e o cartão Supremo Alta Alvura (Suzano) 250g/m² para a capa. O texto foi composto em Goudy Old Style 12/15 e o título em Geometr415 Blk BT 26/30. Eliana Haddad e Izabel Vitusso realizaram a preparação do texto. André Stenico elaborou a programação visual da capa e o projeto gráfico do miolo.

Outubro de 2016